U0530775

中国行政决策责任追究问题研究

Research on the Accountability of
Chinese Administrative Decision-making

王仰文 著

中国社会科学出版社

图书在版编目（CIP）数据

中国行政决策责任追究问题研究 / 王仰文著 . —北京：中国社会科学出版社，2021.3
ISBN 978 - 7 - 5203 - 7837 - 6

Ⅰ.①中… Ⅱ.①王… Ⅲ.①行政管理—管理决策—法律责任—研究—中国 Ⅳ.①D922.112.4

中国版本图书馆 CIP 数据核字（2021）第 022454 号

出 版 人	赵剑英	
责任编辑	孔继萍	
责任校对	冯英爽	
责任印制	王 超	
出　　版	中国社会科学出版社	
社　　址	北京鼓楼西大街甲 158 号	
邮　　编	100720	
网　　址	http://www.csspw.cn	
发 行 部	010 - 84083685	
门 市 部	010 - 84029450	
经　　销	新华书店及其他书店	
印　　刷	北京君升印刷有限公司	
装　　订	廊坊市广阳区广增装订厂	
版　　次	2021 年 3 月第 1 版	
印　　次	2021 年 3 月第 1 次印刷	
开　　本	710×1000　1/16	
印　　张	15.75	
插　　页	2	
字　　数	283 千字	
定　　价	88.00 元	

凡购买中国社会科学出版社图书，如有质量问题请与本社营销中心联系调换
电话：010 - 84083683
版权所有　侵权必究

国家社科基金后期资助项目
出 版 说 明

后期资助项目是国家社科基金设立的一类重要项目，旨在鼓励广大社科研究者潜心治学，支持基础研究多出优秀成果。它是经过严格评审，从接近完成的科研成果中遴选立项的。为扩大后期资助项目的影响，更好地推动学术发展，促进成果转化，全国哲学社会科学工作办公室按照"统一设计、统一标识、统一版式、形成系列"的总体要求，组织出版国家社科基金后期资助项目成果。

全国哲学社会科学工作办公室

序

从 20 世纪末开始的 40 多年来,改革开放始终是中国高扬的光辉旗帜,伴随着改革开放的伟大进程,中国行政法治的脚步匆匆、足音阵阵。在经历了长时期的经济高速增长之后,社会内在的矛盾正以各种前所未有的方式涌现出来,制度性弊端日益显现,以前可以忽略不计或暂时搁置的问题,现在已经迫在眉睫。形势逼人,人心思改。面对国内外纷繁复杂的形势,是否具有不畏浮云遮望眼的见识和能力,能否直面制度变革中的各种现实问题,考验着政府攻坚克难的智慧。利益矛盾的协调不是靠道德说教,根本手段是要靠制度推进,深化改革来解决当前所面临的总体性和制度性问题。

改革存在风险,但是,不改革只会使风险更高。党的十八大以来,改革的呼声从庙堂之高到江湖之远波澜起伏,重启改革成为社会各个阶层的一个基本共识。但是,中国改革的下一个步骤怎么走?这个问题比以往任何时候都更为激烈、紧张地凸显在国人面前。换个角度也可以说,历史、现实、未来是相通的。只有珍惜伟大时代,才能拥有美好未来。从对历史和现实的观照中,我们能得到一些思想性、方法性的认识,并逐步丰富为新的"改革开放观"。尽管对于改革方案,人们并没有充分的准备,甚至还缺乏理性而务实的思考。但是,大家普遍体悟到的是,改革开放的脉搏,浮沉之间,表里相连,得时无怠,时不再来,改革开放是决定当代中国命运的关键抉择。"没有改革开放,就没有中国的今天,也就没有中国的明天。"正因如此,习近平总书记深刻指出,改革开放是"关键抉择""活力之源""重要法宝",是"正确之路""强国之路""富民之路"。

40 多年的改革塑造了今日之中国行政管理模式,定义了中国道路。今天,我们处于近代以来最好的发展时期,也正面临世界百年未有之大变局。我们已走过万水千山,仍需跋山涉水。在改革的深水区和攻坚期,我们的行政管理体制仍有许多不足。如现阶段我国行政管理体制存在的一些突出弊病,如职能交叉、权限冲突、决策周期长、决策成本高、协调沟通难等，都与部门利益密切相关。在这种复杂利益格局下，如何实现对部门利益的遏制，是行政管理体制改革的最大难点，同时也始终是政治体制改革的一个关键环节和重要切入点。而完善对行政决策权力的监督机制，也就是建立和完善行政决策责任追究制度，是突破这个难点的有效途径之一。

仔细考察行政决策责任追究的制度实践，我们注意到，随着2008年下半年一系列重大事故的发生，从中央到地方掀起了一场"问责风暴"，一批官员相继落马。此后，各地政府也相继着手制定专门规范性文件来明确和强化官员责任，中国的行政决策责任追究制度正朝着常态化、制度化、规范化的方向迈进。但是，现有碎片化和地方化的制度建设却依然让人诚惶诚恐，难以乐观。无制衡的权力腐蚀人心，易被滥用和滋生腐败、伪善。行政决策实践中的失误频现而被追究责任者沧海一粟，众多主观臆断、恣意妄为、越权决策、独断专行的背后所隐藏的权力随意性不可低估。权力无法无天，权利必然举步维艰。不把权力关进制度的笼子里，一切皆有可能发生，这是非常可怕的。

当前，我国行政决策责任追究制度还处于初步建立阶段，还没有一部关于行政决策责任追究的全国性法律，追究的依据主要是党内监督条例，追究范围不明确，追究的责任类型之间界限模糊不清，追究主体与追究对象还亟待进一步完善和明确。在现有规定中，既有全国性的《公务员法》《重大行政决策程序暂行条例》以及《党政领导干部选拔任用工作条例》《中国共产党党内监督条例》《中国共产党问责条例》等党内外法规，也有地方性的规定，如《广州市重大行政决策程序规定》《山东省重大行政决策程序规定》《重庆市政府部门行政首长问责暂行办法》等。综观上述规定，其可操作性不是很强，特别是对日常行政事务中政府部门的行政决策不作为、缺位等问题规定得很原则、很笼统，都是强调行政决策出现重大、严重后果时，才进行责任追究。既然是决策失误造成重大、严重后果时才被追究责任，而日常行政工作一般情况下也不可能造成这样的后果，一般行政决策的责任追究就被排除在责任追究制度之外，因此，政府职能部门的懒政、缺位、不作为等现象屡见不鲜，行政决策不作为也就顺理成章。在这一意义上，"事随势迁，而法必变"。通过行政决策责任追究制度的建立与完善，进一步加强党政机关及其工作人员自身建设，已经到了刻不容缓的地步。

加强行政决策责任追究制度建设是一项需要不断探索、完善的系统创造性工程，也是一项十分复杂的政治设计、制度设计，我们必须站在全局高度，以更大的政治勇气和智慧，凝聚力量，攻坚克难，攻克体制机制上的顽瘴痼疾，突破利益固化的藩篱，不失时机地推进行政管理体制改革和政府职能转变。回首 40 多年的风雨历程，从思想观念的破冰，到利益格局的重造，再到发展方式的重塑、制度文明的涵养，改革之路从无坦途，中国前进的每一步，无不得益于迎难而上，无不功成于化危为机。山重水复往往指向柳暗花明，另辟蹊径常常通往别有洞天。在规范行政决策，推进依法行政过程中，要尽快以统一立法的形式对有关行政决策责任追究制度加以"整合"，形成包括追究主体、追究标准、追究范围、追究对象、追究程序、追究救济等内容的具有统一性、权威性的行政决策责任追究的法律文本，把行政决策责任追究纳入法治化的轨道。尽快填补行政决策责任追究制度的法律空白，确保决策失误责任追究有法可依；要严厉制约"权力过分集中""权力过度膨胀"和"权力加速腐败"，确保决策权、执行权、监督权相互制约、相互协调并形成可闭合的制衡关系，确保人民监督权力和权力运行公开化、规范化。

"足寒伤心，民怨伤国，得人心者得天下，失人心者失天下。"行政决策责任追究制度，从根本上说是党和政府内在品质的外在体现，反映在人们心目中，就是党和政府的形象。健全完善的责任追究制度带来信任与支持，形同虚设的责任追究制度引发质疑和不满，此种民心向背，是决定政权安危乃至国家兴衰的重要力量。客观而言，目前的行政决策责任追究制度还远未超越典型的"冲击—反应"模式。从责任追究的启动，到责任追究的终止，拥有自主性的制度始终处于缺位状态，汹涌的民意和暗箱中的公权力则站在了舞台的最中央。外界舆论一发声，有关部门就忙着应对，一旦舆论逐渐平息，处理就会被搁置。这种被动型的应对模式，几乎构成了当下行政决策责任追究制度的主体精髓。这样的惯性思维和处置模式，如果不能做出符合信息时代潮流的改变，可以预见，最终造成的结果必将是官民信任的日渐流失，对立、矛盾由此风生水起，构成对和谐社会的破坏，党和政府的执政之基受到严重削弱。因此，时下问题的关键在于，必须将包括现有规定在内的行政决策责任追究要素纳入重新审视的阶段，通过明确决策失误责任追究的每一个步骤和责任追究的最终目标，让中国行政决策责任追究制度尽早步入法治轨道，以优良的行政决策责任追究制度维护政府形象，赢得民心。

中国的许多改革进程，有良好的初衷、宏大的框架和近乎完美的内容，但往往由于缺乏深刻的理论探讨或具体的实施环节与落实渠道，致使改革的完美图景最终化为泡影，不了了之。这样的恶性循环不仅对社会无益，更会造成人们对政府与改革的失望。正因如此，我们的学术研究尤其要理论对现实的观照。只有坚持从实践中来到实践中去，理论研究才能永葆生机与活力；只有坚持贴近决策、服务决策、促进决策，理论研究才有价值。行政决策责任追究的创新实践需要创新理论的指导，这一创新的理论必须结合创新实践和未来发展的客观要求，刻舟求剑不行，闭门造车不行，异想天开更不行。脱离实际的理论研究，最终只能束之高阁。

坚持问题导向，是推动实践和理论创新的科学方法和正确路径。从本书的主题选择和理论创新看，王仰文博士秉承其一贯密切关注行政法治实践的学术风格，善于用"中国话语"讲述"中国故事"，用"中国理论"解释"中国实践"、回答"中国问题"。本书的研究比较准确地把握和回答了公共行政实践中的难点、热点问题，特别注重研究成果的针对性、有效性和可转化性，切实找准行政决策责任追究问题的切入点和着力点，进行认真的论述分析，并提出解决问题的新思路、新对策。毫无疑问，在这些问题的对策中，有些是对我们实践经验的总结提炼，有些还需要接受实践的检验。我个人认为，该书观点明确、思路清晰、论证充分、逻辑严谨、文字流畅，是一部关于行政决策责任追究问题研究的学术佳作。这部著作对于中国行政决策责任追究制度的理论研究与实践指导具有重要的参考价值。作者在邀我作序时，也一再强调尽管该成果获得国家社科基金立项，但也只是他对该问题研究的初步成果，还有许多理论和实践问题有待于进一步深入思考。衷心希望作者能够继续关注中国行政决策责任追究的前沿问题，在理论和实践上取得更大的收获！

是为序。

杨小军[1]
2020 年初夏

---

[1] 中共中央党校政法教研部教授、博士生导师、中国法学会行政法学研究会副会长。

目 录

引 言 …………………………………………………………………（1）
    一　课题研究的基础意义 ……………………………………（2）
    二　课题文献研究的综述 ……………………………………（3）
    三　课题研究的基本内容 ……………………………………（7）
    四　课题研究的可能创新 ……………………………………（9）

第一章　行政决策责任追究的前提性认知 ………………（12）
第一节　行政决策的基本内涵 ………………………………（12）
    一　决策的基本概念界定 ……………………………………（13）
    二　行政决策的法学意蕴 ……………………………………（15）
    三　作为行政行为的行政决策 ………………………………（17）
第二节　行政决策失误的法学表达 …………………………（19）
    一　行政决策失误的基本含义 ………………………………（20）
    二　行政决策失误的逻辑构成 ………………………………（21）
    三　行政决策失误的法律特征 ………………………………（24）
第三节　行政决策责任追究的法治底蕴 ……………………（26）
    一　行政决策责任追究的基本含义 …………………………（26）
    二　行政决策责任追究的理论基础 …………………………（29）
    三　行政决策责任追究的现代价值 …………………………（31）

第二章　行政决策责任追究的要素界说 …………………（34）
第一节　行政决策责任追究的主体范围 ……………………（34）
    一　行政决策责任追究主体 …………………………………（35）
    二　行政决策责任追究对象 …………………………………（36）
    三　行政决策责任追究参与主体 ……………………………（39）
第二节　重大行政决策责任追究的事项范围 ………………（42）

一　重大行政决策责任追究事项范围界定 …………………… (42)
　　二　重大行政决策责任追究事项范围类型 …………………… (46)
　　三　重大行政决策责任追究事项范围特征 …………………… (48)
　第三节　行政决策责任追究的基本类型 ……………………………… (50)
　　一　行政决策责任追究类型 …………………………………… (51)
　　二　行政决策政治责任追究 …………………………………… (52)
　　三　行政决策道德责任追究 …………………………………… (54)
　　四　行政决策法律责任追究 …………………………………… (56)

第三章　行政决策责任追究的制度实践 ……………………………… (59)
　第一节　行政决策责任追究的制度观察 ……………………………… (59)
　　一　行政决策责任追究的历史变迁 …………………………… (60)
　　二　行政决策责任追究的文本考察 …………………………… (67)
　　三　行政决策责任追究的积极态势 …………………………… (79)
　第二节　行政决策责任追究的制度困局 ……………………………… (84)
　　一　行政决策责任追究法律约束薄弱 ………………………… (85)
　　二　行政决策责任追究主体面临困境 ………………………… (87)
　　三　行政决策责任追究事项范围模糊 ………………………… (91)
　　四　行政决策责任追究对象错位散乱 ………………………… (93)
　　五　行政决策责任追究法定程序失范 ………………………… (98)
　　六　行政决策责任追究效果备受质疑 ………………………… (99)
　第三节　行政决策责任追究的外在影响 ……………………………… (102)
　　一　行政决策责任追究意识影响 ……………………………… (102)
　　二　行政决策责任追究体制制约 ……………………………… (105)
　　三　行政决策裁量权的规制难题 ……………………………… (108)
　　四　行政决策责任追究人为干扰 ……………………………… (110)
　　五　行政决策责任追究监督乏力 ……………………………… (113)

第四章　行政决策责任追究的实体法治规制 ………………………… (116)
　第一节　行政决策责任追究的基本制度 ……………………………… (116)
　　一　决策责任类型衔接制度 …………………………………… (117)
　　二　决策终身责任追究制度 …………………………………… (121)
　　三　决策连带责任追究制度 …………………………………… (125)
　　四　决策责任官员复出制度 …………………………………… (128)
　　五　决策失误经济赔偿制度 …………………………………… (131)

六　决策失误责任减免制度 …………………………………… (133)
　第二节　行政决策责任追究的内部规制 ……………………………… (139)
　　一　明确行政决策责任追究的法定主体 ……………………… (139)
　　二　严格界分行政决策的责任追究对象 ……………………… (143)
　　三　明确行政决策追究对象的责任方式 ……………………… (150)
　　四　理性界定重大行政决策的合理范围 ……………………… (154)
　　五　科学界定行政决策责任追究的标准 ……………………… (159)
　第三节　行政决策责任追究的外部监督 ……………………………… (163)
　　一　规范政党权力运行的监督机制 …………………………… (163)
　　二　强化人大为主的异体监督制度 …………………………… (167)
　　三　增强司法监督政府的力度效果 …………………………… (170)
　　四　畅通社会舆论监督的有效渠道 …………………………… (172)

第五章　行政决策责任追究的程序法治规制 ……………………… (176)
　第一节　行政决策责任追究程序规制的难题 ………………………… (176)
　　一　行政决策责任追究程序理念缺失 ………………………… (177)
　　二　行政决策责任追究程序规范不足 ………………………… (179)
　　三　行政决策责任追究程序操作无序 ………………………… (182)
　第二节　行政决策责任追究的程序规制路径 ………………………… (184)
　　一　行政决策责任追究线索启动程序 ………………………… (184)
　　二　行政决策责任追究立项调查程序 ………………………… (188)
　　三　行政决策责任追究决定执行程序 ………………………… (191)
　　四　行政决策责任追究涉罪移送程序 ………………………… (193)
　　五　行政决策责任追究权利救济程序 ………………………… (196)
　第三节　行政决策责任追究的特别程序规制 ………………………… (199)
　　一　行政决策责任追究听证程序 ……………………………… (199)
　　二　行政决策责任追究督察程序 ……………………………… (202)
　　三　行政决策责任追究简易程序 ……………………………… (205)

结语　踏在平衡木上的行政决策责任追究 ………………………… (207)

参考文献 …………………………………………………………………… (215)

后　记 ……………………………………………………………………… (238)

引　　言

作为人类的一项指向未来的活动，决策是一种普遍存在的社会现象。行政决策作为行政管理的先导与核心，贯穿于行政管理的始终，是政府行政管理活动的主要体现，决定着行政管理的方向、内容和结果。重大行政决策在一级政府的工作中具有基础性、关键性和全局性的地位，重大行政决策的正确与否，与国家安全、经济繁荣、人民幸福和社会稳定密切相连，息息相关。

正确决策是各项工作成功的重要前提，错误的决策造成的影响往往带有全局性，其后果无法估量。有报道指出，我国随意盲目的决策、追求政绩的决策、以权谋私的决策失误率高达30%[①]。有关统计证实，一些地方"拍脑袋"引进项目的利用率只有20%左右；工程的平均寿命只有25年左右，这些工程项目很大一部分是决策失误的"折腾工程"。[②] 重大行政决策失误的频仍乱象，不仅给国家造成了巨大的经济损失，影响了政府的公信力，破坏了社会公平价值观，而且还滋生了贪污腐败，给政府形象和公共资源造成了巨大损失。遗憾的是，"从实际情况来看，尽管问责机制在十八大前已有初步探索，但问责不严、问责不规范问题仍广泛存在"[③]，过去数年来为此承担责任的决策者更是屈指可数。

党的十八大以来"打虎""拍蝇"和"猎狐"的反腐败运动，在"力度不减、节奏不变，持续保持遏制腐败的高压态势"，重塑政治生态，提升人民幸福感的同时，也从另外一个侧面反映出在奋力推进新时代中国特色社会主义事业的过程中，中国行政决策责任追究的制度实践还存在明显让人感到忧心的问题：各级政府经验决策、主观决策甚至随意决策、违法决策现象依然比较严重，尽管有些地方和单位出台了重大决策责任追究

[①] 沈亚萍、吴春华：《公共行政学》（第二版），天津大学出版社2011年版，第165页。
[②] 隋映辉：《新型智库建设与决策科学化》，《福建论坛》2017年第1期。
[③] 陈位志：《习近平构建和完善党内问责制思想探析》，《社会主义研究》2018年第4期。

制度，但也大多大而化之、过于宽泛、可操作性不强。可以说，"急功近利"、"长官意志"和"拍脑袋"的行政决策给国家和人民利益带来的损失，数十年来都一直是个欲说还休、却又无法回避的话题。

一 课题研究的基础意义

问题是时代的声音。建设法治中国，必须从当前形势和任务出发，坚持问题导向，着力破解制约法治建设的深层次问题。面对这些颇显严峻的深层次问题，不能寄希望于地方政府自发自觉，正如邓小平同志深刻指出的那样，"制度问题更带有根本性、全局性、稳定性和长期性"，[①] "制度具有根本性，制度可以改造人"[②]。这就要求我们在国家的行政制度、决策制度、司法制度、预算制度、监督制度等重要领域进行突破性的改革。因此，本书的研究具有重要的理论意义与现实价值。

首先，行政决策责任追究问题的研究具有重要理论价值。"理论的作用主要在于：作为研究的框架；为具体的知识项目提供组织架构；揭示出看似简单的事件的复杂性；过去经验的重组。"[③] 在行政法学意义上，行政决策是一种未型式化的行政行为，从性质上是看一种指向性行为，对于行政行为的正确作出和良性运作有着宏观的指导作用。因此，正确理解和准确把握行政决策的行政法学意义，对于推进行政决策过程的健康运行有非常重要的基础性功能和积极意义。不过，囿于学术视野的局限和行政决策的传统因袭，行政决策历来很少受到行政法学者的关注，也因之罕见被纳入行政法学者研究的视野之中，致使行政决策责任追究理论研究缺位，进而导致实践中行政决策责任缺失理论的指导。而且由于缺乏配套制度的支撑，行政决策实践中的失误频频，腐败现象滋生蔓延，造成极大的负面影响。

我们认为，行政法学界对行政决策及其责任追究制度所持的轻视态度，不仅不符合我国行政决策在人们心目中的习惯性权威，而且也背离了现代法治政府、责任政府的价值理念。为积极有效地回应社会需求，保护当事人的权益免受行政机关侵犯，给予行政决策制度应有的理论关怀，将行政决策纳入行政法的调整范围，赋予这一"缺失行政法色彩"的公共

[①] 《邓小平文选》第2卷，人民出版社1994年版，第345页。
[②] 何民捷：《法学要为推进国家治理现代化做贡献》，《人民日报》2014年6月20日。
[③] [美] 格莱德勒（Margaret E. Gredler）：《学习与教学——从理论到实践》（第五版），张奇等译，中国轻工业出版社2007年版，第12—13页。

行政方式以勃勃生机,已成为行政法学界的当务之急。① 以公共性维度和他者视角,结合我国行政决策责任追究的实践,认真汲取和有效借鉴西方国家的理论成果,探索适应我国国情的行政决策责任追究制度,不但可以减少行政决策的失误,也可以倒逼决策质量的提升,对于实现我国行政决策过程的法治化具有重要的理论价值。

其次,行政决策责任追究法治化的研究具有积极的实践意义。处于新时代重要战略机遇期的中国,不仅需要全局性的法治保障,更需要变革性的创新动力。"准确把握所处时代的根本问题和发展趋势,用融通中外的理论框架和学术话语体系形成对于中国实践、中国道路的解释力、支撑力和引导力,已成为中国理论界学术界亟须研究和应对的紧要问题。"②

在 2019 年《重大行政决策程序暂行条例》正式颁行前后,全国 17 个省级政府和 23 个较大的市都相继出台了规范重大行政决策程序的规章。不少地方如武汉、四川、上海等不同地方、不同部门和不同层级进行具体探索,也纷纷出台了重大决策终身追责的细化方案。但是,这些制度建设毕竟仍然处于起步阶段,决策失误的严格界定及其责任追究的内在机制等问题亟待完善,已有的规定或者办法客观来说还比较散乱、层次也比较低,并没有建立系统的、有效的制度安排,尚不足以有效保证行政决策责任追究走出既有的实践困境。因此,深入研究从制度上保证不发生或者少发生决策失误,保证行政决策责任追究沿着法治的轨道顺利实现,是一个公众普遍关注并事关改革、发展、稳定全局的大问题。对于中国行政决策责任追究制度的研究由此而具有积极的现实意义。

二 课题文献研究的综述

国外学者对行政决策责任追究问题的研究具有相对悠久的历史,行政决策责任追究的研究大致是伴随着西方公共管理理论的产生而产生的,经过漫长的发展阶段,行政决策责任追究不仅在理论方面成果丰硕,而且在实践方面也成绩斐然。行政决策责任追究制度在西方国家已经成为不言而喻的政治生活常态场景,普遍建立了比较完善的责任体系和追究制度。

在西方国家,行政决策责任追究问题的研究从属于政府问责制度的建设领域。在西方学术界,问责被认为是现代民主治理的标志和公共管理中

---

① 张国平:《法治视野下行政决策问题研究》,《武陵学刊》2010 年第 3 期。
② 罗永宽:《以创新的中国话语彰显强大理论生命力》,《中国社会科学报》2014 年 6 月 25 日。

的核心概念。① 不过对于政府问责的研究并没有太长的历史。政府问责的研究兴起于官僚制与民主制之间持续的紧张关系，即如何理解现代民主政府中的责任问题。② 弗雷德里克（Friedrich）和芬纳（Finer）关于现代民主政府中的行政责任问题所进行的相关学术争论，就是这一研究兴起的著名标志性事件。不过，尽管二人研究的切入点有所区别，但是"谁对谁问责"和"对什么问责"则是两种不同路径共同关注的研究重点。弗雷德里克（Friedrich）和芬纳（Finer）之间的这场著名的学术争鸣，以及他们提出的责任和责任追究体系的时代命题，则为西方国家有关责任追究制度构建的基本问题奠定了坚实的基础。

有关行政决策责任的最早研究，可追溯到20世纪30年代美国学者巴纳德和斯特恩关于分权问题的论述，其后威尔逊、古德诺、罗斯、休斯、西蒙等都对此从不同的侧面进行了研究，提出了一系列学说和理论模型。从20世纪70年代以来，西方学者普遍将决策失误的界定、决策责任追究制度等作为重点内容进行学术研究，并逐步建立起行政决策责任追究的系统模型。如系统决策理论、公共选择理论等。20世纪80年代以后，伴随着新公共管理运动的推动，政府及其公务人员的责任明确以及强化已经成为西方各国行政改革的重要趋势。同时，一些经济学家对政府干预行为的局限性和"政府失败"的现象进行了深入的研究，认为这种政府基非市场化的集体决策，所造成的干预有很大的局限性，会进一步造成四个方面的"政府失败"。

总体看来，国外学者对于行政决策责任追究制度的关注，源于深嵌其中的特殊政治体制。学者们对于行政决策责任追究问题的研究不但历史久远，而且观察角度各异，多年的学术积累已经搭建起相对成熟的理论框架和学说模型。学者们集中讨论的问题主要是政府决策的失误成因以及政府决策失误责任追究的体系构建，在责任追究层面的研究也主要基于不同的问题方案、不同的考量标准和不同的分析框架，而集中于两个维度："作为德行的责任追究"和"作为机制的责任追究"，使行政决策责任追究制度逐步完善并走向成熟。③ 从 Academic Research Library 以及 Google 的学术查验结果看，在过去的10年间，国外文献中几乎没有从宏观角度对重

---

① Mark Bovens, Public Accountability, in E. Ferlie, et al. (eds.), *The Oxford Handbook of Public Management*, New York: Oxford University Press, 2005, p.182.
② 谷志军：《西方问责领域的定量研究及理论发展》，《国外社会科学》2015年第4期。
③ Bovens M. Two Concepts of Accountability: Accountability as a Virtue and as a Mechanism. *West European Politics*, 2010 (5): 946-967.

大决策责任追究的制度价值、实践难题及解决方案的研究，更多则细致入微地探讨每一种问责关系有效实现的方式。

与发达国家行政决策责任追究制度的理论框架、学说模型以及制度实践相比，我国无论是在行政决策责任追究的学说理论方面，还是制度实践难题的因应方面，都还处于起始阶段，成熟的理论和扎实的实践都远未成型，甚至基本没有对西方文献进行过较为系统性的研究。

近年来，尤其是党的十八届四中全会以来，行政决策失误责任追究理论和制度领域，开始吸引不同专业背景的学者的目光，这些具有前瞻性和敏锐洞察力的学者们也相继公开发表或出版了不少相关论著成果。从学者们的研究看，可以从三个角度进行观察概括：

其一，国内权威政治学或行政学教材论著中，对于行政责任以及行政决策责任追究的思考和表述。这一层面的学术作品，对于行政决策责任追究制度和问题的研究，大多主体较为分散，未呈现体系性的研究成果。比如张国庆教授的《行政管理概论》、陈振明教授的《公共管理学》以及张康之教授的《公共管理伦理学》等，尽管偶尔涉及行政决策的责任追究问题，但是只是一笔带过，并未进行详尽和专门性的思考论述。在很大程度上，更多是体现出一种教材编写完满的需要，行政决策责任追究制度的表达，既不成体系看作行政管理体系的一部分，也没有进行准确清晰的界定。

其二，进入21世纪以来，西方对于问责制度研究的兴起和我国行政决策失误频现的困局，引起国内著名学者，如毛寿龙、宋涛、陈瑞莲等专家的强烈关注，学者们开始认真研读西方文献，并结合中国行政管理实践进行对策性的回应，相继公开发表了一些学术成果。从研究的角度看，这一阶段学者们的学术贡献主要是两个方面：一则，认真分析梳理了西方国家基于其特定政治体制和行政管理机制下的问责问题，引介了西方国家有关问责制度的构架和发展方向；二则，基于西方国家行政问责文献的学术思考，结合中国行政决策失误的复杂现实，进行了对策性的研究论证。

其三，作为一个新的领域和交叉课题，行政决策以及责任追究制度的研究也开始吸引行政法学者们的兴趣。相关的行政法学者或者交叉课题研究的学者们，对行政权力运行的规范化和法治化进行了深入思考，并对行政决策者责任追究制度开始深入涉及。如周亚越教授的《行政问责制度研究》、曹鎏的《行政官员问责的法治化研究》、伍洪杏的《行政问责的伦理研究》、刘熙瑞的《公共管理中的决策与执行》、卢剑锋的《行政决策法治化研究》、张创新的《中国行政问责制度研究》、杨寅的《行政决策程序、监督与责任制度》分别从问责理论、决策理论的角度，系统地研究了行政决策责任追究问题。

  点滴溪流汇聚江海。大致从 2003 年"非典"诱发的问责实践开始，有关问责制度的关注和研究，就一直游走在行政法学者们和政治学领域专家们的学术视野之中。而且，学者们对这一问题研究的热度一直呈现出上升的趋势，形成了政府问责、社会问责、网络问责、党内问责等若干热点研究领域，涌现出一些核心学者和研究机构。但是，学者们的最初研究主要采用了传统的文献综述的方法。中共中央和国务院于 2009 年印发的《关于实行党政领导干部问责的暂行规定》，再次深入推进了我国问责制的规范化发展，也再次激发了学者们的研究志趣。在党的十八届四中全会前后，尤其是《中共中央关于全面推进依法治国若干重大问题的决定》发布之后，在"让失责必问成为常态"的原则指引下，关于问责的研究再次出现"爆炸式"增长。这之后的文章大多按照党的十八届四中全会《中共中央关于全面推进依法治国若干重大问题的决定》的精神，就"完善纠错问责机制，健全责令公开道歉、停职检查、引咎辞职、责令辞职、罢免等问责方式和程序"等制度建设的合法性、合理性及适用性等问题开展回应性论述。以关保英教授、张淑芳教授、韩春晖教授、夏金莱教授为代表的中青年学者在《中国法学》《政法论坛》《法学评论》等重要期刊先后公开发表学术文章。如关保英教授的《行政决策终身责任追究研究》、张淑芳教授的《行政决策失误的责任追究探讨》、韩春晖教授的《行政决策终身责任追究制的法律难题及解决》、夏金莱教授的《重大行政决策终身责任追究制度研究——基于行政法学的视角》等，对行政决策责任追究从不同的侧面进行了深入的学术研究。研究政府决策问责的课题也开始出现，如谷志军博士的《政府决策问责：理论与现实》在 2016 年初由浙江大学出版社出版。此外，专门论述重大决策责任追究的硕士学位论文也分别在暨南大学和兰州大学出现。这些优秀中青年学者所贡献的智慧，对于行政决策责任追究制度的完善与发展具有启发意义，引领着行政决策责任追究制度的研究逐步走向深入。与此同时，国内学者的研究在全面繁荣的背后，也存在比较明显的研究领域碎片化、分散化，研究队伍学术资源的整合能力不足、学术研究视角狭窄、对行政问责共性问题的学理性建构不足以及缺乏本土化理论创新等突出问题。[1] 对于国外问责理论

---

[1] 司林波、李雪婷、乔花云：《国内"问责制"研究的知识图谱分析——基于 CNKI 数据库 2003—2015 年收录文献关键词共现的计量和可视化》，《四川理工学院学报》2016 年第 5 期。

的引介与论述也尚不足以支撑中国重大决策责任追究的制度现实,未能实现理论和实践的有益互动。

三 课题研究的基本内容

当前,中国行政决策责任追究的制度实践杂糅了太多复杂的政治考量,决策责任追究制度也体现了更多"地方性知识"的本土特征。许多行政决策不能落实,许多决策者敢于轻率决策,一个重要的原因是行政决策的监督和责任追究制度缺乏,以至于经常出现重大行政决策失误得不到及时追究,放纵违法行为人的现象。因此,在制度上扎牢责任追究的篱笆,以完善的制度封堵行政决策失误的漏洞、避免重大决策损失的重要途径。

我们认为,行政决策责任追究问题的研究至少应当包括以下几项内容才算周全:由谁来承担行政决策责任,谁来追究行政决策责任,如何追究行政决策责任,承担怎样的行政决策责任。换言之,行政决策责任追究问题的研究至少应当包括:追究主体,追究依据,责任主体,追究程序和责任形式。基于本书论述的主旨以及服务现实需要的原因,我们在正文的论述中,认为行政决策责任追究法治化过程中所要解决的问题主要有三个。

一是行政决策失误的法律界定。行政决策责任追究的前置性条件,就是行政决策失误的准确判定。换言之,行政决策失误的判定不准确,行政决策责任追究必然会出现严重偏差或错误。而行政决策的合理性判断是允许误差和失误的。利害关系人和社会公众有时也会对行政决策的评判存在某种歧视偏见和主观臆断。在行政决策责任追究的实践中,行政决策失误的判断,有时并非一目了然,甚至责任异常难以界定和划分乃是复杂的常态,这在相当程度上都与行政决策失误的判断标准与法律界定有关。因此,在本书的论述中,我们也会尝试性地对行政决策的法律界定问题作出一个可供操作的表达。

二是行政决策责任追究的主体问题。即要明确追究谁的责任和谁来追究的问题。行政决策是一个作出判断的连续过程,每一个环节都要有明确的责任者,建立与完善相应的论证责任制、评估责任制、领导责任制。一旦行政决策失误,责任泾渭分明。为此,应当从制度构建入手,准确界定公权力的运行边界,消除各部门、各人员之间的权力模糊地带,消解权力交叉和职能重叠现象,在责任追究对象、责任追究范围、责任追究类型、责任追究程序等环节中予以合理规范,实现责权一致,追究到位。

三是行政决策责任追究的程序问题。行政决策责任追究程序的价值,关乎行政决策责任追究的正义问题，同样值得重视并予以法定制约。行政决策责任追究程序，旨在规范行政决策责任追究的顺序、步骤、方式和时限问题，这一环节中的任何阻碍或者偏离，都会有悖于程序设置的正当性与合理性。在正当法律程序意义上，合法正当的决策责任追究程序，不但可以惩戒造成决策失误的人员，也可以给行政决策作出主体提供有效的法制保障，无论是党内的问责，还是法律责任的追究都要依规而行、循法而治。

基于此，本书研究的主要内容如下：

第一部分，引言。本部分主要是提出研究的主题，并对研究意义、研究的国内外现状、研究的主要内容和框架、研究的可能创新与不足之处作个前提性的交代，以期为正文的论述作一个基本的铺垫。我们认为，任何研究都应当建立于一定的知识平台之上，并做好理论支撑的准备。一方面，现有的研究必然要以传统的既有学术积累作为基础和评判的对象，只有针对既有的理论缺陷对症下药，才可以在新的学术平台上有所提升；另一方面，新的学术研究，也需要借助于此前的学术积淀，并在丰厚的前期基础上更进一步，作出更为合理成熟的理论升华。

第二部分，即本书的第一章，是行政决策责任追究的前提性认知。这一部分是本书研究的逻辑起点，重在对研究主题的一般理论进行阐释分析。本部分讨论从多个学科对于行政决策基本内涵的不同认识开始，进而从现代法治的视角研究分析作为未型式化行政行为的行政决策概念的法学表达、行政决策责任追究制度的法治意蕴等问题进行前置性说明，从而，为后文论及的行政决策及其责任追究类型化模式提供前提性的基本共识与论述铺垫。

第三部分，即本书的第二章，是行政决策责任追究的要素界说。本部分旨在对行政决策责任追究的核心范畴和基本要素进行铺垫性论述。重点基于行政决策责任追究的核心范畴（主体、对象、范围、标准、程序及效果）等框架性考量，并结合课题研究重点关注的对象、篇章结构以及篇幅限制，着重分析讨论行政决策责任追究主体范围、事项范围以及可以追究的责任类型等内容，意在为进一步讨论行政决策责任追究实体法治路径构建提供框架性思路。

第四部分，即本书的第三章，是行政决策责任追究的实践难题。本部分主要是从中国行政决策责任追究制度的历史变迁、党内外规定的现实文本出发，考察分析行政决策责任追究制度的宏观积极态势和制度实践困局，并具体展示出行政决策责任追究制度困局的外在影响，以期为行政决策责任追究的法治化构建作一个基础性的交代。

第五部分，即本书的第四章，是行政决策责任追究的实体法治规制。本部分是基于行政决策责任追究的制度现实难题的讨论，重在讨论行政决策责任追究制度摆脱困局的实体法治要求和路径。重点讨论行政决策责任追究的重要支撑制度（责任类型衔接制度、终身责任追究制度、连带责任追究制度、官员复出限制制度、失误经济赔偿制度和失误责任减免制度）、基于行政决策责任追究法理构成要件的内部规制和基于责任追究体制的外部监督，意在回应行政决策责任追究的现实诉求，为行政决策责任追究制度的法治走向提供实体法治内容的建议性观点。

第六部分，即本书的第五章，是行政决策责任追究的程序法治规制。本部分主要是在行政决策责任追究实体法治要求论述的基础上，从行政过程论的视角出发，针对行政决策责任追究程序制度的现代诉求，侧重于行政决策责任追究程序法治的规制问题进行详细论述。讨论集中在从制度文本和实践操作两个侧面，在直面行政决策责任追究程序缺失和程序失范的基础上，全景式论述行政决策责任追究的基本程序要件，以及行政决策责任追究环节的特别程序规范，力求通过本部分的论述实现对行政决策责任追究制度的学术阐释，为该制度的全面法治构建提供较为全面的路径方案。

第七部分，结语。本部分的论述主要是对前文各部分内容进行简要总结，秉承回应行政决策责任追究实践的务实精神，归纳本书的主要观点与现实回应，如应当有效化解"勇于决策"与"严肃追究"之间的逻辑悖论，实现重大决策权激励与约束的张力平衡，改变"不求有功，但求无过"的功利性官场政治生态等，并在总结本书全貌的基础上对正文中的一些问题作出说明，并进一步为行政决策责任追究的未来预期提供更为广阔、更为清晰的勾画和描绘。

四 课题研究的可能创新

理论研究既是制度实践的总结、反思和升华，也是指导实践发展的方向和力量。这也正是深入挖掘、积极鼓励学术创新的意义所在。在传统的学术视野中，行政决策很少被纳入行政法学的关注范围之内，更多源于政治学、行政管理学甚至经济学、社会学的领域拓展的力度强化。随着服务行政理念的确立以及政府职能转变的需要，行政决策这一领域才逐步在行政法中开疆拓土、汇聚人心。由此，给人的一个基本印象就是，行政决策行为尽管不具有类似于"具体行政行为"在法律上所具有的那种约束力，但它毕竟是一种基于行政职权的行为。它也存在被非规范行使的可能性，也会产生侵犯行政相对人合法权益乃至公共利益的情形，也需要必要的监督，以保障其制度功效。因此，我们的研究突破了行政决策作为传统行政管理学的范畴局限，侧重于在融合相关学科知识的基础上以行政法学的研究视角来分析行政决策责任追究的过程，以实现行政决策责任追究的制度化、规范化和法治化为目标，构建富有操作意义的行政决策责任追究的具体制度。

本书是一项探索性研究，其理论思考由实践而催生。为了有效追究政府在行使行政决策权过程中产生的责任，设计一个独立的责任制度，既对政府的行政决策行为加以约束，也对相关利益加以保障，是行政决策制度视域下的前沿性研究课题。行政决策责任追究制度构建的前置性学术背景应是对政府行政行为一般性问题有明确的把握，并将政府的行政决策行为始终置于动态的考量之下。政府行为及行政决策权的"产生—本体—运行"的规范与实证分析是研究问题的基本方法和基本思维进路。政府行政决策权运行中的责任配置、政府行政决策权运行责任追究机制、原则、规则的探究是行政决策责任追究法治化过程中的最根本性问题。尝试构建回应实践发展，适宜于中国国情的行政决策责任追究制度体系，完善行政决策责任制度的逻辑构成，为依法实施行政决策责任制度提供法理依据与可行路径应是本课题的主要学术贡献。基于此，本书研究的创新点在于：

一是研究选题上的新颖。行政决策责任追究法治化问题既是一个富有理论价值的研究领域，也是一个实践性极强的新课题。而且，由于行政管理学和行政法学在研究视角和方法上的差别，虽然都关注着行政决策的问题，但是却展示着不同的侧影。行政法学关注行政决策的合法性，行政管理学则关注行政目的的实现。长期以来，两者几乎都是背道而驰。正是由于这种学科分工的传统与学者认识的偏差，对于行政决策责任追究一直是个没有深入进行专门系统研究的课题。本书的研究，对于激发与强化行政决策主体的责任意识，规范和约束行政决策主体的决策行为，有效提高行政决策的科学性，具有积极的时代价值意义。

二是研究内容上的创新。随着学科发展的融合以及服务行政的发展，作为行政管理学和行政法学共同的关注因子，"行政"促成了两个学科之间前所未有的交叉互动与成果共享。不过，由于行政决策责任追究是在实践中发展起来的制度，具体包括哪些内容，无论是实践中还是理论探讨都不是很充分，许多认识仁智各见、众说纷纭。如行政决策失误的评判标准和指标依据，行政决策责任追究的责任类型，行政决策责任追究的程序规范等，在理论界和实务界的认知还没有取得一致。行政决策责任追究的问题在认知理解上的模糊，影响了行政决策责任追究制度的发展与完善。为此，我们在本书研究过程中，对行政决策失误的判定标准、行政决策责任追究的实体要求与程序规范问题都进行了较为翔实的论证和研究。

三是研究方法上的融合。本书的研究，我们综合运用了多种学科的学术背景知识，并采用了系统分析的方法，力求将行政决策责任追究放在一个动态的环境中进行考察分析，避免理论研究上的片面分析，同时也为实践问题的解决提供了一个可供操作的流程运作机制。

当然，制度设计的美好在现实中未必能够如愿。在本书研究成果中，我们所能提供的或许仅仅是一种制度的选择路径，一些制度的文化土壤和现实效果还有待进一步思考，我们也发现由于行政管理实践经验的缺乏和学识水平的限制，本书中一些问题比如行政决策失误判定标准的操作性、行政决策责任追究机制的内控还有待于进一步探讨和研究；现在形成的成果也仅限于理论的静态研究，主体研究和过程研究还不够充分，还有很多有待拓展深入的空间。

第一章 行政决策责任追究的前提性认知

在实行社会主义市场经济和民主政治的条件下，我国政府履行职能的重要手段和主要途径，就是行政决策。不过，由于行政决策涉及公共权力的运作诸多主体和环节程序，而且行政决策失误的影响甚至至为深远，有时甚至是祸及子孙、危在千秋。因此，特别要注重行政决策的科学合理和责任倒查。同时，要特别强调责任追究的法治化建设。我国行政决策法治化研究的起步较晚，有着一定的历史遗留问题。从决策权力的制约来说，关键在于把决策过程的理性设计制度化、法律化。而对当下中国现实环境中的行政决策一般理论的解读分析，对于实现行政决策责任追究的法治化，促进行政决策的科学化、民主化具有基础性的意义。

第一节 行政决策的基本内涵

对概念的严谨划分和明确界定是分析和解决问题的基础和前提。在认识论看来，"概念是反映对象特有的本质属性的思维形式"。[1] 概念是思维逻辑展开的起点，是认识和把握事物本质和发展规律的"第一把钥匙"。"在社会科学的研究中，假如缺乏概念或者对概念所包含的内容没有清晰的认识，就很难引发共识。"[2] "没有概念，我们便无法将我们对法律的思考转变为语言，也无法以一种易懂明了的方式把这些思考转达给他人。"[3] 概念是学术研究的逻辑起点，也是制度创新的基本前提。对于行政决策的明确含义和具体内涵，不论在相关法律文件中还是在已有的学术研究中，

---

[1] 孙正聿：《属人的世界》，吉林人民出版社2007年版，第225页。
[2] 张文显：《法哲学范畴研究》，中国政法大学出版社2001年版，第1页。
[3] [美] E. 博登海默：《法理学——法哲学及其方法》，邓正来、姬敬武译，华夏出版社1987年版，第465页。

都存在着很多分歧。因此，对于行政决策基本内涵的分析，是我们对行政决策基本理论进行研究、论证的基础和前提。

一　决策的基本概念界定

人类的意识及在意识支配下的有目的的行为，是人类区别于其他动物的重要标志。决策是人类一种有意识的活动，人类的决策活动具有悠久的历史。决策概念，在我国最早出现在先秦古籍《韩非子·孤愤》中，就有"智者决策于愚人，贤士程行不肖，则贤智之士奚时得用，而主之明塞矣"的记载表述。这里的决策指决定某种策略或计谋。其含义为：有智谋的人要由愚蠢的人论定他们的计谋，有贤能的人要由无能之辈评议他们的才干。在《孟子》中也有"权变、乘势、决策之道"的记载。不过，决策这一具有现代意义的概念，则是从西方管理学著作中开始被推介到中国的。[①] 西方管理学家巴纳德最早提出"决策"这一概念，之后美国学者西蒙将这一概念引入行政学的领域。此后，美国行政学家古立克（Lutter Gulick）在《组织理论》著作中第一次全面具体地阐述了"决策"这一问题，并将行政决策在行政组织管理中的意义第一次展现在世人面前。伴随着人类社会的向前发展，决策理论也逐渐成长起来。同时，决策理论的发展又推动着人类社会和人类本身向前发展。

在西方管理学的视野中，考察现代意义上的决策科学和决策理论，一般都要回顾19世纪资本主义的经济发展和政府革新，甚至直接转引20世纪初美国学者的经典表述。19世纪特别是美国内战结束后，资本主义得以迅猛发展。在美国经济社会突飞猛进的同时，政府职能也日趋复杂化和扩张化，而沿袭既有的陈旧制度恐怕难以继续推动美国经济的快速发展，美国政府的社会管理也遭遇着新的挑战。在此背景下，以威尔逊、古德诺为代表的政治学家便开始思考，如何提高政府能力以应对纷繁复杂的社会经济事务。在威尔逊看来，政治与行政的"区别类似于一般计划和特定方法"，"对于政府行动宽泛意义上的计划不是行政；对于这一计划详细地执行才是行政"。[②] 继威尔逊在美国提出政治与行政二分之后，古德诺也在其开山之作《政治与行政》中对这一早期行政学的重要论断进行了系统阐述。在这篇幅短小却饱含箴言的小册子中，古德诺指出："政治与

[①] 张晓峰：《中西视域下的领导学要论》，黑龙江人民出版社2005年版，第233页。
[②] W. Wilson, The Study of Administration, *Poltical Science Quarterly*, Vol. 2, 1887, p. 213.

指导和影响政府的政策相关，而行政则与这一政策的执行相关。"① 古德诺从考察美国实际的政治生活出发，在功能的意义上区分了政治与行政两种政府功能，认为政治要与行政分离，政治家对实现公共价值及制定法律政策负责，公务员则对执行法律政策负责。古德诺与威尔逊一道共同推动了行政学从政治学的分离和独立。

在西方学者的理论视野中，行政学经历了三个阶段：以权力配置科学化为重点、以效率为核心的静态行政学阶段，以行为科学为立论主旨、以决策为核心的动态行政学阶段，以及以整合为任务、以生态和文化为重点的科学化行政学阶段。②但是，"无论在哪个阶段，决策都是行政学举足轻重的组成部分和基本概念，甚至曾是行政学上行政行为的代称"③。对于决策的理论研究，"人们一般将美国学者西蒙（Herbert Simon）有关决策的论述视为决策理论发展的里程碑，其前称为古典决策理论，其后称为现代决策理论"④。他在1944年公开发表了《决策与行政组织》一文勾画了现代决策理论的大致轮廓，并在1947年公开出版的《行政行为——行政组织中决策过程的研究》一书中，详尽提出了一系列行政学的新概念。西蒙不但创立了现代行政管理学的决策学分支，开创了行政管理学的决策学派，他也深入研究了管理决策的过程与技术，为决策科学的发展作出了卓越成就。⑤

大致从20世纪70年代开始，"决策"一词开始在我国成为流行词语，作为一个重要概念也逐渐被我国管理学所广为采用。决策，顾名思义就是对事情作出决定，它是人们主观见之于客观的活动。现在，"决策"一词在内涵上可以有广义与狭义两种不同的界定。狭义的决策指的是决策者对决策方案的选择过程，即"拍板定案"。广义的决策则是将决策作为一个过程来观察，是决策者为了解决某一问题、达到一定的目标，通过认真的调查研究和资料分析，对可能出现的各种结果进行论证、评估，从而选择一种最佳方案，并付诸实施和修正完善的过程。也就是说，从决策学的角度看，它既包括决策方案的制定与抉择阶段，也包括决策方案实施的整个过程。⑥基于本书主旨要求和论述的需要，我们的论述采用广义的决

---

① ［美］F. J. 古德诺：《政治与行政》，王元译，华夏出版社1987年版，第11页。
② 张金鉴：《行政学新论》，台湾三民书局股份有限公司1984年版，第80页。
③ 叶必丰：《行政决策的法律表达》，《法商研究》2016年第2期。
④ 杨寅：《行政决策程序、监督与责任制度》，中国法制出版社2011年版，第4页。
⑤ 周庆行：《公共行政导论》，重庆大学出版社2004年版，第239页。
⑥ 王惠岩：《马克思主义认识论与科学决策》，《社会科学战线》1997年第4期。

策概念，我们认为决策是指人类在改造世界的过程中，为了解决出现的问题或对未来提出的美好设想而设定某种目标，进而寻求并实现某种预定目标在两个或两个以上的备选方案中作出选择的行为。

二 行政决策的法学意蕴

决策问题从来都是政治学、行政学、经济学、管理学等众多学科共同感兴趣的问题。不过，囿于历史传承、学术视野和研究方法等原因，对行政决策问题的关注和热度各有不同。在我们看来，对行政决策责任追究问题的研究，首先需要理解行政决策的基本理论。行政决策的内涵随着时代的发展而不断发展，理论界对行政决策的讨论已远远超出了传统行政学的理论框架，而随着时代的发展赋予其新的内涵。行政决策是决策领域的一个子系统，是行政管理的核心。在美国学者西蒙将其引入行政领域之后，行政决策就一直被视为行政管理的中心环节而备受垂青和怜爱。因此，在现代行政过程中，注重决策问题的研究是非常必要的。

然而，由于行政法发展历史的原因，我国行政法学中对于行政决策的概念界定一直没有进入行政法学的主流教材之中，甚至包括王名扬教授的《英国行政法》和《法国行政法》以及其他行政法学教材中根本没有提及行政决策，而是一直沿用抽象行政行为和具体行政行为的概念体系。也就是说，自1983年中国出版第一部《行政法概要》的行政法学教材之后，行政决策这一概念在主流法学教材中从未正式采用，而作为未型式化的概念忽隐忽现。改革开放之后，随着我国经济体制的转型，以及政治和社会等方面的变化，一些法学学者基于行政决策随意性的严重存在，以及约束行政决策权的普遍呼声，才开始对行政决策法制化作专门性的研究，并产生了多种不同的观点。[1]

目前，关于行政决策概念的界定众说纷纭。正如有学者所言："尽管'行政决策'已被大部分学者作为法学概念使用，而且学者们也从各自的角度对它进行了颇有见地的学术表达，但仍未形成共识。"[2] 具有代表性的观点主要有：第一种，认为"行政决策是具有行政决策权的机关或个人依据国家的法律，为了国家和公众的利益，有效地推行行政管理，为一定的行为确定行政目标，制定并选择行政方案的过程"。[3] 第二种，认为

---

[1] 张农基：《浅谈国家行政机关决策程序的法制化》，《法学评论》1988年第2期。
[2] 茅铭晨：《"行政决策"概念的证立及行为的刻画》，《政治与法律》2017年第6期。
[3] 张永桃主编：《行政管理学》，高等教育出版社2003年版，第131页。

"行政决策主要是指国家机关为了贯彻执行权力机关的意志,在行政职权范围内,依照法定程序就国民经济和社会发展计划、预算、国家和社会管理事务、立法事务和重大方针政策的制定,重要决定和项目做出的调研、论证、咨询、评估、选择以及决定的活动和过程"。① 第三种,认为"行政决策专指国家行政机关在其管辖权范围内所制定的决策,是国家行政机关及其领导者在行政管理过程中,为履行自己的职能,依法处理行政事务而进行的决策活动"。② 第四种,认为行政决策是"国家行政机关和行政人员在履行行政职能的过程中为了有效地管理国家政务和社会公共事务,根据客观情况和条件,经过分析、比较、选择,最终确定一种最优的行动方案并加以实施"。③ 第五种,认为"行政决策是除行政立法和行政执法之外,行政主体针对公共事项所作出的、能直接或间接影响相对人权益的行政行为。"④ 上述"行为论"、"决定论"和"过程论"不同的观点,实则是从不同的角度或者结合自己的学术志趣和学术研究的需要,对行政决策的内涵作出的不同解读。

历史的角度看,我国对于行政决策制度关注的开端,始于21世纪初。2004年以来,国务院先后颁布《全面推进依法行政实施纲要》《关于加强市县政府依法行政的决定》《关于加强法治政府建设的意见》3个重要文件,从法制高度提出依法、科学、民主决策具体要求,从而将长期处于政策性宣传或程序性理念地位的"行政决策"提升到了行政法学概念范畴,这不仅给传统的行政法学概念体系带来了冲击,也使得行政决策的法学研究站在了新的起点。⑤ 以上学者们的观点论述由于时代背景和学科视野的原因,从现在行政法学发展的角度看,都或多或少带有概念表述的缺憾。

但是,应当承认的是没有任何概念可以绝对全面而没有遗漏,放之四海而皆准的概念界定是不存在的。而且,"在社会现象如此复杂、学科交叉如此密切的今天,学科间的相互渗透和影响导致跨学科概念的存在甚至大量存在,是一种常见现象"⑥。因此,我们在本书的论述中,大致接受如下的观点:"行政决策是指行政机关作出重要、重大决定的行为。在我国,行政决策是指国家行政机关执行宪法、法律,发挥行政管理职能作出

---

① 贺善侃、黄德良:《现代行政决策》,上海大学出版社2001年版,第12页。
② 袁曙宏主编:《全国推进依法行政实施纲要读本》,法律出版社2004年版,第127页。
③ 竺乾威主编:《公共行政学》,复旦大学出版社2002年版,第17页。
④ 方世荣、葛伟:《论重大行政决策法定程序的构建》,《政策》2014年第12期。
⑤ 卢建华:《我国重大行政决策制度存在的问题及其完善》,《时代法学》2016年第4期。
⑥ 茅铭晨:《"行政决策"概念的证立及行为的刻画》,《政治与法律》2017年第6期。

的处理国家公共事务的决定。具体来说,行政决策将形成政府的方针、政策、规定、规划等具有普遍约束力的决定以及行政机关在行政管理过程中针对特定对象、特定事件、特定问题作出的具有重要意义的决定。"[1] 这种方式将行政决策的内涵作了扩大性的解释,既包括制定政策的抽象性行政行为,也包括作出具体决定的具体行政行为,具有更广的涵盖性,可以作为我们论述行政决策责任追究内涵的立场性认知。

三 作为行政行为的行政决策

如前所述,行政决策是政府行政的核心,政府就是在决策制定和决策执行的循环往复中一次次完成行政管理的。从政治学与行政管理学的角度看来,一方面,行政决策蕴含在政府机关的日常行政事务中,几乎每一个行政活动都可以体现行政决策的环节和过程,规范行政决策行为,也就是规范和约束政府行为,正向激励行政行为的正确与合法进行,确保政府行为的目的和立足点,符合最广大人民群众的根本利益,促进社会经济发展和法治进步;另一方面,行政决策在维护政权合法性和政治认同感层面,也可以集中体现浓郁的政治属性,行政决策的每一个环节都具有维护政治统治的味道和情势。

多年来,尽管快速变化的社会正在发生着静悄悄的革命,然而,传统行政法学的视野却依然如故,只对型式化的行政行为倾注眷恋情怀。因此,行政决策的法学表述会遭遇一个理论的认识难题。"行政决策这一行政活动之类型,因其关涉事项千差万别、性质各异,难以归入到行政法学已然成熟的类型化的特定行政行为之中,而行政法体系在某种程度上即是围绕类型化的行政行为概念体系构建起来的,不能将行政决策做类型化的归属,就无法依循既有的行政法规范体系与行政法理论,探寻行政决策的法治化路径。"[2] 因此,传统理论认识上,行政决策通常属于政治学和行政管理学的研究范畴,其特点表现在主体、目标、对象以及责任承担上。即使在毛雷尔、盐野宏等人权威的《行政法学总论》中根本找不到这一概念。

查阅市面流行的权威教科书,如《行政管理学》对行政决策这一概念进行了专章或者专节的介绍和分析,而相比《行政管理学》的推介盛

---

[1] 杨海坤、李兵:《建立健全科学民主行政决策的法律机制》,《政治与法律》2006年第3期。
[2] 周叶中:《论重大行政决策问责机制的构建》,《广东社会科学》2015年第2期。

况，《行政法学》教材中对此概念的表达则非常凄迷，甚至哀鸿一片。学者们一般认为行政决策"并非行政法学上的用语，内涵非常模糊"①。众多的学者们关注的志趣和偏好说明，在行政法学者的学术视野中，行政决策仍然是一个未被探索的领域，关于行政决策的概念共识和制度构建，尚没有达成一致意见，甚至可以说普遍没有进行过系统的研究和关注。这也表明：行政法学的"学术研究过于表面化，现有的行政法学体系存在危机而难以突破，未被型式化的行政行为不被传统理论体系所接受，学者们对之始终存在'分割式'研究惯性"②，正如孙秀君在《决策法学》中批评的那样："从法律的角度去考察、研究决策这一重要的社会现象，目前不能不说还是法学研究中的一项空白。"③ 因此，"除非我们构造了某种形式的转译机制，否则，行政决策仍将处于事实上的'法治盲区'。"④ 尽管有学者试图改造创新传统行政行为理论的研究范式，以扩大其内涵容量，但是结果显示这种探索并未取得明显成效。

随着行政权力行使方式的变化与行政制度含义的拓展，这一现象正在得到改变，当代的行政法学研究也在持续发展，研究对象已经跳出传统权力监督与制约的窠臼，拓宽到交叉或者边缘地带，继续关注行政权力的限制与约束，而且也开始转向对行政决策领域的关注与反思。同以"行政"为对象的行政管理学与行政法学之间的学科壁垒逐渐被打破，并呈现出前所未有的亲密关系。学者们的一个普遍认识是，现代行政管理的理念和制度需要发生转变，这种转变应当体现法治国家所普遍具有的典型特征，需要将行政管理的活动纳入法治的框架和轨道中进行良性运作，依法而为、依法而治。行政法不仅是行政管理的基本手段，而且也应当成为政府运行的基本依据。行政管理与行政法应当是一个事务的两个侧面，彼此依偎，相互支持。与此相应的是，行政管理学与行政法学之间可谓是唇齿相依，而不再是泾渭分明，二者需要在良性的互动发展中彼此融合、相互砥砺。在这一研究转向过程中，行政决策作为行政管理的首要环节与核心内容，首先必须获得行政法的支持和认同，必须在行政法领域中找到归属和空间。而且，行政决策包含的诸多利益因素都是行政法调整的对象，将行政决策置于行政法学的研究视野中，对于深化政府对行政权力的运行，提高行政决策科学化、民主化和法治化水平，重塑政府权威和形象，进而促进

---

① 王万华：《统一行政程序法的破冰之举》，《行政法学研究》2008年第3期。
② 黄学贤：《中国行政法学专题研究述评》，苏州大学出版社2010年版，第133页。
③ 孙秀君：《决策法学》，人民法院出版社2000年版，第7页。
④ 张倩：《重大行政决策法治化路径探究》，《湖北社会科学》2016年第1期。

法治政府的建设具有重要的意义。

行政决策的法学含义是行政法学对行政决策本质的基本认识。然而，由于行政法学界对于行政决策理论研究的匮乏，行政法学的教材与学术著作尚没有将其纳入行政行为的理论范畴中来，也鲜见将其明确定性的论断，客观上造成了对于行政决策难以用既有的常规法律规范予以约束，也无法据此追究行政决策失误的法律责任。对行政决策行政法学性质的准确定位是追究行政决策责任不可或缺的理论前提，因此，针对有学者认为的"行政决策在现有行政法学概念群中没有容身之所，无论在概念内涵上、外延上，行政决策都没有独立意义可言。较为可行替代方案：一是将行政决策作为一种政策性宣传或程序性理念而贯彻到各部门行政法中，不设立独立篇章；二是采取目录制度的权宜之计，强制性将其概念缺陷予以固化"[①] 的观点，我们并不认同。

我们认为，尽管行政决策在概念归属上难以准确表述，但是作为对经济社会以及公民组织有广泛影响的行政决策应当进入行政法学的视野范围，从行政法学视角中行政决策性质予以科学、准确把握对于行政决策责任追究法治化的研究具有基础性的意义。许多学者对于行政决策概念的传统认识，似乎由于语言交流与翻译的影响，而存在一种误解，类似于"行政决策"的外语表述必然存在。犹如美国行政法视野中的"Administrative Decision – Making"和德国行政法视野中的 Verwaltungsentscheidung 等词汇一样，在其本国的行政法语境中实则已经包含了"行政决策"的意蕴，却在译成汉语之后与"行政决策"相去甚远。

从 2019 年 9 月 1 日起施行的《重大行政决策程序暂行条例》，让我们感受到行政决策法治化的中国模式和坚定努力。一个很直观的感受就是，这部旨在规范重大行政决策程序的中央立法，为推动"行政决策"从法学概念发展成为法律概念奠定了坚实的法制基础，"行政决策"这一概念走进《行政法学》权威教材和行政法学者的视野指日可待。

第二节　行政决策失误的法学表达

行政决策是一种极其重要的行政行为，涉及政治、经济、文化、教育等一系列的行政活动，其根本目的就是公众的利益，关系到群众根本利益

[①] 熊樟林：《重大行政决策概念证伪及其补正》，《中国法学》2015 年第 3 期。

的行政决策是行政管理成败的基石,这样的行政决策不但为制定正确的行政规划奠定坚实的基础,而且也对有效实施行政管理发挥着决定性的作用。可以说,"行政决策是政府一切行政行为的前提,行政决策的质量直接决定法治政府建设的质量"[1]。作为一个基本概念,行政决策失误是分析行政决策责任追究制度的基础。因此,认识和理解行政决策失误的基本含义与法律界定,对于避免行政决策失误、实现预期管理目标具有基础性意义。

一 行政决策失误的基本含义

目前,国内外许多学者对行政决策领域普遍给予了高度关注,但是对于行政决策失误的概念认识,却由于不同的研究者所处的时代条件的差异,所持的价值观和研究视角不同,而没有形成统一的理解。如有学者认为,从广义而言,决策失误可能是因渎职行为引起,如领导决策时不经民主程序,严重不负责任,武断决策,导致国家利益严重损失。从狭义说,决策失误是指公务人员在决策过程中因主观认识不符合客观实际,虽积极履行职责但由于对形势估计不足,或对国家方针政策理解不透,以致在作出决策时造成一定损失的行为。[2] 有学者认为,公共决策失误是指由于错误决策导致经济、政治、社会、道义等诸方面的不良后果。[3] 有学者指出,把握行政决策失误的概念和内涵,必须把"故意"和"过失"这两种行为区分开来,这是探讨行政决策失误之法律责任的关键所在。该学者指出,仅仅对行政决策故意导致的重大错误造成损失的追究法律责任,而对行政决策过失导致的损失则甚少提及,这不仅因为行政决策责任追究的过多会导致政府不堪重负,也因为行政决策失误概念本身即模糊不清,有进退失据之嫌。

因此,"决策失误绝非因主观故意犯错而做出错误决策,而是指因水平不够或认识不足或疏忽大意导致决策错误。故意酿成的错误应归于对决策权的滥用,过失为之的错误才归于决策中的失误"[4]。公共选择理论则是以决策失效来界定行政决策失误的,认为通过行政手段强制性敢于将社会资源重新配置的状况,不但没有将资源配置到位,反而加剧了资源配置

---

[1] 姜明安:《推进行政决策民主化是法治政府建设的首要任务》,《中国党政干部论坛》2016年第2期。
[2] 黄京平、蒋熙辉:《决策失误构成犯罪吗?》,《北京日报》2001年1月22日。
[3] 于祖尧:《建立决策追究制度好》,《北京日报》1999年1月3日。
[4] 贺译荸:《行政决策失误法律责任的缺失及强化》,《天府新论》2014年第2期。

状况的糟糕局势，一则造成决策腐败，二则也造成资源的浪费，这都是决策失误的典型表现。①詹姆斯·E. 安德森认为行政决策失误应该从决策执行的结果来衡量，只要政策执行后损害了公共利益，就属于公共决策失误。②

尽管如此，我们依然认为"行政决策失误"一词并不是一个严格的法律概念。在以上众多学者的不同表述中，它仅仅是对一个行政决策结果所作的模糊的描述。同时，行政决策失误责任追究所追究的不可能是"行政决策失误"本身，只能是造成"行政决策失误"的行为。因此，行政决策失误责任追究的表述可能不够准确和科学。不过，在本书的研究中，我们为了表述的方便，大体接受学者们的通说。认为所谓"决策失误"是指决策者在决策过程中，存在主观上的故意或者过失，作出的决策经过客观事实证明是一种错误并造成无法挽回的损失的行为。

我们认为，行政决策失误有多种表现形式，从不同的角度可以做不同类型的划分。从行政法学的视角看，值得行政法关注和规制的是重大或者重要行政决策失误。因为这种重大或者重要行政决策失误，将导致行政决策目标的严重偏离，是一个极其严重的方向性错误，其影响恶劣、巨大，后果严重。一旦构成重大或者重要行政决策失误，其严重损失后果势必难以挽回。或者即使没有造成严重损失，但是也未能实现行政决策的预期目标，要么行政决策低效，要么行政决策违反基本的正当程序，要么直接构成行政决策错误。

行政决策是行政决策主体的权力，行政决策失误是对这种权力运用初衷的违背。行政决策失误在本质上，是行政机关在制定行政决策的过程中，由于决策主体的主观因素、决策程序与决策制度、决策机制等客观因素的影响，脱离客观实际、违背自然规律和社会发展规律、违反国家有关法律法规所作出的给公共利益造成损失或造成其他不良后果的行政决策行为。通常表现为行政决策违反法定程序进行、行政决策过程恣意专断、行政决策寻租腐败等后果严重的行为。

二 行政决策失误的逻辑构成

行政决策失误的评判，是指行政决策失误与否的正确区分。准确界定

---

① 许云霄：《公共选择理论》，北京大学出版社 2006 年版，第 266 页。
② ［美］詹姆斯·E. 安德森：《公共决策》，唐亮译，华夏出版社 1990 年版，第 44—45 页。

行政决策失误，是行政决策责任追究制度中一个极其重要的核心前置问题。因此，在对行政决策的基本含义做高度概括与抽象理解之后，还必须对其从微观的角度进行观察。行政决策是一项纷繁复杂的系统工程，它体现了人、制度与技术三者的相互作用和交互影响，因而我们可以把政府行政决策失误的原因，从根源上归为因行政决策者素质造成的失误、因行政决策体制不健全造成的失误和因行政决策技术落后造成的失误。也就是说，认定行政决策失误的原因可以有很多，但是，作为可以近距离观察分析行政决策失误内涵的法理构成则是基本类似的。行政决策失误构成要件，即行政决策失误构成的结构要素。行政决策失误是具体的，行政决策失误构成也是具体的，在这一意义上，各个行政决策失误的构成要件都是各不相同的。但是，通过对各个行政决策失误构成要件的抽象与概括，可以发现不同行政决策失误都必须具备主观方面、主体方面、客观方面、客体方面四个要素。[①]

结合行政决策失误的评判与责任追究实践，我们认为作为一项法律制度，行政决策失误的评判绝不能是泛泛而谈的空洞宣言，只有具备相应的法理构成要素，并强化其可操作性，才能真正发挥作用。在法理上界定行政决策失误的构成要素，主要应当考虑以下内容：主观因素、职权因素、程序因素和损害后果因素。

首先，在主观方面，人的行为总是受其意志支配的，"决策的本质及其哲学意义，正在于主观与客观、理论与实践这个矛盾统一体的不断运动、变化和发展过程中主观对客观世界的认识能力以及对于未来世界的驾驭能力"。[②] 行政决策责任追究采用不同的规则原则会对决策主体行为产生不同的影响。如果采用客观规则原则就会束缚住决策主体的手脚，造成他们谨言慎行，不敢作为。所以行政决策责任追究只能采用主观过错归责原则，并根据其主观过错程度划定承担责任的轻重。如果决策主体在主观上既无故意又无过失，即使行政决策行为在客观上造成了损害的结果，行政决策主体也不应承担任何责任。因此，主观上的过错是一切行政决策失误成立所必备的主观方面的条件。当然，因行政决策责任的承担方式不同，其所要求的行政决策主体主观过错也不相同。原则上，行政决策主体只应对过错责任负责，对无过错的行政决策行为则不应当承担责任。

---

① 这一构成模式我们主要参考了我国刑法学界对犯罪构成要件的通说。限于篇幅和本书的旨趣，我们对该四个构成要件的具体含义不再赘述。
② 李忠尚：《现代决策论——软科学与科学决策研究》，中国青年出版社1995年版，第108页。

其次，在职权行使方面，职权行为是承担责任的核心构成要素。行政决策主体之所以要承担责任，最根本的是这种决策行为给公共利益或法律所保护的利益造成了损害。行政决策主体应当就某项活动作出行政决策而没有作出或者行政决策主体在作出行政决策的过程中违反有关法律法规而作出了错误的行政决策行为，从而给公共利益造成了损失，那么就应当承担相应行政越权、滥用职权或者行政失职的责任。具体来说，行政决策的"作为"是行政决策责任追究制度设计与实施的首要目标，行政决策"不作为"是责任追究的更高要求。由于行政决策权的实际运作主要表现为作为，而作为必然表现为一定的过程和结果，因此，对行政决策积极作为的责任追究可以在过程与结果两个环节上对行政权加以规范。由于判断是否应当作为的标准具有复杂性和主观性，且行政决策不作为本身并不存在具体的作为过程，因此，对行政决策不作为的责任追究往往需要以特定结果的出现作为追究的事实依据：如果出现重大利益损害的结果，而这种结果在作为的情况下是完全可以避免的，之所以出现该结果就是因相关主体未作为，在这种情况下即应追究相关主体的不作为责任。当然，基于制度的缺失和责任追究的实际效果的原因，行政决策不作为责任的追究或许会面临理论与实践的双重难题。[①] 不过，行政决策不作为责任的确立依然具有更大的现实意义，至少可以有效防止官员出现保守而不进取、观望而不作为的消极心态，进而形成对"平庸官员""无能官员""惰性官员"的鞭挞。[②]

再次，在程序因素方面，在行政决策法治化的实现过程中，用行政决策程序来规范行政决策行为已经成为有效途径之一。以行政决策主体是否遵守行政决策的法定程序来衡量行政决策者的责任，实际上是对行政决策的事中监督，如果行政决策程序本身的理性化程度较高，那么这种事中监督方式就有可能避免事前监督所带来的弊端。"因为行政决策结果对行政决策主体影响力的淡化，使得决策者的注意力不再主要集中在行政决策的结果上，而是主要集中在如何去遵守一个理性的法定程序上。一个理性的法定行政决策程序实际上是对以往行政决策失误原因进行总结后才制定出

[①] 陈咏梅：《行政决策不作为法律责任追究之难题及其解决》，《政治与法律》2017年第4期。

[②] 冯之东：《纠纷解决机制外在制度环境的优化——以行政调解制度为例》，《甘肃政法学院学报》2012年第1期。

来的。"① 尽管遵守法定程序并不能绝对保证所有的行政决策都有好的结果，但是不遵守法定程序的行政决策的失误率肯定非常高。因此，对于那些程序违法，但是未造成损害结果的行政决策，我们依然要保持足够的警惕与冷静。

最后，损害结果方面。从法理的角度看，损害后果就是违法行为侵犯他人或者社会的权利、利益而造成的损失。从行政决策的概念看，行政决策行为与其他民事违法或者刑事违法不同，与传统意义上的行政行为也有所区别。因为行政决策建立在对未来事务的判断之上，有一定的不可预测性和模糊性。行政决策过程更多渗入了行政自由裁量的因素。由于法自身的滞后性，也不可能明确规定行政决策失误的评判标准，以及行政决策失误危害后果起责点。而且行政决策失误损害后果的发生也往往不具有当场性和时效性，而可能要经过一个较为漫长的过程才能显现。行政决策的损害后果一般外化为物质利益的损害和公共利益的损害。

以上要件构成了行政决策行为法理认定的较为完整的需要着重考量的构成要件。当然，这并不意味着它们是行政决策失误行为承担责任的必备条件。我们认为，行政决策失误的评判指标应当以是否有损害结果为主要的评判标准，其他因素则是追究行政决策失误责任程度的认定依据。

三　行政决策失误的法律特征

上文已经指出，行政决策失误是行政决策主体在处理公共事务、实行行政管理过程中，由于行政决策主体或客观情境等因素的作用导致行政决策不当，造成公共利益损失或行政资源浪费等不良后果的行为。这一概念的法律界定，我们可以从以下几个方面进行分析。

第一，行政决策失误的主体具有法律的确定性。行政决策主体是指依法对国家或地方事务作出行政决策的具有决策权的机构和个人。从宏观上讲，行政决策的作出主体为作出行政决策目标、阶段性规划和经济计划的一级政府。从微观上讲，凡是有权制定行政决策的集体机构和各级行政首长都应当纳入行政决策主体的范畴中来。在西方国家，人们习惯于将行政决策的主体分为官方主体和非官方主体两大类。官方主体是指那些具有合法权威作出政策的人们，包括立法者、行政官员、行政管理人员和司法人员；非官方主体是包括利益团体、政党和作为个人的公民等。因此，扮演

---

① 刘平、陈素萍、张华：《建立行政决策失误责任追究的法律制度研究》，《政府法制研究》2006年第8期。

决策失误角色的有时也不仅仅限于官方主体,也包括民间的个人或者公众。① 而在我国,依据《宪法》第 86 条和第 105 条的规定,行政机关实行的是行政首长负责制,行政领导在各级行政决策中起着主导作用,同时对行政决策负有直接、间接或者连带的责任。因此,在实践中承担行政决策责任的主体也经常为行政首长或者作出行政决策的集体。

第二,行政决策失误的背后是行政自由裁量权的滥用。邓小平同志指出,"中国的事情能不能办好,关键在人"。② 决策是人根据所面临的问题进行抉择和判断,决策者素质的高低是决策成功与否的关键。而且无论在何种决策程序和决策体制下,决策主体的不当决策行为应该是决策失误的直接原因。从各国行政程序法的规定来看,尽管法律规定利害关系人有参与行政决策程序的权利,但是行政决策中听取相对人意见方式的选择以及公民参与程度的决定权,大多由行政机关自由裁量。因此,在很多情况下,行政决策者在进行决策时是根据自己的意愿而作出决定,行政决策很容易带有一定的随意性、盲目性和专权性。在计划经济时代,"首长工程""长官意志"曾是决策失误的主要因素,但近年来的决策失误,除了少数违规操作外,有相当一部分则是在"加快发展""战略眼光"的旗帜下产生的,不管不顾地超前,贪大求洋,靠想当然的"前景"上项目,结果往往事与愿违。媒体在报道行政决策失误的时候,用得最多的界定词句就是:"在……不充分的情况下""擅自专断""一意孤行",等等。毫无疑问,这些行政决策尤其是重大行政决策的背后隐含着行政自由裁量权的滥用。

第三,行政决策失误造成的损失具有很大的不确定性。行政决策失误损失的不确定性是指结果发生时损失程度和损失范围的不确定性。行政决策失误造成的危害是多方面、多层次的。在经济上,会导致国家的大政方针和既定国策难以全面、准确地贯彻,消弭经济增长的内生动力,严重阻滞国家经济建设能力的提升,破坏国家整体建设规划;在政治上,会伤害群众感情,损害政府形象,导致政府公信力下降;在社会上,会造成大量财富流失。"据世界银行估计,'七五'到'九五',投资决策失误率在 30% 左右,我国决策失误造成的资金浪费大约在 4000 亿到 5000 亿元。按照全社会投资决策成功率 70% 计算,每年因决策失误而造成的损失为

---

① [美]詹姆斯·E. 安德森:《公共决策》,唐亮译,华夏出版社 1990 年版,第 44—45 页。
② 《邓小平文选》第 3 卷,人民出版社 1993 年版,第 380 页。

1200亿元。20年来，损失为24000亿元。"① 不可否认，政府失误投资的教训很多，不少决策严重脱离现实。这些严重脱离现实的行政决策所导致的损失不但可以是最为明显的经济利益的损失，也包括更为广泛的、潜在的、无法衡量的利益形式，显示出损失的极大不确定性。

第四，行政决策失误破坏的是公共利益的平衡。现代行政决策过程涉及多元利益权衡，影响到公众利益甚至公共利益，本质上是一种政治过程。行政决策者在处理公共事务、实施行政管理过程中的决策行为，不仅要求效益的实现，而且要求效率的实现，即要考量行政决策的成本与收益的比较，尽量把成本控制在一定的范围之内。行政决策失误就是行政决策主体没有正确判断形势，违背了科学决策的客观要求而导致错误的决策；或者为了某一公共利益目标的实现，而付出了远超出所得决策利益的成本，最终破坏了公共利益的平衡。

第三节 行政决策责任追究的法治底蕴

行政决策活动作为行政管理活动的核心，更要遵循权责一致的原则。对行政决策失误进行责任追究是民主政治的必然要求和逻辑结果。这一彰显民主与法治核心价值的法治原则，在党的十八大以来已经成为党和政府从严治党、依法行政新实践的内生需要和鲜明特色。特别是党的十八届四中全会之后，随着重大决策终身责任追究制度及倒查机制的确立与推行，为深入推进全面从严治党，协调推进"四个全面"战略布局提供根本保障。在认识、适应、引领新常态的大逻辑下，面对不断暴露的积存已久、盘根错节的矛盾和问题，建构科学的行政决策责任追究制度，不但是在行政法学领域贯彻落实"四个全面"战略部署的应然要求，也是深入推进法治政府建设的制度基础与现实根基。

一 行政决策责任追究的基本含义

责任作为人类社会最基本的道德规范，历来都是一个经久不衰的话题。对于"责任"一词的辨识需要从语义学的角度出发，并基于历史和文化的高度厘清其内蕴的公共性价值。在汉语中，责任本是由"责"和"任"构成的复合词，"责"可以大致归纳为职责、责备，"任"则意味

---

① 辛向阳：《决策的新制度建设》，《社会经济问题研究》2003年第3期。

着任用或担当。在中国的传统文化中，人们也常常把责任与天理、天意、天命等作出当然关联，从而使得汉语中的"责任"充满了浓郁的伦理色彩。儒家所提倡的"内圣外王"就体现出"修身、齐家、治国、平天下"人伦责任的升华与总结。① 根据《汉语大词典》的解释，"责任"一词有三重含义：其一，使人担当起某种职务和职责；其二，分内应做之事；其三，做不好分内应做之事应承担的责任。第一种含义多见于古汉语中。所以，"责任"可以从两个方面来理解：第一，分内应做之事；第二，未做好分内应做之事所应受的谴责和制裁。"责任"一词的这两层含义可以从英文中的对应词 Responsibility 和 Accountbility 反映出来。②

与中国语境中的"责任"认识不同的是，西方文化视野中的"责任"则更多是从自由的角度出发的，不仅与行为者及其自身行为相关，而且也与对行为及其后果的评价密切相连。在现代西方文化的视野中，责任本就包含责任认定和责任追究两重含义，而且二者之间密切联系，不可剥离。一则，责任追究必须以责任认定为前提；二则，责任追究也是责任认定效果的一个体现。如布兰德玛和席勒曼（Brandsma & Schillemans）就从责任概念入手，对责任认定核心要素层面对不同阶段责任追究进行了分析，并提出了一个全面认识责任的"责任立方"（accountability cube）理论工具，希望通过这种方式加强对具体责任追究效果的评价。③ 换言之，"责任"意味着对他者的承认与尊重，蕴含着责任主体与他者共在的公共性价值。

从现代行政的角度来看，"责任"作为人类社会的基本价值，已经成为一种应然的基本价值取向和现代国家的支撑性原则。④ 人们提到的行政责任通常指的是行政决策者分内应做但没有做好或未能履行好自身的职务职责所应当承担的过失，它通常包括应做而未做和虽然做了但未做好所需要承担的过失责任。毋庸置疑，责任制度的产生既源于政府内生的自觉，更源于政府治理的自省，是政府自我修正、自我批评的结果。当然，责任的内涵也是处在动态发展当中的，社会的进步与变化定会对政府提出更高

---

① 荀明俐：《从责任的漂浮到责任的重构：哲学视角的责任反思》，中国社会科学出版社2016年版，第13页。
② 徐国利：《论行政问责的责任与归责原则》，《上海行政学院学报》2017年第1期。
③ Brandsma, G. J. & Schillemans, T. The Accountability Cube: Measuring Accountability. *Journal of Public Administration Research and Theory*，2013，23（4）：953–975.
④ 张力伟：《通向责任政治之路：我国责任建设的发展与演变——基于国务院政府工作报告（1979—2018）的语料分析》，《求实》2019年第2期。

的要求，责任政府的内涵也必定会随着新的社会诉求而具有崭新的意蕴与特征。基于本书讨论的主旨和论述的需要，我们认为责任不仅是一个理论问题，更是一个实践问题。"尽管这些不同层次的研究采用了来自各个社会科学领域的概念、理论和研究方法，但它们都共同关注了社会生活中的管理问题，得出了一些可以相互借鉴的研究结论。"① 理解行政决策责任追究的含义需要明确以下几点。

一是"责任"和"责任追究"具有不同的含义。"责任"以承担一定的职责和履行一定的法定义务为前提，恪尽职守就是履职尽责，完成了法定义务就算尽到了应有责任。"责任追究"则意味着对公务人员履职尽责的效果和过程进行的综合评价，意味着公务人员未恪尽职守应当遭致不利的法律后果，如"责备和惩罚"。简言之，"责任"重在强调公务人员应当"依法而为"；"责任追究"则重在强调公务人员不当行为的"不利后果"。也就是说，"在逻辑关系上，行政责任的产生以行政义务的存在为前提"②。行政决策主体对行政决策法定义务的违反，构成了行政决策责任追究的逻辑起点。③ "谁决策，谁负责"的原则应该涵盖行政决策为及时按照程序作出，当为而不为；也包括行政决策虽然依程序作出，但是与预期效果存在较大偏差，而未能实现决策的预期目标，为了无效或者为而失当。④

二是行政决策责任承担方式具有多元性。行政决策主体面对的行政事务日新月异、情态万千，复杂多样、变动不居的决策基础和决策依据，给行政决策主体提出了更为富有挑战性的要求，要求公务人员必须积极回应社会发展，调和各种利益冲突，努力做出科学性、合法性和可执行性的优良决策，这也是行政决策主体依法应尽的职责和义务。对于行政决策失误或者行政决策程序失当，以及行政决策执行效果未能达成行政决策预期目标，甚至相距甚远的情况，必须要辅之以严格的责任后果，以倒逼行政决策程序和规则的健康运行。行政决策失误责任追究的后果是以一定的责任方式显现的，这些责任后果的承担方式可以是政治责任、道德责任、法律责任等方式中的一种或几种，而不一定是上述三种责任的全部类型。

---

① 阎波：《问责的理论阐释、现状与前沿》，《国外理论动态》2015年第2期。
② 赫然、亓晓鹏：《论行政责任的理论基础》，《当代法学》2010年第2期。
③ 周海源：《行政问责对象范围的界定——从行政义务角度切入》，《广西大学学报》2015年第1期。
④ 王军：《健全我国行政决策机制的若干问题》，《中共中央党校学报》2006年第1期。

三是行政决策责任追究具有强制性。"权力就是责任",对于一切行政机关及其工作人员都是适用的,特别是一些重大的行政决策,它往往关系到公众的利益和社会的稳定,相比于一般行政决策更带有全局性、战略性和复杂性的特点,也需要行政决策主体具有更高的站位和决策能力、更强的权力意识和责任意识,时刻对自己拥有的重大事项决定权保持足够的警醒和慎重,在作出行政决断时始终能够保证决断的合法性、正当性与合理性,防止主观擅断和权力任性,否则必须予以刚性的责任追究。行政决策责任追究这种责任的强制性实则源于行政决策尤其是重大行政决策与生俱来决策后予以执行的强制性和推进的法定性。行政决策责任追究的强制性特征体现在,行政决策主体对行政决策失误的责任承担有制度保障,对于决策失误是否应当受到追究、应当如何追究以及追究何种责任都不是随意的,而是需要遵循一定的程序和实体规范,这种责任追究的强制性是通过科学合理的责任追究程序规则、完善的责任保障和制约体系来实现的。

二 行政决策责任追究的理论基础

任何一项制度或规则的确立都有其存在的理论依据。同时,一项制度之理论基石是否深厚,也是衡量该项制度是否完善与成熟的标志。美国著名法学家霍尔姆斯曾经说:"理论之于法律的教条,犹如建筑师之于建筑的工匠,乃是其中最重要的一部分。"[1] 行政决策过程是否符合法定程序要求,行政决策目标确立与方案执行是否可以达成预期效果等,不但直接关系到行政管理的实际成效,也在一定程度上与社会公共福祉和国家前途命运有着密切的关联。因此,行政决策责任追究相比于其他行政行为的责任追究具有更为重要的意义和作用,行政决策责任追究也更为社会、公众所关注。政府决策失误,特别是重大决策失误,必然使社会付出沉重的代价。决策失误造成的损失远比一件贪污受贿大案要案造成的损失和危害大得多。作为现代政治文明发展的一个重要成果,行政决策责任追究制度不仅有着真切的民众呼声,更有着丰富的理论基础。

一是行政决策责任追究的人性基础。人性假设是人类社会经久不变的主题,该命题表面上看与行政决策责任追究无关,但恰恰相反,决策主体的人性假设正是所有行政决策责任追究制度赖以建立与实现的基本前提。[2] 个人对自身利益最大化的能动追求,主动避苦求乐,这既是人之所

---

[1] 荆知仁:《美国宪法与宪政》,台湾三民书局股份有限公司1985年版,第12页。
[2] 吴丛环:《试论行政决策体制的现代化》,《探索与争鸣》2003年第8期。

以生存发展和自我实现必然具备的本能诉求，也是人性最直接的体现。正如马克思、恩格斯所说："任何人如果不同时为了自己的某种需要和为了这种需要的器官做事，他就什么也不能做。"① 公共选择学派认为，既使在政治领域，人依然客观遵循经济人的假设限定。依据公共选择学派关注"经济人"的假定主张，社会生活中的每一个人，都会主动寻找适合个人生存发展的资源和条件，在众多竞争者当中，都会不遗余力的去争取个人利益的最大化，作出最有利于个人利益的选择。也正是这种谋取"一己私利"的狭隘追求，才会使得政府作为一种"必要的恶"得以长期存在，并保持了秩序稳定。但是，也正是这种自利的私欲膨胀和双重角色冲突，才诱发"官意驱逐民意""私意驱逐公意"，促使许多行政决策主体会为一己私利而不择手段，违背行政决策的基本原理和客观规律，造成重大的行政决策失误，亟待以责任追究的方式来进行遏制和规范。

二是行政决策责任追究的民主基础。在最初意义上，民主意味着"人民的统治"。现代看来，真正的民主理论的产生还是在近代民主国家形成之后，它起源于社会契约论基础上的民主理论思想。"问责天然就与民主紧密相连，因为问责揭示了政府及其行政官员的权力来源于人民并当然要对人民负责的政治逻辑。"也正是基于这种朴素的契约理念，使得责任追究的制度精髓得以淋漓展现，"代理人始终充满了责任追究的压力，同时也增强了责任的意识"。② 人民主权论学说为政府负责，人民监督政府提供了合法性、合理性和可能性的充分论证。与其说这种责任追究意味着让决策者承担失误后果的现实需求，不如说它更多体现着人民对执政者的美好期待。但是，传统中国行政决策的责任追究制度却并非一开始就有着外国法渊源，而是我国政府长期致力于依法行政的宣传与实践的结果，与中国的特有国情直接相关，"应该是很中国化的产物"。③

三是行政决策责任追究的法治基础。有权必有责，权责统一才是依法行政的基石。"责任是权力的孪生物，是权力的当然结果和必要的补充，凡权力行使的地方，就有责任。"④ 权力和责任始终会作为事务的一体两面，相互依存、彼此支撑，既矛盾重重，又相生相伴，有多大的权力就有多大的责任。由于政府的有限性，决定了政府在进行行政决策时失误时有

---

① 《马克思恩格斯全集》第 3 卷，人民出版社 1979 年版，第 286 页。
② Cornwall A. Lucas H. Pasteur K. Introduction: Accountability through Participation: Developing Workable Partnership Models in the Health Sector. *IDS Bulletin*, 2000 (31), p. 3.
③ 余凌云：《对我国行政问责制度之省思》，《法商研究》2013 年第 3 期。
④ 转引自丁煌《西方行政学说史》，武汉大学出版社 1999 年版，第 65—66 页。

发生。既然行政决策者的理性是有限的，而且行政决策时有失误，这就要求通过一定的制度设计来尽力克服行政决策过程中的有限理性，行政决策责任追究制度的建立就是对这一要求的现实回应。"当不愿意承担责任成为根深蒂固的组织文化时，没有什么决策理论或方法可以让组织免于不良决策甚至更加恶劣的后果。"① 换言之，"责任一方面具有对行政权力的制约作用，另一方面又具有对行政权力的明示引导作用，责任不是要妨碍权力的正当行使，而是要保护和促进权力的正当行使"②，因此，无论从任何角度看，行政决策责任追究制度的建立都具有重要的积极意义。

三 行政决策责任追究的现代价值

责任政府这一价值追求是行政决策责任追究制度的直接目标，也是评价行政决策责任追究实践状况的价值标准。行政决策责任追究制度的建立，根据行政决策主体决策失误造成损失的轻重，给予不同的处罚，既可教育行政决策主体本人，也可教育其他行政决策的参与主体，从中吸取教训，起到"惩一儆百"的群体效应。这样一种用"滞后"的办法来保证行政决策正确的有效手段，不仅完全符合权利、义务、责任相统一的行政法治原则，更是国家政治文明的一个重要体现，是建设民主政府、法治政府和责任政府的一个重要途径，具有广泛而深远的法治意义。

第一，行政决策责任追究制度的健全与完善，具有对政府权力进行规制的作用，能有效保障政府行政决策基于公共利益的主旨。推进法治政府和责任政治建设，既是一个历史性课题，也是一个世界性课题。世界各国几乎都面临着政府更好回应社会、更好负责公众的现实难题。尽管，历史看来责任追究在中国也并非新生事物，只不过一直以零散的形式存在。当下，依法治国已成为一个世界性的潮流，浩浩荡荡，无可阻挡。新公共管理理论认为，行政决策责任追究制度的建立"不仅使代理人有被问责的压力，更重要的是使代理人获得责任的意识"③。"如果约束机制不能提供一种良性压力，以确保任何人处于某一特权地位时均不能过多或丝毫都不牟取私利，那么，再高尚的执政官也不能保证社会公共利益不被他的后继

---

① [美]戴维·H.罗森布鲁姆、罗伯特·S.克拉夫丘克：《公共行政学：管理、政治和法律的途径》，张成福等译，中国人民大学出版社 2002 年版，第 364 页。
② 沈荣华：《现代法治政府论》，华夏出版社 2000 年版，第 207 页。
③ Cornwall A. Lucas H. and Pasteur K. Introduction：Accountability through Participation：Developing Workable Partnership Models in the Health Sector. *IDS Bulletin*，2000（31），p. 3.

者有意或无意地加以损害。"① 因此,"政府行政决策失误的责任追究在现代行政决策责任制度中起着不可或缺的作用,是责任科学化、民主化方面的制度性安排,在政府行政效能的提升过程中、在工作方式的转变以及实际成效的提高方面发挥着有效制约的作用,也是监督和评估的重要参考依据"②。实行行政决策责任追究制度,为每个重大决策系上了一条"安全绳",能够有效克服决策者的短视行为,避免政绩本位思想泛滥,具有倒逼科学决策、民主决策和依法决策之功效,最大限度地制约行政决策主体随意决策、盲目决策的行为,督促行政决策主体严格遵循民主化、科学化的决策程序,在实践中不断提高决策水平。

第二,行政决策责任追究制度的健全与完善,具有对政府权力进行防范的作用,能有效减少行政决策失误造成的损失。"决策权是权力的核心",作为公权力最为核心的行政决策权,而这种行政决策权同样天生具有扩张性与渗透性,如果没有法律与责任的牵制,必然走向专横。诚然,要决策就会有风险,任何决策都不可能十全十美。但是,政府的行政决策不同于政府的具体行政行为,它是全局的、综合的、长远的,它涉及的利益当事人是群体的,因此,决策失误造成的损失一般总是大于具体执法行为的失误。面对复杂的决策环境,如果没有完善的决策责任追究机制,就难免不出现重大行政决策失误,不但会造成严重的经济损失,有时也会导致生态环境的破坏,或者政治局势的动荡,削弱国家实力,甚至导致国家的衰亡。要防止、减少政府决策失误,适应新形势的要求,必须加快健全和完善行政决策责任追究制度,从制度上保证决策的科学化、民主化。只有使决策者承担由于决策而产生的一系列责任,才能使他们追求决策科学化,励精图治,精心决策。

第三,行政决策责任追究制度的健全与完善,具有对政府形象的正面维护作用,能在非常态情境下获取政治认同。如上所述,现代意义上的行政决策责任追究作为一项制度,它起源于近代西方民主政治的思想传承,也是西方"责任政府"价值理念的必然延伸。但是,在中国国家治理现代化的视野中,行政决策责任追究制度的建立与完善既有针对性极强的现实需要,也有深厚的思想脉络和理论源流——基于人心向背的政治考量。新形势下,中国各级政府都面临着许多严峻挑战,行政决策过程也存在着

---

① 汪翔、江南:《公共选择理论导论》,上海人民出版社1993年版,第75页。
② 梅化南:《行政决策与失误问责在政府管理体制中的相互关系》,《行政科学论坛》2016年第5期。

许多亟待解决的问题。责任铸就形象。政府在社会管理中积极履责，提供公共服务，维护社会公正，是在公众认知中建立起良好形象的根本所在。"重大行政决策失误"是最大的失误，不仅造成难以挽回的巨大损失，同时严重败坏官员形象，损害政府公信力。由于缺乏统一的责任追究制度，行政决策责任追究实践中还存在很大的困难。

以史为鉴可知兴替，以人为鉴可明得失。1978年以来的中国发生了巨大的历史变革，改革开放、市场经济、民主法治等语汇便可迅捷勾勒出40多年来中国艰难曲折风云激荡的发展历程。阅过历史沧桑的画卷，我们真切感受到它投影在社会每个领域每个角落的神情和心魂，真实倾听到责任政府、民主法治的铿锵脚步。从历史深处走来的责任与责任政府，其内涵也是处在动态发展当中的，社会的进步与变化定会对责任政府提出更高的要求，责任政府的内涵也必定会随着新的社会诉求而具有崭新的意蕴与特征。2014年，党的十八届四中全会提出的"建立重大决策终身责任追究制度及责任倒查机制"，这是一项至关重要的决策论断，是我国新时期深入政治体制改革的标志之一，让我们看到了中央落实依法行政决策的魄力和决心。这一举措使得决策者对自己作的决策不仅要负责，还要终身负责。任何领导干部都要对曾经作过的重大决策负不可推卸的责任。行政决策责任制度的健全与完善既契合了现代民主政治的基本理念，又是一种对政府公共管理进行约束控制的制度安排。

第二章 行政决策责任追究的要素界说

从系统论的观点看,行政决策责任追究就是一个完整的动态系统,一些西方学者将这种决策责任追究视为"一个动态的线性过程"①。行政决策责任追究的核心要义则是该系统的组成要素,在其内在构成上至少包含了责任追究的主体、客体及程序等若干要素,这些要素分别指向责任追究过程中的"谁来究"、"追究谁"和"怎么究"三个基本命题。事实上,制定行政决策失误责任追究制度并不难,难的如何将制度落到实处,体现到责任追究工作中。从逻辑体系看,行政决策责任追究作为一种责任追究制度,由多方面的基本要素构成,主要包括:追究主体、追究对象、追究标准、追究范围、追究程序及追究效果等。这几个方面的问题,都有可能直接影响到此项制度的构建成败与执行效率。基于本书研究关注的主题、篇幅结构的需要以及实践制度回应的客观需求,本章内容中我们重点讨论行政决策责任追究的主体范围、事项范围和责任追究的基本类型等核心问题。

第一节 行政决策责任追究的主体范围

决策关系成败,责任重于泰山。作为一种制度安排,责任政府意味着保证政府责任实现的责任控制机制。② 责任追究体现了"有权必有责,用权受监督,违规必追究"的执政理念。坚持实事求是、有错必究、过责相当、教育与惩戒相结合的原则,对违反决策程序规定,出现重大决策失

---

① 赵红:《关于中外"问责制"研究成果的综述》,《两岸会计与管理学术研讨会论文集》2008年卷,第559页。
② 张成福:《责任政府论》,《中国人民大学学报》2000年第2期。

误或者造成重大决策损失的，依法依规进行责任追究，对于规范党政关系、深化党和国家机构改革，提升党和政府形象和权威认同感，加强共产党执政能力建设，推进法治政府、法治社会和法治国家建设都有重要的意义。作为行政决策责任追究实施人的要素，必须有明确的行政决策责任追究主体范围。我们认为，行政决策责任追究的主体范围包括行政决策责任追究主体、行政决策责任追究对象以及行政决策责任追究参与主体三大类。

一 行政决策责任追究主体

"责任追究制度的建立，重要的是要有明确的责任追究主体。"[1] 行政决策责任追究主体的规范与界定，旨在说明责任追究"谁"来做的问题。不同的行政决策主体在政府决策过程中发挥着不同的作用，行政决策主体的多元化决定了行政决策责任追究主体的多元化。目前由于学术界对行政决策责任追究概念理解的差异，学者们在行政决策责任追究主体的认识上也稍有不同。但是，学者们普遍认为，这种多元化的责任追究主体，可以从不同的角度进行观察和研究，并可以依据不同的角度进行更为详细的分类。

一是从行政决策责任追究性质来看，行政决策责任追究主体可分为具有实质权力的责任追究主体、具有法定权利的责任追究主体以及其他责任追究主体。具有实质权力的责任追究主体是指拥有法定责任追究权力和健全责任追究渠道的一类责任追究主体，主要包括权力机关、监察机关、司法机关和党政机关。对问责对象进行客观有效责任追究，本身就是这类追究主体的职责所在；具有法定权利的责任追究主体是指拥有法定责任追究权利的一类主体，主要指社会公众。根据社会契约和委托代理等理论，社会公众是国家权力的最终所有者，一旦政府官员掌控国家权力损害公众利益，社会公众有权对其追究责任。我国宪法规定"中华人民共和国的一切权力属于人民"，这从根本上肯定了社会公众的法定责任追究权利；其他责任追究主体主要包括媒体、社会团体以及其他社会组织。这类责任追究主体具有特定的追究能力，通过合理引导能够发挥对追究对象的高效监督和责任追究。

二是从责任追究方式看，行政决策责任追究主体可分为责任追究直接主体和责任追究间接主体。前者是指具有责任追究的直接途径、渠道和责

---

[1] 钱振明：《促进政府决策机制优化的制度安排》，《江苏社会科学》2007年第6期。

任追究权力的追究主体,不用借助外力就能启动责任追究程序,在我国主要包括权力机关、监察机关、司法机关、党政机关以及政府内部所设的专业责任追究机构;后者则指不具有对追究对象直接追究责任的权力,只能借助于责任追究直接主体来启动责任追究程序、实施责任追究的主体,在我国主要包括社会公众、新闻媒体等主体。[1]

三是从责任追究主体性质上看,即责任追究主体与对象是否来自同一系统,将行政决策责任追究主体分为同体追究和异体追究。前者是指执政党组织对其内部成员,主要是领导成员的责任追究,以及行政系统内部对其行政官员的责任追究。至于执政党对于政府及其领导的责任追究,在我国实行党管干部原则的情况下,各级政府领导主要是由执政党推荐产生的,由党的各级组织任命的公职干部应对任命他的党组织负责;按执政党对党员的要求,党员应向其所在的政党负责。因此,这种责任追究在性质上仍然属于同体追究;后者则指行政系统之外的,包括人大机关、监察机关对政府、民主党派对执政党、民主党派对政府、新闻媒体对执政党和政府行政决策的责任追究,甚至也包括法院对执政党组织和政府决策的责任追究。[2]

我们认为,上述第三种分类更具有现实价值和制度建设的意义。因为这一分类基于行政决策责任追究主体的性质差异所作的理论划分,契合了行政决策责任追究的现实需要和制度要求,它更能揭示出法治框架下,尤其是法治社会进程中的中国语境中,同体追究和异体追究各具优缺,在不同的情况下发挥着不同的功能。而在实践中,两种模式往往互为补充,推动行政决策责任追究的顺利平稳运行,同体与异体责任追究主体的共生与互动已经成为现代法治行政的时代要求。

二 行政决策责任追究对象

如上所述,行政决策责任主体范围既包括行政决策责任追究主体,也包括行政决策责任追究对象。行政决策责任追究主体探讨的是一个"谁来追究责任"的问题,而行政决策责任追究对象也即行政决策的责任承担者,重点关注的则是"谁来承担责任"的问题。如果仅有责任追究主体,而没有规定相应的责任追究对象,所谓的行政决策责任追究制度就是

---

[1] 从根本上讲,社会公众应当是行政决策责任追究的主体,但是这并不意味着社会公众个人可以直接对行政决策进行责任追究,社会公众对行政决策责任的追究也应当通过合法的形式,比如可以通过向人民代表大会的代表提出并实施责任追究。
[2] 陈翔、陈国权:《我国地方政府问责制的文本分析》,《浙江社会科学》2007年第1期。

一纸空文。正如哈耶克所言:"欲使责任有效,责任还必须是个人的责任……如果因创建共同的事业而课多人以责任,同时却不要求他们承担采取一项共同同意的行动的义务,那么通常就会产生这样的结果,即任何人都不会真正承担这种责任。"① 因此,虽然行政决策是典型的组织决策,但是一定要明确行政决策责任追究的对象,实行"责任人"负责制度。

从我国现有立法看,行政决策责任追究对象概括来讲主要包括行政主体和行政公务人员两大类。具体可以归纳为以下三类:(1)行政机关及其工作人员作为责任追究对象。例如,《监察法》就是针对所有行使公权力的人员都实施监察,监察重点在于职务违法、职务犯罪以及廉政风险防范和腐败调查等工作。(2)行政机关工作人员作为责任追究对象,例如《公务员法》就是针对公务员进行的专门立法;(3)部门行政首长作为责任追究对象,例如《关于实行党政领导干部问责的暂行规定》就是将中共中央、国务院组成部门,以及其内设机构的领导成员,县级以上地方各级党委、政府及其组成部门的领导成员,以及地方组成部门内设机构的领导成员开展责任追究。也有的地方政府规章明确行政首长含主持工作的副职领导均可以作为行政决策责任追究的对象,如《瓦房店市政府部门行政首长问责暂行办法》。但是,还有大量的法规和规章并没有对问责对象作出明确规定,只表明是对过错或失误应负责人的相关责任人员。②

一个清晰的权力和责任体系是实施行政责任追究的基本前提。如果责任主体本身权责不清,一旦启动责任追究程序,就难免出现责任追究对象模糊的现实难题。在我国,由于特殊的历史原因,党政之间、不同行政部门之间的职责交叉现象大量存在,对权力和责任划分在有些方面很不明晰。甚至可以认为,在中国可以行使行政决策权并作出公共决策的主体不仅包括行政主体也包括实际行使行政决策权的国家权力机关和政党系统。

一则,从事关国计民生和社会稳定发展的宏观决策看,行政系统就不会是唯一的决策主体,党的机关以及人大机关的影响也起着非常重要的作用。因为,国家有关国民经济和社会发展的重大决策一般是由行政系统负责起草和制定,报全国人民代表大会审议通过的。在关系国计民生的重大决策的最初构成看,这一重大决策的性质当属行政决策无疑,但是全国人民代表大会这一权力机关又起到了非常重要的作用。这样的决策形成过程

---

① [英]弗里德利希·冯·哈耶克:《自由秩序原理》(上),邓正来译,生活·读书·新知三联书店1997年版,第99—100页。
② 杨小军、宋心然:《试论行政问责制的完善》,《理论与改革》2012年第2期。

也符合宪法规范。

二则，政党和政府作为公共政策的主要制定者和决策者，在政策目标确立过程中始终处于主导地位。由于中国特定的政治结构和权力运行模式，执政党作为领导党，对于地方事务的管理与发展享有当然的治权。尤其是中共中央通过的若干决议或者决定常常涉及行政权或行政决策问题，地方党委也常常是重大地方事务的决策者。① 这一权力运行的模式决定了执政党在一定范围内也有作出行政决策的情形。

加之不断推行的政治体制和行政体制改革也使一些政府官员缺乏责任归属感。这种状况下，行政决策责任的追究困难重重。社会公众的一个直接感受就是，近年来由于国内各类重大安全事故频繁发生，引起社会各界的广泛关注、反思与追问，面对人命关天的天灾人祸，民众群情激昂，责政府无能，批官员失职，激情冷却之后却时常尴尬地发现，所面对的更为现实的问题是，到底谁是真正的责任人？

在传统中国，官员的权力与责任历来是不对等的。权力在官，责任义务在民。"只许州官放火，不许百姓点灯"即是一个鲜明写照。清末资产阶级改良派领袖康有为曾断言："中国政治是无人负责的政治。"直陈"责"与"权"对等的重要性："乃以四万万人之大国，无一人有国家之责任者，所谓国无人焉，乌得不弱危削亡哉。"② 在今日中国，要全面落实行政决策责任追究制度，加大监督检查、考核工作力度的同时，关键是把责任界定清楚，把责任界定得"清、准、明"，为实施责任追究奠定充足的证据基础和事实依据。然而，知易行难，理论与实践的差距远非想象得那么简单。

首先，从行政决策责任追究制度规定看，根据宪法和相关法律规定，各级国家行政机关实行行政首长负责制，即各级政府乃至部、委、厅、局，均由行政正职负责。而根据党管干部原则，在各级政府领导班子中，党委书记（如省委书记、市委书记、县委书记等）是"班长"，拥有着绝对的决策权，而作为政府负责人的省长、市长、县长等实际是"副职"，主要是在履行决策执行过程中行使行政自由裁量权。因此，如果出现党委集体决策失误，而在执行过程中或之后出现问题，在此情况下追究行政首长决策责任显然有失公正，不能实现合理责任追究。为此，在责任追究实践中，因这一硬性规定而经常出现责任追究对象不到位甚至错误的现象，

---

① 关保英：《行政决策不作为问题及其法治对策》，《中州学刊》2015年第11期。
② 康有为：《康南海官制议》，广智书局1905年版，第103页。

使实际责任承担者逃避责任追究，有失责任追究公正性。

其次，从党内责任追究来讲，按照党章规定，"党的各级委员会实行集体领导和个人分工负责相结合的制度。凡属重大问题都要由党的委员会集体讨论，作出决定。委员会成员要根据集体的决定和分工，切实履行自己的职责"。根据此规定，如果出现集体决策失误，是书记问责还是集体问责，如果实行集体问责，又该如何操作，这些问题都亟待作出明确的规范，特别是在党务系统与政务系统之间，应该进行严格的职责划分。

最后，行政官员的多重身份导致其责任追究对象的模糊。比如在我国现有体制下，人大代表实行的不是专职制和常任制。多数政府官员同时又是党员，还有些是人大代表。不同的政治身份要求政府官员向不同的对象负责，这种职能交叉现状导致很难科学合理地明确问责对象的困境。[1] 如何明确责任追究对象，如何避免集体决策无人负责的矛盾，是我们科学准确界定责任追究对象的难题，也是理顺党政关系的现实难题。

我们认为，在建设社会主义法治社会的当下，迫切需要完善我国行政决策责任追究制度。在行政决策领域，建立行政决策责任追究机制的关键就是要明确应当承担行政决策失误的责任主体，明晰行政决策责任追究的对象。只有权责统一，才能促使行政决策主体在行政决策过程中谨言慎行，反复斟酌，兢兢业业地行使手中的行政决策权，更好地对自己的行为负责。也只有这样才能保证在实施责任追究时能够顺藤摸瓜，准确认定具体的责任追究对象。

三 行政决策责任追究参与主体

行政决策责任追究是一项高度综合而又极为复杂的政府行为，它是行政决策系统工作的关键环节，也是确保行政决策民主化、科学化、法治化的重要基础。在责任追究问题的研究中，"研究者发现，在许多新兴民主国家，选举制度的广泛推行并没有有效地制约权力掌有者，公民的利益和诉求仍然被侵扰和蔑视，选举制度并未成为公共权力问责的基石。在对这些经验进行反思的基础上，研究者日益认识到西方政治制度中以选举为核心的问责制度之局限，特别是西方责任政府之经验难以照搬到第三世界国家"。[2] 不过，研究者注意到的是，行政决策责任追究总是在一定的机制

---

[1] 张创新、刘威：《当前我国行政问责制存在的问题及对策》，《吉林省行政管理学会"行政问责理论与实践"研讨会论文集》（《吉林政报》2007·理论专刊），第18页。

[2] 黄冬娅：《城市公共参与和社会问责——以广州市恩宁路改造为例》，《武汉大学学报》2013年第1期。

下做出的，所以，对行政决策责任追究问题的研究不仅应该从行政决策责任追究主体、行政决策责任追究对象的角度去认识，还应该考察行政决策责任追究参与主体的运作层面。

"第三方"参与既是一个历史话题，又是一个时代命题。无论是在现代西方发达国家还是类似于中国的发展中国家而言，这种"第三方"主体的有效参与在民主政治发展和治理现代化过程中都具有重要的积极意义。现代公共治理的主体是多元的，既包括党政国家机关、企事业单位，也包括社会组织、团体、行业协会、基层群众性自治组织以及各种 NGO、NPO。在国家治理现代化的条件下，行政决策责任追究需要一个国家的整个权力体系的共同运作才能完成，如果单靠国家行政机关的力量则既遭遇悖论，也会力不从心。按照权力的制约平衡原理，要有效监督政府，追究行政决策失误的责任，让政府官员自己监督、追究责任无疑是危险和低效的。因此，"严密监督政府的每项工作，并对所见到的一切进行议论，是代议机构的天职"。① 在责任追究体系完善的国家，大多建立了以国家权力机关为中心的责任追究体系。政府作为公共服务的提供者和公共事务的管理者，其存在的目的就是维护社会的稳定，保障和最大限度地增进人民的利益。

因此，政府必须对公众负责，保护行政决策责任追究过程中的多元主体的有效参与。我国现行的行政决策责任追究机制，是在计划经济和管制型政府基础上发展起来的，行政决策责任追究长期以来都是由政府主导的，主体单一、方式单向、过程封闭的决策责任追究模式。建立在全能政府理念之上的行政决策追究机制是一元的，强调政府主体对行政决策失误追究的全面安排。作为单一行政系统内部的同体责任追究模式存在着诸多弊端：例如彼此相熟而息事宁人，互相袒护；害怕部门利益冲突而不闻不问；怀着"遮羞"心理而不愿追究责任。② 因此，"参与本身是有价值的，因为它使公民具有一种对政府管理过程的参与感"③。多元化的行政决策参与主体的多角度介入，全方位地参与行政决策责任追究过程使传统的单一性的责任追究主体被彻底打破，行政决策责任追究更具有威慑力与公信力。

如上既已指出，除了行政系统同体责任追究之外，权力机关、司法机

---

① ［美］威尔逊：《国会政体》，熊希龄、吕德本译，商务印书馆 1986 年版，第 164 页。
② 汪伟全：《公民参与：推进行政问责制的重要途径？》，《探索与争鸣》2007 年第 7 期。
③ Mclachlan. Democratizing the Administrative Process: Toward Increased Responsiveness. Arizona. L. Rev, 1971, p. 585.

关、政党、新闻媒体、公民及其他社会团体等也可以追究行政决策失误的责任。这些责任追究的参与主体，是传统的内部责任追究机制的补充和强化，他们可以"在公共资源的分配、跟踪、以及监管过程中运用的一系列方法、工具和战略"进行监督参与，对于"改善公共政策服务、改善治理以及授权"可以发挥重要作用。① 这种责任追究过程的参与，为有关机关、公民个人或者社会组织参与公共事务管理，并对公共管理活动进行评价、审查和监督提供了一种渠道和机制，有利于形成上下互动、彼此提升的积极问责机制。"因为它依赖的不再是个体官员的善良意愿和灵活应变，而是一整套的机制，由不定期的模糊问责变成可预期、及时且清晰的'硬问责'"②，其最终的结果，必然是有利于加强对政府的问责。

在现代社会，行政决策过程的多元参与是民主行政的逻辑起点和核心内容，是衡量政府行政管理水平的重要指标。"现代行政不再是以政府为中心的单一主体的行动，而是一项合作事业，需要其他主体的参与。政府已不再是全部公共产品和公共服务的生产者，而逐步转变成为实际从事公共服务的代理人的监督者、引导者。"③ 随着行政决策责任追究系统内部民主化程度的提高、行政管理社会化趋势的增强、社会多元主体利益需求的复杂化，客观上要求行政决策责任追究参与主体的多元化。这一方面是因为在行政决策责任追究系统外部环境中，经济全球化、社会信息化和文化多元化的冲击使新问题、新情况层出不穷，就必然要求行政决策责任追究多元主体的积极参与，降低行政决策责任追究的风险和成本，最大限度地增进公共利益。④ 另一方面，在行政决策责任追究内部环境中，行政管理社会化趋势逐渐增强，行政决策责任追究的复杂性、艰巨性使行政决策责任追究的准确性与及时性更富有挑战性，使多元主体参与行政决策责任追究过程成为大势所趋，成为必然选择。

---

① Public Affairs Centre（PAC）et al. Empowering the Marginalized: Case Studies of Social Accountability Initiatives in Asia. WBI Working Paper. Washington, D. C.: The World Bank Institute, 2007: 89 – 102.
② 胡春艳、刘碧华：《国外社会问责研究综述：影响因素的考察》，《行政论坛》2016年第4期。
③ 应松年：《社会管理创新要求加强行政决策程序建设》，《中国法学》2012年第2期。
④ 吴永生：《公共政策主体的合法性——一种基于个人基础的规范性分析》，《云南行政学院学报》2004年第6期。

第二节 重大行政决策责任追究的事项范围

确定行政决策的责任追究事项范围是行政决策责任追究程序运行的一个前提。然而，行政决策责任追究的事项范围与行政决策事项范围是一体两面，凡是属于行政决策事项范围的，如果行政决策主体违反相关规定作出决策就应当受到责任追究，属于行政决策责任追究的事项范围。行政决策存在于内容广泛的政府行政活动之中，涉及所有行政管理事项，决策的事项种类繁杂，既有宏观行政决策，也有微观行政决策。按照依法行政的原则，所有的政府行政决策都必须合法，对于违反规定作出的行政决策事项都应当进行责任追究，才能从源头上保证政府行政行为的合法性。然而，"考虑行政决策立法的社会客观条件和环境、制度创新的资源供给、制度设计与社会政治生活实践要求的契合程度，尤其是制度所指向对象本身的特征和性质等因素，行政决策法治化范围应界定为重大行政决策"①。事实上，行政是注重效率的，要求政府所有的行政决策事项都必须合法，并对所有违反法律规定的行政决策事项实施责任追究在实践中缺乏可行性。相关调查数据表明，对重大行政决策进行合法性论证，对违法行政决策事项进行责任追究是绝大多数政府部门的共识。② 因此，我们在本节的讨论中，基于本书的主旨以及行政决策责任追究的实践需要，主要讨论的是重大行政决策责任追究的事项范围。

一 重大行政决策责任追究事项范围界定

明确重大行政决策的责任追究事项范围，是规范政府重大行政决策责任追究程序的基本前提。然而，从重大行政决策责任追究事项范围的界定看，到底什么是重大行政决策责任追究事项范围？这既是一个理论问题，更是一个实践难题。

---

① 肖北庚：《行政决策法治化的范围与立法技术》，《河北法学》2013年第6期。
② 广州市法制办向广州市各区政府有关部门和市政府组成部门发放了46份"政府决策合法性论证"问卷调查表。回收41份，回收率为89.13%。被调查者对"政府的哪些决策应该进行合法性论证"的回答中，选择"对所有决策应进行合法性论证"的占8.2%；选择"只对重大决策进行合法性论证"的占87.80%；选择"一般决策也应进行合法性论证"的仅占0.24%。参见广州市法制办《政府重大行政决策合法性论证制度研究》，http://www.szfzb.gov.cn/szzffz/infodetail/?infoid=3c80e7c1-d8ca-47c7-9d30-70f7133868ee&categoryNum=012。

实践中,"重大行政决策"给人的印象更多体现为它是一个不确定法律概念。"不确定法律概念是指未明确表示而具有流动性特征的法律概念,其包含一个确定的概念核心以及一个广泛不清的概念外围。"① 正是由于这种概念表述的不确定性、事项范围的不确定性以及法律适用标准的不确定性,使得重大行政决策责任追究的实践颇为扑朔迷离。一个直观的感受就是我国重大行政决策责任追究事项范围的设定历来与政治高度相关,政治上激进或者具有潜在风险的政策,难以提上政策议程,而能够提上议程的政策问题往往具有政治动因。随着政府管理体制改革的深入,推动政策议程设定的政治动因慢慢地由从政治权威个人的考虑转向社会稳定、区域发展、重大事件等对官员考验的需求。②

在这样的背景下,国家很难对重大决策责任追究事项的范围作统一规定,地方也不能很统一地规定哪些事项属于重大决策责任追究事项,而必须根据地方经济和社会发展情况进行多角度衡量。也正是考虑到不同层次的政府和政府不同部门的重大决策事项不同,尽管重大决策一词早在1996年第十四届中央纪委第六次全会公报中已经出现,公报中表述为:"认真贯彻民主集中制原则,凡属重大决策、重要干部任免、重要项目安排和大额度资金的使用,必须经集体讨论作出决定。"但是,这样的表述未被《国务院关于加强市县政府依法行政的决定》所沿用和采纳。

一般认为,重大行政决策责任追究事项,是指在本行政区域的经济社会发展中,作出的事关广大人民群众切身利益的重大行政决策,关系较大范围群众切身利益调整的重大行政政策,涉及较多群众切身利益并被国家、省、市、县拟定为重点工程的重大项目,涉及相当数量群众切身利益的重大改革等影响较大、具有全局性、长远性的重大问题违反相关规定,应当予以责任追究的事项。这种描述性的概念界定,显示出"我国对决策是否'重大'的界定仅有定性分析,没有定量指标,重大与否完全取决于决策者的主观判断"③。结果导致"重大行政决策"的泛化解释、错误界定和脱法现象。

从既有的相关立法实践看,对于重大行政决策范围的界定,无论是广西的定义法、四川的排除法,还是天津、贵州等地的列举法,都难以准确

---

① 黄学贤、桂萍:《重大行政决策之范围界定》,《山东科技大学学报》2013年第5期。
② 薛澜、陈玲:《中国公共政策过程的研究:西方学者的视角及其启示》,《中国行政管理》2005年第7期。
③ 朱海波:《地方政府重大行政决策程序立法及其完善》,《广东社会科学》2013年第4期。

表述。2017年国务院《重大行政决策程序暂行条例》（征求意见稿）中，也采取了"列举＋兜底"的规制模式，其事项适用范围包括：（1）编制经济和社会发展等方面的重要规划；（2）制定有关公共服务、市场监管、社会管理、环境保护等方面的重大公共政策和措施；（3）制定开发利用、保护重要自然资源的重大公共政策和措施；（4）决定在本行政区域实施的重大公共建设项目；（5）决定对经济社会发展有重大影响、涉及重大公共利益或者社会公众切身利益的其他重大事项。同时，授权地方可以根据各级政府决策的影响面和侧重点的不同，制定重大行政决策年度目录，并向社会公布。

因此，重大行政决策事项范围更多呈现出一种不确定性和模糊性。仅就一些地方规定中列举出的具体事项看，也多出现见仁见智的不同表达。如"地方性法规、政府规章的制定"事项，在重庆、黑龙江和甘肃等地被纳入重大行政决策范围中，而同样的制定事项则被排除在四川、山西、云南以及辽宁等地的规定之外。"突发事件的紧急应对与处置"事项被纳入黑龙江、天津等地的规定之中，而同样的事项又被排除在山西、云南以及辽宁等地的范围之外。① 湖北省甚至将"政府工作报告"列入重大行政决策事项，广西则将"为民办实事的重大事项"列入重大行政决策事项范围。可以理解，重大行政决策具有动态性、区域性和复杂性的特征，试图详细列举出重大行政决策责任追究范围事项是有困难的，甚至可以说根本就是徒劳一场。

一是重大行政决策责任追究事项既是一个宽泛的概念，又是一个动态的、发展的概念。"重大"一词具有极强的模糊性，其内容是不确定的，它会因时间、地点的不同而不同，随着群众关心的重点的转移而变化。试图通过一个法规或规范性文件，将模糊的甚至根本也无法确定的所有重大行政决策责任追究事项列举出来是不科学的，也是不现实的。

二是准确界定重大行政决策责任追究事项的范围，在划分方法或立法技术上存在很大困难。界定过粗，形式上固然严谨周密，但无法解决实践中的操作问题，达不到立法目的。界定过细，则举不胜举，无法穷尽，难免挂一漏万，以偏概全。不粗不细，其结果可能不伦不类。可以说，由于现有的中央集权治理体制，严重削弱了地方自治的制度性探索与尝试，导致中央以及地方各级政府之间并没有，也无法在央地权限以及上下级之间

---

① 谭九生、赵友华：《省级政府重大行政决策程序立法实践及其完善路径》，《求索》2017年第2期。

的职权划定上作出明确规定，上下级政府间的职权交叉、重大决策事项、重大决策范围叠床架屋实际上是一种常态。①

三是唯物辩证法告诉我们，客观事物的复杂性、不确定性，决定了不存在一个划分重大责任追究事项的统一、客观的标准。我国幅员辽阔、人口众多，各地发展不平衡，不同地区的具体条件、具体情况千差万别。特别是我国正处在体制转轨、利益格局调整与社会变动时期，情况更是千变万化。同样的事项，在甲地是重大事项，在乙地则不一定是重大事项。在同一个地区，重大事项在此时、此条件下属于"重大"，在彼时、彼条件下则是非"重大"。因此，重大行政决策的认定只有在特定的时空范围内才有明显的意义。

四是从实体法的制定要求来看，必须做到重大行政决策事项的界定标准一旦成形，就应相对固定，不能朝令夕改。但实际上，重大决策责任追究事项本身具有动态性，此一时的重大事项，彼一时可能不值得一提，这就给实际的界定带来相当大的难度。

因此，正如一句法谚所说："不确定性在法律中受到非难，极度的确定性反而有损确定性。"② 无论是学术界、立法部门还是现实工作实践，都很难科学、统一地界定重大行政决策责任追究事项范围。但是，这并不影响我们对重大行政决策责任追究事项范围及其边界的理论探索与实践追求。在此过程中，制定科学、合理的界定重大事项范围和确定具体重大事项的制度文件，不仅是重要的，而且是必要的。实践中，一些地方关于重大行政决策的制度文件普遍将重大行政决策事项采取了"概括＋列举＋兜底"的表述方式，并概括界定为事关全局的、根本性的问题，或者是人民群众关注的热点问题等等，不一而足。为了使这样的界定更具有操作性，各地重大行政决策的相关规定也都进一步作了列举式的规定，并辅之以兜底性条款，增加事项范围的涵盖性和拓展空间。

然而，由于受政府层级不同、行政管辖区域不同以及客观情况的变化等影响，加之兜底条款的不周延性，这种放之四海而皆准的标准其实等于没有界定，因为"事关全局的""根本性的"，"长远的"等概念本身就比较模糊，对这些概念的注释性细化规定仍然难以对重大行政决策给出明确统一的标准。正如安德森所言，"行政机构常常是在宽泛的和

---

① 章剑生：《从地方到中央：我国行政程序立法的现实与未来》，《行政法学研究》2017年第2期。
② 转引自张明楷《刑法格言的展开》，法律出版社2003年版，第4页。

模棱两可的法令下运行的，这就给他们留下了较多的空间去决定做什么或者不做什么"。① 因此，如果我们从理性的角度来审视这样的规定的话，重大行政决策责任追究事项范围的规定实则进退维谷，依然会面临理论的诘问与操作的困境。

二 重大行政决策责任追究事项范围类型

政府重大行政决策责任追究的类型总的看是政府在经济调节、市场监管、社会管理、公共服务等基本政务事项范围内进行的。但是对于政府重大行政决策责任追究的具体类型，各地的理解有所不同。不少地方政府在特定的地方立法或文件中对这些具体事项作了列举。在地方政府工作规则中涉及的"重大决策责任追究事项"范围，一般以《国务院工作规则》第二十二条的表述为蓝本，根据本级政府管辖级别略作调整；专门制定政府规章或规范性文件进行规范的，对"重大决策责任事项"范围则作了更为具体的表述。②

重大行政决策责任追究事项范围事关重大，具有极其严肃性。从以上所列举不同地方的事项范围确定文本中，"存在较大争议的是地方政府制定政府规章和重要规范性文件的行为是否应当纳入重大行政决策的范围中"③。我们认为，一般来说，可以根据以下标准来确定决策事项在特定区域范围内是否属于重大行政决策：一是涉及的利害关系人的范围。如果一项行政决策影响到决策行政机关所辖区域内的所有人群或人数众多的公民、法人或其他组织的利益，就属于重大行政决策。但是，由于制定规章和其他规范性文件的行为，尽管也具有综合性、长远性和全局性的特点，不过由于并不是针对某一问题作出的，和一般重大行政决策依然有较大的差别，且已经由《立法法》或者其他单独的程序予以规范，无须再纳入重大行政决策事项范围之中。二是行政决策实施的结果。如果行政决策的实施对国家或特定区域将造成大范围、长期或永久性的影响，一旦决策不当所导致的不利影响具有不可逆性，也属于重大行政决策。三是行政决策实施的成本。

根据行政机关决策层级的不同，从决策的实施成本来看，重大行政决

---

① Jame. E. Andson. *Public Policy - Making*, Orlando, Florida: Holt, Rinehart and Winston, Inc, (1984), p. 84.
② 刘平等：《上海市重大行政决策程序研究报告》，《政府法制研究》2009 年第 3 期。
③ 孔祥稳：《重大行政决策终身问责制度的困境与出路——以地方立法样本为素材的分析》，《行政论坛》2018 年第 1 期。

策的实施具有高成本性,如《汕头市人民政府重大行政决策量化标准规定》即结合汕头市实际,对财政性资金运用的决策,标的数额巨大,或者决策事项的实施需投入资金成本巨大,就属于重大行政决策。① 但是,"行政决策从本质上讲是行政主体运用公共权力对社会资源和社会利益进行的权威分配过程"。② 将哪些事项划入重大行政决策责任追究的事项范围,涉及社会资源和社会利益分配的正当性与合法性。政府行使行政权力,绝大多数时候要依靠行政决策,而政府与民众间的纠结也多是重大行政决策之间的利益博弈。各地涉及重大行政决策责任追究的规定,在文字上几无瑕疵,但其范围列入"例外"的也非常有必要正式给予澄清,向公众交代其明确边界。因为,重大行政决策责任追究事项范围之外的政府行为过多,重大行政决策列举范围就很容易被架空,也就在根本上取消了重大行政决策责任追究制度的重要意义。这是各地规定普遍形成的悖论,其潜在的威胁会让重大行政决策据此而从民众的视线里消失,意欲推动重大行政决策民主化、科学化的立法原意将落空。因此,我们认为属于行政决策责任追究范围的事项,还应当排除以下内容。

一是制定政府规章和规范性文件。行政机关制定政府规章和规范性文件的过程,必然包含作出行政立法决策和其他政策措施决策的行为,应当属于狭义的行政决策。但考虑到《立法法》等法律、法规和规章对该项行政决策程序已经明确作出了专门规定,实践操作已有章可循且比较规范,而且重大行政决策与政府规章和规范性文件在规范目的、表现形式以及实践功能的较大差异,行政决策责任追究范围宜将此类事项排除在适用范围外。

二是有关突发事件应对的决策。从重要性和影响力的角度来讲,有关突发事件应对的决策应当属于重大行政决策事项范围,但突发事件的处置通常走非常规程序,具有特殊性,《突发事件应对法》也已作了相关规定,因此这类行政决策也不宜列入行政决策责任追究的事项范围。《重大行政决策程序暂行条例》(征求意见稿)也采纳了这种观点,规定"发生或者即将发生自然灾害、事故灾难、公共卫生事件或者社会公共安全事件等突发事件,行政机关采取应急措施的决策程序,适用有关法律、行政法规的规定"。

三是行政处理决定。行政决策就是行政主体对某问题作出最后的处理

---

① 刘莘:《法治政府与行政决策、行政立法》,北京大学出版社2006年版,第86—87页。
② 许文惠、张成福、孙柏英:《行政决策学》,中国人民大学出版社1997年版,第2页。

决定。它既包括制定行政规则的抽象行政行为,也包括对相对人未来的权益产生影响的具体行政行为。在狭义上,任何行政管理和行政执法行为的行使都包含着一项行政处理决定,它是"指行政主体为实现相应法律、法规、规章等所确定的行政管理目标和任务,而依行政相对人申请或者依职权依法处理涉及特定行政相对人某种权利义务事项的具体行政行为"。[①]但是,鉴于行政处罚、行政强制、行政许可等行为已有《行政处罚法》《行政强制法》《行政许可法》等有关法律、法规、规章作了专门规定,行政决策责任追究可以适用该法中所确定的法定程序予以追究,无须再行另外程序予以规范,因此,行政处理决定行为也可以排除在行政决策责任追究事项范围之外。

四是制定政府内部事务管理措施的决策。这些管理措施指行政法上所讲的内部行政行为,即对人民不发生效力的行政内部活动,如机关就其内部各科组、课股的职责分配、人员配置、公文流程等事项所制定的规则,以及行政内部的意见交换、请示与指示监督等。因其是在其法定权限内制定,规范行政管理事务,不涉及公民、法人或者其他组织的权利义务,而仅仅适用于政府内部事务管理事宜,也应排除在行政决策责任追究事项范围之外。

五是不属于重大行政决策的一般决策事项。我国是一个公共管理事务繁杂的大国,整个国家和社会的公共事务除法律另有规定外,都需要通过行政决策机关制定的行政决策加以具体筹划,决定如何办理。如果将所有的行政决策都严格按照烦琐的重大决策追责法定程序追究行政决策失误的责任,显然是不切实际的。而且,重大行政决策与一般决策事项在针对对象、应用领域以及重要意义等方面也确实存在较大差别,所以,不属于重大行政决策的一般决策事项的责任追究,也不属于本书的讨论范围。

三 重大行政决策责任追究事项范围特征

按涉及问题、事项的宏观性、重要性和紧迫性,行政决策责任追究事项范围可分为一般行政决策责任追究事项和重大行政决策责任追究事项。与一般行政决策责任追究事项范围比较,重大行政决策责任追究事项具有以下特征。

第一,重大行政决策责任追究事项范围具有政务性。依据宪法,人民

[①] 姜明安:《行政法与行政诉讼法》,北京大学出版社、高等教育出版社2011年版,第220页。

代表大会行使立法权，人民政府行使行政权，人民法院和人民检察院行使司法权。政府对经济调节、市场监管、社会管理、公共服务等事项进行决策的本质是执行法律，而不是立法。尽管在我国，依据《立法法》，某些地方政府也享有部分行政立法权，可以制定政府规章，除非立法机关授权，其立法性质为执行法律，属于执行性的行政立法。尽管各级地方政府的决策有很大的自由度，决策蕴含着极大的创造性，但仍然是在法律规定的职权范围内进行的创造，政府重大行政决策及其追责范围并不能越出行政权的范围而行立法机关和司法机关的职责。所以，政府重大行政决策只能涉及政府政务事项，而不能干预立法和司法事项。长期以来，行政部门已经习惯于自行决策，行政部门把很多十分重大的问题仅限于行政部门内部决策，甚至宪法规定本来应当由人大及其常委会决策的事项，行政部门也代为决策。这种行政决策权僭越立法权的现象，在一定程度上与人大没有主动行使自己的决策权、没有积极捍卫自己的决策领域有直接关系，也使政府权力在一定范围和程度上取代了人大的代议功能，因此，有必要持续强化人大及其常委会的职能。

第二，重大行政决策责任追究事项范围具有特定性。如上所述，尽管各地方政府规章已普遍将"重大行政决策"作为一项专门用语写入条文中，然而，"重大"本身是一个抽象性、模糊性用语，依然具有很强的不确定性。因此，重大与非重大的行政决策只有在特定的时空范围内才有区分的意义。在我们的讨论中，我们接受实定法上的表述，认为重大行政决策责任追究事项范围仅限于"县级以上人民政府"所作出的重大行政决策。也就是说，重大行政决策责任追究的事项范围具有特定性。它是指县级以上人民政府违反相关规定，对关系本地区经济社会发展全局，社会涉及面广，与公民、法人和其他组织利益密切相关的事项作出的决定造成决策失误应当予以责任追究的事项。至于实践中县级以下甚至科局内部的所谓重大行政决策责任追究事项范围，鉴于其行政决策影响力及决策失误造成的危害后果的原因，不在我们的讨论范围之内。

第三，重大行政决策责任追究事项范围具有流变性。人类对世界的认识长期以来一直迷信精确方法，用数量关系和空间形式来刻画认识对象的特征。但是，在人文社会科学领域中，研究对象普遍没有明确的界限，不能作非此即彼的划分。[①] 经验表明，"良性的制度设计和制度供给对于整

---

① 陈云良：《法律的模糊问题研究》，《法学家》2006年第6期。

个公共行政体系来说，只是一个抽象的、最为基本的和作为'平均线'而存在的框架，它解决不了制度运行中的全部问题"。①但是，概念使用的模糊性则能够弥补制度设计上的不足，或者至少将运行过程中制度安排的弱点和不足反馈到制度的修正和再设计中，使这种不足可能造成的危机得以缓解。社会在发展，时代在前进，"重大"的概念基于不同的地域和时空背景而永远充满了模糊性。"重大"行政决策责任追究事项范围的模糊性是其绝对属性，重大行政决策责任追究事项的确定性只在相对意义上存在，不同时期、不同地域甚至不同语境和场景中，重大行政决策责任追究事项范围都会有不同的内涵，从而呈现出天然的流变性。

从各地有关重大行政决策责任追究事项范围的相关立法实践来看，"以类型化为思路推进重大行政决策程序立法有其正当性基础"②，重大行政决策责任追究的事项范围主要集中在政府经济调节、市场监管、社会管理、公共服务等政务事项上，在一定程度上改变了过去政府职能越位、错位、缺位的现象。但由于没有对重大行政决策责任追究事项范围的具体细致的界定，在一定程度上仍然缺乏可操作性，有被架空的危险。因此，重大行政决策责任追究事项范围的确定也许永远都是一个发现、探索的过程，既要有大胆设想、勇于创新的精神，又要细致冷静、精心设计才能够真正确立完美。

第三节 行政决策责任追究的基本类型

现代政府行政决策面临着前所未有的复杂局面，使当今的时代成为一个行政决策时代。行政决策责任追究制度既是民主政治的一种基本理念，也是公共行政的一种制度安排，蕴含着深刻的责任政治的价值和理念。作为行政决策责任追究制度中的一个根本要素，"责任"这一概念不可避免带有一定的抽象性。对责任及政府责任的基本内涵及存在形态的理论认知，是促成政府责任从观念向制度的现实转变，并最终内化为政府属性的逻辑前提。为了准确全面把握"责任追究"的内涵与意义，我们将按照一定的标准对其进行分类研究。责任追究的类型化有助于我们全面了解其多样性和复杂性，理解各种责任追究类型之间的密切关联。

---

① 韩振法：《行政决策失误责任追究机制研究》，《沈阳干部学刊》2010年第1期。
② 朱海波、汪婷婷：《重大行政决策程序类型化法律问题》，《岭南学刊》2019年第2期。

一 行政决策责任追究类型

责任问题是现代民主政治的核心问题，也是现代政府公共权力运行实现制度化、规范化和程序化的重要保障。从不同的标准或者角度来看，行政决策责任追究的类型也是多元的。

其一，从政府权力行使结果的性质来看，可分为积极责任追究和消极责任追究。积极责任要求行政决策主体不但要积极作为，而且要正确作为；消极责任则是行政决策主体不作为或者违法作为所负的否定性后果。传统的责任政府理论认为，"政府承担的是一种消极的责任……政府所要履行的是一种消极的义务——不作为义务，即不得以积极行为侵犯公民个人权利；遵守法律，也就是遵守人民共同的意志。这些观念集中表现为一个焦点——控权即控制行政权，以防止行政权力压法、毁法，侵犯公民个人权利"。[1] 但是，随着现代民主政治的发展，公众对政府责任的要求也发生了变化，他们要求政府不仅仅要充当"守夜人"，在保障他们政治权利的同时，也要保障其社会经济权利的实现。在这种层面，行政决策责任追究建立了行政决策责任追究主体行使监督权力的基本形式，它意味着对行政决策行为和过程的积极与消极后果的奖惩与监督。因而，它不仅强调政府应当履行维护社会秩序、支持经济发展、提供公共产品、保护公民权利、保护环境和人类文化遗产、成为遵守道德的模范、承担国际义务的积极责任，也要让其未能遵守社会规范、实现与其社会角色相应的职责，未能完成或履行职责失误时承担消极后果。对于积极责任的追究需要更为细致的利益衡量和权威的评估机构，在狭义上，我们重点关注的是行政决策消极责任追究。

其二，从行政决策责任产生的原因来看，行政决策责任追究可分为主观责任追究和客观责任追究。主观责任是职业道德的反映，包括伦理准则与道德规范等，这些往往内化于公务人员内心，与其公职身份相关的道德要求，它高于一般意义上的责任承担方式，但又同时包含客观责任类型的精髓和要义。客观责任主要内容包括对公民负责、公共行政人员要对民选官员负责、对法律负责、对上级负责和为下级负责。在责任追究中要正确界定主观责任和客观责任。主观责任从严，客观责任从轻，不能把主观责任变成客观责任；要弄清是故意还是过失，故意从重，过失从轻。要弄清是失职渎职还是工作失误，失职渎职从重，工作失误从轻。

---

[1] 王成栋：《政府责任论》，中国政法大学出版社1999年版，第89页。

其三，从行政决策责任承担主体看，行政决策责任追究可以分为个人责任追究和集体责任追究。这种划分方式源于我国宪法的规定。《宪法》第三条规定，中华人民共和国的国家机构实行民主集中制的原则。第二十七条规定，一切国家机关实行精简的原则，实行工作责任制。民主集中制要求集体统一研究、部署和决策，在集中的前提下发扬民主，所以民主集中制的重点是集中。工作责任制则有个人分工负责制和集体领导负责制之别。集体领导与个人负责各有利弊，二者密切联系、不可分割，统一于民主集中制之下。集体领导是个人负责的前提，个人负责是集体领导的基础。

其四，从行政决策责任立法规范来看，在现有各类责任追究的立法规定中，共有 14 种具体追究方式，包括批评教育、作出书面检查、给予通报批评、公开道歉、诫勉谈话、组织处理、调离岗位、停职检查、引咎辞职、辞职、免职、降职、党纪军纪政纪处分、移送司法机关依法处理等。这 14 种方式可以整合归纳为政治责任、道德责任、法律责任的责任追究。政治责任就是政治官员履行制定符合民意的公共政策和推动符合民意的公共政策执行的职责，以及在没有履行好这些职责时所应承担的谴责和制裁；道德责任是指行政决策主体在行政决策过程中应承担的道德方面的义务；法律责任是行政决策主体在履行行政决策的法定职责过程中因侵害相对人的合法权益，出现失职渎职、滥用职权、贪污腐败等情形时应承担的法律责任。[①] 在本书中，我们依据责任政府的理论，结合现有的立法与责任追究实践，将行政决策责任追究类型主要从政治责任、道德责任和法律责任三个方面展开。

需要指出的是，上述几种行政决策责任追究的类型之间既相互区别，又相互渗透、相互影响，责任追究的不同类型之间，因其责任实现机制不同，承担不同的责任形式，因而不能相互替代，但又彼此独立、相互观照，共同构成了行政决策责任追究纵横交织的有机整体，在不同层面内规范和约束行政决策主体的行政决策行为。

二　行政决策政治责任追究

民主政治与公共行政在本质上必然是责任政府。责任政府则意味着政府能积极地回应、满足和实现公民的正当要求，责任政府要求政府承担政治的、道德的和法律的责任。所谓政治责任，就是行政决策主体因其行

---

① 田湘波：《强化问责是建设责任政府的关键》，《检察日报》2012 年 11 月 13 日。

决策和行为有损于社会公益的,而承担的政治上的否定性后果。这种政治上的否定性后果,也就意味着作为行政决策主体的个人或组织已丧失了从事行使政治权力的资格。① 政治责任的追究作为西方资产阶级代议民主政治下,为监督行政权力、落实政府责任,而对权力结构,特别是权力控制结构进行制度性安排的结果,蕴含着深刻的政治理念和宪政价值。

英国作为传统工业化较早的国家,在责任政府建设方面可谓开创了世界先河。同样,"政府的政治责任,发端于英国,是由英国多年使用的弹劾程序演变而来。英国早在16世纪就出现了弹劾,一个大臣被众议院控告后由贵族院审判,用议会这种形式来反对那些依据普通法律对其不端行为不够判罪的奸佞之臣。随着议会权力的扩大,大臣们日益认识到在政治上同议会多数保持一致的重要性。在1742年,内阁首相渥尔波因得不到议会多数信任被击败而辞职,从而开创了政府向议会承担政治责任的先例。以后的实践表明,政府在重大政策问题、预算问题或重要国际条约的签订上得不到议会的批准也需辞职,政府承担政治责任的范围不断扩大"。② 英国的责任政治就是将主权在民作为基本的理念,强调的是议会只有通过民主选举才有最高权力资格,而其他的一些机构则是由议会的权力委派产生,它们的权力也源自民众,且其作为需对议会负责,这其中就包括政府。

在"半总统制"的法国,总统和议会分别由人民直接选举产生,但政府由议会产生,总理由总统提名同时向议会负责。总统直接对人民负责,而总理就政府事务对议会负责。在委员会制的瑞士,联邦委员会向联邦议会负责并需接受人民的直接问责。三权制衡式的总统制国家也存在政治责任制度,但有着不同的内在机理和具体制度。美国同样基于责任政治的基本理念,强调总统就整个行政权对外独立负责,而各部部长负辅助性责任。在一党制国家中,尽管政治责任的具体承担方式并不相同,但是政治责任可以予以追究的基本制度还是存在的。如越南实行政治问责的双轨制,国会对政府进行问责,而党的中央委员会对执政党的领导层进行政治问责。在这些国家,政府政治责任主要是通过责任政治制度,或议会对政府的监督来实现的。③ 但是,从各国立法机关的政治责任追究实践来看,对政治责任的追究主要是通过弹劾、质询、国政调查、倒阁权等来实

---

① 王成栋:《政府责任论》,中国政法大学出版社1999年版,第80页。
② 张成福:《责任政府论》,《中国人民大学学报》2000年第2期。
③ 王若磊:《美国的政治问责制》,《理论视野》2015年第10期。

现的。

正所谓："百里不同风，千里不同俗。""西方语境中政府官员的政治责任概念与当今中国语境中的政治责任用语并不吻合。"① 我国宪法规定："人民行使国家权力的机关是全国人民代表大会和地方各级人民代表大会。国家行政机关、审判机关、检察机关都由人民代表大会产生，对它负责，受它监督。"由此可以看出，我国的政治责任追究方式是人大对政府的责任追究，政府及行政决策主体通过向人民代表大会负政治责任而间接地实现向人民负政治义务责任。在我国人大制度中，对政府政治责任监督方式具体可以细化为质询、辞职、罢免等。与西方国家不同的是，由于中国共产党是我国唯一的执政党，代表了全国各族人民的利益，政府及行政决策主体还必须接受党的政治领导、事项领导和组织领导，因此，在中国，行政决策主体还必须对中国共产党负政治上的责任，这一点也区别于坚持"政治中立"的西方国家责任追究形式。

我们认为，对政治责任的理解把握，应当结合党的十九大会议精神进行贯彻领会，"政治制度不能脱离特定社会政治条件和历史文化传统来抽象评判"，更"不能生搬硬套外国政治制度模式"。② 建议地方党委工作条例作为专门规范地方党委权责的党规，还是应当对地方党委的决策问责作出具体的执行性规定。当然，党内问责本身并不是目的，更不是搞"秋后算账"，关键是凸显纪律的严肃性。并且，党内率先形成的比较成熟的问责制度和实践经验，对于整个国家责任追究体系制度建设必然会有极大推动作用。

三　行政决策道德责任追究

"为政以德，譬如北辰，居其所而众星拱之。"③ "责任不仅是一项与法律相关的制度规定，还是一种与信念联系的道德自觉。"在这一意义上，责任无疑是一个情境依赖的概念，尤其是通常与社会规范、文化和价值观等有关。④ 甚至它可以被称为行政伦理学中的"关键概念"⑤，负责

---

① 俞德鹏：《政治法律责任：政治责任与法律责任的交叉域》，《宁夏社会科学》2017年第1期。
② 习近平：《在中国共产党第十九次全国代表大会上的报告》。
③ 《论语·为政》。
④ 阎波、吴建南：《非正式问责、组织学习与政策执行：J市政府职能转变综合改革的案例研究》，《中国行政管理》2018年第2期。
⑤ [美] 特里·L.库伯：《行政伦理学——实现行政责任的途径》，张秀琴译，中国人民大学出版社2001年版，第58页。

任的行为就具有伦理价值,因此责任天然就具有伦理内蕴,它"提供了人类行为的最小公分母,是规导人类行为的价值准则"①。因此,在伦理学中,道德责任就是一个重要的理论问题。

行政决策失误所要承担的道德责任,是指行政决策主体作出的行政决策,应当符合人们对美好生活的向往和追求,应当符合社会公德的基本标准,遵守普遍约定俗成的伦理规范,否则就会失去统治之正当性。② 这就要求行政决策主体必须清廉、正直、真诚、不谋私利,要以尊敬、关怀、谦恭、回应的态度,为社会大众服务。道德责任与其他责任形式不同,它更多是主观的、无形化的责任形式。因此,道德责任本身是一个内在的约束机制,是指对官员"品行"的考量,不具备外在的直接强制力。它高于政治责任、法律责任等一般层次上的公共责任,但同时又包含了其他类型责任的精神与价值。虽然行政决策主体不违法也不违宪,但是如果行政决策行为违背其应尽的道德义务,或者与其公职身份不符,与社会善良风俗有悖,就应当承担不利的后果,比如道德谴责、赔礼道歉、失信补偿、引咎辞职等否定性评价后果。

目前,这种行政决策道德责任追究的做法在很多国家已经实行,甚至这种道德方面的责任规范被纳入国家法律之中的比重也已经成为衡量一国法治水平的指标之一。

例如,美国1958年通过颁布了《政府工作人员道德准则》,明确了官员们在履行本职工作时所应注意的道德义务。1965年5月,美国政府又颁布了《政府官员和雇员的职业道德行为准则》,对道德规范作了进一步完善。1978年,美国又采用法律的手段,通过《政府道德法》规范政府各级官员的道德行为,以化解"水门事件"招致的公开信任危机,并在其后专门颁布的《政府官员和雇员的职业道德行为准则》(1992)中,对政府官员的从政行为和为官之道,进行了更为详尽、更具有可操作性的细化规范,这一经典规则现在成为美国道德规范的标志性文件。③

法国也在先后颁布《公务员总法》《公务员总章程》之后,再接再厉制定颁布了《公务员道义法规》,"禁止任何在职公务员以职业身份从事一项有利可图的私人活动","禁止任何公务员,不论其职位高低,亲自或通过中间人,以某种名义,在他的行政部门或公共事业部门所辖的或者

---

① 张贤明、张力伟:《论责任政治》,《政治学研究》2018年第2期。
② 张成福:《责任政府论》,《中国人民大学学报》2000年第2期。
③ 张国庆:《行政管理学概论》,北京大学出版社2000年版,第256—258页。

是与之有关的企业中谋求会损害他本身职务独立性的利益"。①

第二次世界大战后的日本先后颁布了《国家公务员法》和《地方公务员法》。此后，为防止公务员渎职滥权现象的发生，日本政府又在1999年，借鉴参考美国《政府道德法》的基础上，颁布了《国家公务员伦理法》，这一新的伦理法则，将对政府官员的约束以法的形式确定下来，并进而成为《国家公务员伦理规程》（2000）的典范模板，为公务员的职业伦理和责任制度的细化和落实打下了坚实的制度基础。

总的来看，对于行政决策责任追究的制度建设，西方法治发达国家虽然也普遍不存在单行的行政问责法立法制度或者行政决策责任追究法律规范，但是对于行政行为和行政决策行为进行责任追究的制度体系和制度规范已经构建完备并得以有效实施。

中国政府也充分认识到，致力于建设一个道德责任的氛围，构建制度化的道德准则十分重要。我们党和国家也相继颁布了一系列关于党政领导干部行为的规范标准，在地方层面，为了进一步推动中国责任政府建设，不少地方结合各自的具体情况推出了很多创新之举。种种创新性试验，是各地实践中央建设责任政府要求的宝贵探索。比如，"道歉不仅是一种私德，有时也是一种公开的态度或姿态"②。"在人际关系中，道歉很重要，在国家和国际事务中，道歉同样重要。"③ 政府道歉既是责任伦理的内在要求，也是责任伦理的正面回应。政府道歉在责任政治层面也是政府责任追究的公开承诺，它标志着责任追究程序的正式启动，是责任追究制度链中的第一环。不能"起于道歉而止于道歉"，要有能解决实际问题的内容。一旦道歉，就意味着将进一步承担相应的道义责任、政治责任、法律责任，并公开接受社会公众的舆论评价。当道歉行为成为制度链条中的一个环节，而不是最后一个，道歉就与担责联系在一起。④

四 行政决策法律责任追究

关于法律责任，法学界一般采取"后果说"，是以法律义务的存在为前提的。即认为"法律责任是指一切违法者，因其违法行为，必须对国家和其他受到危害者承担相应的后果"⑤。在法律责任的外延界定上，一

---

① 阎青义、李淳：《世界各国公务员法手册》，吉林大学出版社1988年版，第231页。
② 汝绪华：《论政府道歉》，中国社会科学出版社2016年版，第4页。
③ [美] 阿伦·拉扎尔：《道歉》，王绍祥译，商务印书馆2008年版，第5页。
④ 刘湘琛：《官员道歉制度化追问》，《决策》2007年第11期。
⑤ 沈宗灵：《法理学》，北京大学出版社1999年版，第505页。

般以法律部门作为划分标准,分为实体法责任(违宪、行政、民事、刑事、国家赔偿责任等)和程序法责任(选举、立法、行政、救济程序责任等)。法律责任的必然性,是实现法律责任功能价值最大化的基本要求。

一般来说,世界上通行的问责都是基于权力运行的政治、道德和行政底线,并将其具体方式分为政治问责、道德问责和行政问责三种。但是,现代民主政府同时也是法治政府、责任政府。"建立责任政府,应当强调政府的法律责任,切不可用道义责任、政治责任来代替和冲击法律责任,使本应纳入法律责任范围的责任通过道义责任和政治责任予以解决。"[①] 法律责任不同于政治责任、道德责任,是按照法律规定,由特定的国家机关依法追究,并以国家强制力来保证实施的责任追究形式。在政府所负有的责任体系中,政府的法律责任至为重要,应当受到充分的重视和频繁的强调。因为,法律责任是其他责任类型的制度保障和强力支撑。这里的法律责任不仅包括行政法律责任,还包括刑事法律责任和经济赔偿责任,甚至在更广的范围内还包括违宪责任。

宪法作为国家的根本大法,具有最高的法律效力。可是,"宪法也有被违反的时候,不要说法制完善、缺乏宪政传统的国家会出现违宪行为,即便是那些民主法治制度比较健全的国家也时有违宪行为发生"。[②] 违宪责任是一种由违宪行为引起的特殊责任,即特定主体对其违宪行为所承担的法律上的不利后果。由于违宪主体、违宪行为和内容的多样性,违宪责任的承担形式也有多种表现。一般而言,现代国家对违宪行为所采取的制裁措施主要有:撤销违宪的法律、法规等规范性文件;宣布违宪的法律、法规等规范性文件无效;确认法律、法规等规范性文件违宪;在具体案件中拒绝适用违宪的法律、法规等规范性文件;宣布政党或其他组织违宪;罢免或弹劾国家领导人等。

行政责任是上下级公职机关间、上下级领导及职务间存在的责任。它是一种法律责任,而非道义责任、政治责任。因为它是基于法律规范设定的与违宪责任、民事责任、刑事责任并列的一种法律责任,并且主要依赖

[①] 田思源:《论政府责任法制化》,《清华大学学报》2006年第2期。
[②] 王广辉:《通向宪政之路——宪法监督的理论与实践研究》,法律出版社2002年版,第20页。

于行政系统内部法律监督制度进行确认和追究。[①] 行政违法或不当与行政责任是因果关系，行政违法是原因，行政责任是结果。[②] 行政责任要求各级政府部门及经法定程序进入政府体系的行政决策者遵守规则，在法定的权限内行使行政决策权，不得越权行事。因此，行政责任本质上是一种建立在行政等级之上的"内控式的纪律责任"。[③]

由于行政责任与政治责任具有非常密切的关联和相对清晰的区别。在威尔逊和古德诺关于政治与行政二分法的界定视野中，政治处理着眼于宏大而根本的问题，与执政和决策有关；而行政处理则是这种宏大而根本问题的具体落实。因此，在现代西方国家的代议制体制之下，政治中立一直是西方国家公务员制度的基本原则，政治责任针对的是负有政治性职责的官员，一般由行政首长或者部长来承担，一般公务员则基于行政隶属关系的原因只对其行政首长负责，公务员的责任是在官僚问责机制下实现的，不受议会的直接责任追究。在我国，虽然从《公务员法》文本看，并没有类似于西方国家体制中那种政务官与事务官之区分，但是不同职位、级别的公务员承担不同职责的现象也是客观存在。

需要指出的是，行政决策主体对行政决策所承担的政治、道德与法律三个方面的责任，也是三个层次的责任。政治责任、道德责任、法律责任三者构成一个完整的责任追究体系，三者之间存在一种递进关系，政治和道德责任是前提和基础，是追究责任的一种快速反应方式，有利于尽快平息事态，消除民众怨愤，同时，它还可以为进一步的法律追究铺平道路、扫清障碍。但事实上这种细致入微的评价体系的建立困难重重。我们期待，当下不断渐进的行政改革，能够逐步从根本上平衡政府权力与责任之间的关系，使政府责任承担制度具有迈向宪政之道的应有刚性。

[①] 参见应松年主编《行政法学新论》，北京大学出版社 2000 年版；马怀德主编《中国行政法》，中国政法大学出版社 1996 年版；罗豪才主编《行政学》，北京大学出版社 2000 年版。
[②] 孟鸿志：《行政法学》，北京大学出版社 2002 年版，第 332 页。
[③] 王若磊：《论重大事故中的政治问责》，《法学》2015 年第 10 期。

第三章　行政决策责任追究的制度实践

当下，行政决策责任追究的不断发展，以及责任追究相关立法的不断完善，对传统的"有权无责"的决策行为造成了巨大的冲击，"有权必有责，用权受监督，侵权要赔偿"的理念已经逐步成为政府官员嵌入骨髓的认识，也成为中国行政体制改革的重点与关键。现在的问题不是该不该追究的问题，而是怎样追究的问题。或许，行政决策责任追究制度的建立，充满了血腥味道，也偶尔富有戏剧性和猛烈性，不断有行政官员被推上历史的审判台，通过一幕幕"祭旗"式典型示范，行政决策主体的法治意识、敬畏意识才得以进一步增强，行政决策程序条例的刚性约束才得以进一步展现，并进而化为提升行政决策能力水平的动力。唯有此，作出行政决策的官员阶层才会对决策失误带来的"职业风险"和"利益损失"有更加清晰的认识。我们对中国行政决策责任追究问题的制度实践的分析，就从现行基本制度开始。

第一节　行政决策责任追究的制度观察

理解行政决策责任追究制度的历史与现实，准确把握当今责任政府时代方位和法治中国发展大势，是处理好所有改革与发展问题的基本依据。中国行政决策责任追究工作在实践中发展，也在地方逐步探索中完善。观察中国行政决策责任追究制度的演进过程要有历史视角，深刻认识时代潮流，知晓这一关系人心向背的责任制度从哪里起步、走到了哪里、未来将走向何方；也需要有辩证思维，理解中国行政决策责任追究制度的理论与实践是一个从量变到部分质变、进而实现整体质变的前后相继、不断升级的演变过程。在本节的讨论中，我们试着从历史演进与制度文本的角度观察与行政决策责任追究制度的推进过程，这样漫长的进程，展现了一个在正能量积聚推进下的"真实而复杂的中国"。

一 行政决策责任追究的历史变迁

历史是最好的教科书。研究任何一种制度，都必须认真解读它的历史。对"行政决策责任追究制度的形成与落实机理"的解释也必须深入到特定的情境和领域之中。[①] 现代行政决策责任追究制度发端于西方，是西方民主政治发展的产物，经过不断发展，已形成了一种成熟的制度，并在西方国家大行其道，蔚然成风。19世纪中期以来，英国、美国、法国、澳大利亚、加拿大等西方各国普遍开启了一系列改革措施，比如1854年英国以《诺思科特－特里维廉报告》为标志开启了文官以功绩制为基础的任命制度；1883年美国以《彭德尔顿法》为标志将政治中立的文官制度确定为政府的人事管理依据。这一系列改革被视为西方现代公共行政产生的标志。[②] 也正是从那时开始，西方国家基于其所普遍建立的公务员中立、部长负责制、不干预部门和机构的日常行动、公务员匿名、基于功绩实施公务员的任命及管理人事功能，开启了一个责任政治的伟大历程。[③]

与西方传统不同的是，千百年来，中国政治发展的历史进程，始终伴随着不断反思、不断认识、不断设计、不断发展和改造中国的过程，在这一过程中，不同时期的智者先贤在中国这样的东方大国，励精图治、指点方遒，进行着反复的试错检验，见证着伟大改革的新气派。在儒家仁学体系和仁政机制的伦理政治思想制度的影响下，从周公开始"敬德爱民"的为官原则就初步奠定了决策失误责任追究的哲学根基和理论基础。智士贤者们忧国忧民、胸怀天下，无论是"当仁不让"的孔子、"舍我其谁"的孟子，还是"鞠躬尽瘁死而后已"的诸葛亮、"先天下之忧而忧后天下之乐而乐"的范仲淹，无不在其政治思想中闪耀着朴素的责任意识和强烈的使命感，这些政治精英谱写的英雄史歌已经成为我国传统责任思想的典范。[④]

从制度层面看，由于中国古代实行严格的封建等级制，国家大事以最高的封建统治者的意志为转移，皇帝"口含天宪，言出法随"，具有极高

[①] 阎波：《问责的理论阐释、现状与前沿》，《国外理论动态》2015年第2期。
[②] Hughes O E. *Public Management and Administration*. London: Palgrave Macminllan, 2012, p. 20.
[③] 胡春艳：《论西方公共行政改革背景下"问责"的转向与趋势》，《东北大学学报》2016年第2期。
[④] 伍洪杏：《行政问责的伦理研究》，中国社会科学出版社2016年版，第43页。

的法律权威，造就了国家重大事项实行个人决策的传统实践。但是，不可否认的是，我国历史上也曾经多次出现垂帘听政、摄政和辅政等反常的情况。甚至有一些贤明的政治哲人，注重发挥群体的智慧，在政治允许的框架体制内，尝试性地采取一些会议形式的论证和座谈，集思广益，博采众长。比如，唐太宗李世民便是古代的明君之一。公元626年，他就召见景州录事参军张玄素，问以"节政之道"。尽管如此，由于个人差异、官宦体制、皇帝偏好以及决策风险的原因，众多的官吏履职过程中也不可避免地会出现主观或者客观行政决策失误，并由此导致责任追究情况的发生。事实上，早在中国秦代开始，直属于皇帝又独立于行政系统之外的专司监察问责系统就已经成立。如秦代的御史大夫、御史中丞、侍御史、监御史；东汉之后的御史中丞、御史台；魏晋南北朝时期的御史台等就是独立于行政系统之外，直接分管监察工作的官职。其后，唐承隋制，唐朝的御史台制度在承继隋朝制度设计的基础上，又得以长足发展，并建构起组织严密、分工协作的台、殿、察三院制。台院负责纠劾百官审理案件；殿院主管百官上殿觐见皇帝的序列和班次；察院主要负责监察各地官员。[①] 在三院监察制度的构建和运行之中，品阶不同、执掌分明、各司其职的严密中央监察系统已经形成。[②]

从相关典籍文献看，在我国有关官吏职责和官吏问责的典型记载是成于北宋时期的《太平御览》，该书对于不同官职的问责内容如政治忠诚、官宦纠纷、政见差异、权力行使等均有着明确的规定。[③] 但是，在追究官吏决策责任的立法在唐代就已经得到相对成熟、系统的体现。如修河筑堤防治水患堪称中国古代最为浩大的重要工程，也是有关官署最为重要的职责之一。唐代《营缮令》规定："近河与大水及堤防之处，刺史、县令以时检校。"《杂律》规定："诸不修堤防及修而失时者，主司杖七十。"《疏文》说："若有损坏，当时不及修补，或修而失时者，主司杖七十。"这里的"修而失时"既可以由于"玩忽职守的行政不作为构成"，也可能是由于错误的决策导致，这种因错误的决策导致的"主司杖七十"的法定后果，就是责任追究的具体体现。[④] 值得注意的是，《唐律》中诸多将位卑权重和级别职权设置与厚赏重罚的激励机制的有机结合，不仅有效保障了监察制度的良性运行和行政决策的及时执行，也在一定程度上维护了

---

① 胡沧泽：《唐代御史制度的特色》，《福建师范大学学报》1989年第3期。
② 林代昭：《中国监察制度》，中华书局1988年版，第4页。
③ 王占魁：《中国古代的官员问责》，《行政管理改革》2012年第6期。
④ 谢文钧：《中国古代决策过失责任论析》，《学术交流》2010年第3期。

政治稳定和官吏队伍的廉洁。① 《唐律》作为我国古代法律的集大成者，在总结以往各王朝的立法经验及其司法实践的基础上，折中损益，内容周详，解释确当，立法更为系统化和周密化。《唐律》代表了中国封建立法技术的最高成就，在中国法典编纂史上具有里程碑的地位和意义。宋、元、明、清各代立法对于唐代的立法均有较大程度的借鉴，对于决策责任追究的制度规定也有着与《唐律》相同或者相近的规定，但是总的说来并未超越唐代立法的技术与格局。

现代意义上的行政决策责任追究制度，自新中国成立以来就已存在，但是囿于当时的行政体制和法治状况，行政决策的过程基本上都是在封闭状态下进行的。因此，尽管行政决策失误不断发生，行政决策的责任追究制度却一直未受到重视。改革开放以后，我国真正步入社会转型期，伴随着社会主义市场经济和市民社会的发展，公民权利意识的逐步提高，民主政治体制改革的逐步推进，构建服务政府、责任政府和法治政府已经成为社会共识和基本要求。发端于21世纪初的中国行政决策责任追究制度，乃是中国社会整体性转型的重要组成部分，其特殊的政治语境尤其值得人们关注。作为对政府行政决策权力进行监督和制约的制度安排，它根植于中国特有的土壤环境，迈着坚实的脚步，经受着风雨洗礼和危难锤炼，一步步地从历史中走来，又一步步地向未来走去，在时间的长河中留下了一个又一个的脚印。在中国历史上，早在封建社会初期就产生了对封建官员进行监督的专门机构和对玩忽职守、中饱私囊、贪赃枉法官员的责任追究制度，并一直贯穿于我国封建社会发展的始终，那时对行政决策责任追究的形式多是通过皇帝问责、御史问责、吏部问责等方式实现的。

新中国成立后，行政决策责任追究制度的探索也由此起步，并在起伏跌宕的动荡时局中，历经磨难与挫败。可以说，行政决策责任追究制度的命运与国家经济社会发展息息相关，并一路随行，在经验和教训中也逐步得以成长。"新中国的法制建设不是在一种平和、理性的条件下进行的，它创建时就背着重负，并密切地同政治斗争联系在一起，法制成为政治斗争的手段和工具。"② 鉴于国内外突发的局势变化和复杂多样的阻隔诱惑，行政决策责任追究制度建设充满着浓郁的斗争气息，并在特定时期承载着特有的苦难与荣光。从"大跃进"开始的20年间，重大行政决策的民主

---

① 晋仕元、许丽娟：《论我国古代"问责制"的当代借鉴——以唐代监察制度为例》，《河北农业大学学报》2011年第3期。
② 蔡定剑：《历史与变革——新中国法制建设的历程》，中国政法大学出版社1999年版，第16页。

集中制原则遭到严重背弃，行政决策法制建设持续震荡与徘徊，甚至招致严重破坏，行政决策集权主义盛行一时，行政决策法律虚无主义泛滥成灾，高度集权、运动频仍、人治严苛的社会现实给中国行政决策制度建设留下无比沉重的历史教训。

行政决策所存在的问题，既有险恶斗争的政治原因，也有传统人治方式的历史传承。以至于许多年来，这种权力过于集中的阴影成为挥之不去的历史记忆，并滋生了很多官僚主义和霸道作风。长期以来，许多人认为行政决策失误不是政治问题，也不是道德问题，而是工作中的问题，应当以宽容的态度来对待，从而使行政决策责任追究一直没有形成较为规范的制度。行政决策责任追究更多依靠行政决策责任追究主体的个人意愿加以实施，表现出很大的随意性，既可以追究也可以不追究；责任追究也具有很强的封闭性，在组织内部进行。

风乍起，吹皱一池春水。1978年，沉寂了20年后，中国行政决策制度复苏了。就是在这一年，随着改革开放的发展，我国的综合国力和人民生活水平不断提高，但是在社会政治经济生活领域也出现了许多以权谋私、贪污受贿、滥用职权等腐败现象，并且呈现出上升的趋势。因此，在强化监督、惩治腐败的呼声中，民众权利开始受到重视并予以一定程度的制度化，政府也开始了对行政决策责任追究的初步探索。1982年12月4日，全国人民代表大会通过了《中华人民共和国宪法》，规定明确了国家一切权力属于人民，人民通过全国人民代表大会和地方各级人民代表大会行使国家权力，确立了国家权力机关对行政机关的监督问责地位。1989年，《特别重大事故调查处理程序暂行规定》对事故的责任认定与追究作了详细的规定。《规定》明确，当领导干部没有履行好自己的职责，甚至违法乱纪、贪赃枉法时，必须追究其相应的责任。

但是，20世纪90年代之前，行政决策的直接依据还主要是领导人的讲话和党的基本政策，依法决策、依法追责的基本理念还远未成型。"在实践过程中提倡'摸着石头过河'，体制创新也往往在暂不触动旧体制的情况下，实行增量改革，通过发展新体制来逐步推动对原有体制的改革，对公共权力运行的约束相对宽松，允许各项政策的实施有一个'试错'过程，对责任的认定与追究并不是很严格。即使追究责任，也往往就事论事，仅仅查处直接责任人，并不追究相关领导的责任，而对于决策失误、用人失察等责任类型，则大都没有得到积极而有效的追究，往往以'缺乏经验交学费'来搪塞，或是以'深刻检查、吸取教训'来应付，抑或是以'难以避免'来开脱,官员责任追究的制度化水平明显较低。"① 及至 1990 年《行政诉讼法》实施以后,依法行政的原则得以在法律中正式确立,1990 年七届全国人大三次会议明确指出,要"建立和健全民主决策、民主监督的程序和制度"。1993 年之后,改革开放事业开启了新的历史华章,为了保证权力运行的规范性,加强和完善权力监督与制约,中央出台了一系列有关决策监督和责任追究的党内法规或规范性文件,如《关于实行党风廉政责任制的规定》《中国共产党纪律处分条例(试行)》等,进一步推进了决策监督和责任追究的制度建设。

进入 21 世纪以来,随着人们权利意识的逐步提高,"有权必有责,用权受监督,违法受追究"的理念开始深入人心,与此同时,一场突如其来的"非典"疫情加速了行政决策责任追究的发展步伐。中央政府对瞒报疫情、处置不力的责任追究,也成为中国战胜"非典"疫情的转折点,对中国公共行政领域产生了全局性的影响。其典型表现就是行政决策权与公民监督权之间的互动格局在行政决策责任追究实践的倒逼下开始萌生。而这一格局的形成标志就是 2004 年《全面推进依法行政实施纲要》的颁布。《纲要》对全面推进依法行政的重要性、紧迫性,指导思想和目标,基本原则和基本要求作出了明确规定,并对深化行政管理体制改革、建立健全科学民主决策机制等问题进行了详细论述。《纲要》明确提出"有权必有责,用权受监督,违法受追究,侵权须赔偿"。②

2004 年 9 月,十六届中央委员会第四次全体会议审议通过了《中共中央关于加强党的执政能力建设的决定》,提出"要依法实行问责制,加强对权力运行的制约和监督,保证把人民赋予的权力用来为人民谋利益",要"建立决策失误责任追究制度"。要依法依规追究决策者的责任。党的十七大提出,健全质询、问责、经济责任审计、引咎辞职、罢免等制度。党的十七届二中全会通过的《关于深化行政管理体制改革的意见》明确要求,"健全以行政首长为重点的行政问责制度,明确问责范围,规范问责程序,加大责任追究力度,提高政府执行力和公信力"。

2008 年是中国式问责进程中特殊的一年,被称为"官员问责年"。这一年,重大安全事故在中国各地频发,山西襄汾溃坝、三鹿奶粉事件、瓮

---

① 张贤明、文宏:《中国官员责任追究制度建设的回顾、反思与展望》,《吉林大学社会科学学报》2008 年第 3 期。
② 《十六大以来重要文献选编》(中),中央文献出版社 2006 年版,第 7 页。

安事件等，无不引起巨大反响。2008年之后，行政决策责任追究制度开始踏上实践探索与规则制定相互促进的轨道，行政决策责任追究制度建设也呈现出一个与时俱进的过程。2009年9月，中国共产党第十七届中央委员会第四次全体会议审议通过了《中共中央关于加强和改进新形势下党的建设若干重大问题的决定》。《决定》提出健全决策失误纠错改正机制和责任追究制度，要本着"谁决策、谁负责"的原则，依据党章、《中国共产党党内监督条例（试行）》以及《关于实行党政领导干部问责的暂行规定》等的相关规定，完善责任追究程序，健全处罚体系。2012年党的十八大报告指出，"要坚持科学决策、民主决策、依法决策，健全决策机制和程序，发挥思想库作用，建立健全决策问责和纠错制度"。作为党的十八大决定的延续深化与贯彻落实，2014年党的十八届四中全会《中共中央关于全面推进依法治国若干重大问题的决定》再次强调指出，"要建立行政机关内部重大决策合法性审查机制，建立重大决策终身责任追究制度及责任倒查机制"。

  此后的两年间，"终身责任追究及责任倒查机制"率先在环保领域开始进一步明确。2015年5月颁布的《关于加快推进生态文明建设的意见》，提出要建立领导干部任期生态文明建设责任制，对违背科学发展要求，造成资源环境生态严重破坏的要记录在案，实行终身追责。该《意见》中明确，对于造成资源环境生态严重破坏的领导干部，不得转任重要职务或提拔使用，已经调离的也要问责。3个月后，《党政领导干部生态环境损害责任追究办法（试行）》中又进一步强调"党政领导干部生态环境损害责任追究，坚持依法依规、客观公正、科学认定、权责一致、终身追究的原则"。

  不仅如此，"终身责任追究"这一"紧箍咒"也被推广应用于其他领域。如2015年3月，公安部在《关于贯彻党的十八届四中全会精神深化执法规范化建设全面建设法治公安的决定》中明确要健全执法责任制和追究体系，全面落实执法责任，实行办案质量终身负责制和错案责任倒查问责制。2015年6月，最高人民检察院颁布《中共最高人民检察院党组工作规则（试行）》，明确提出：最高检党组出现重大决策失误的，对参与决策的相关党组成员实行终身责任追究。2015年9月，为了防止冤假错案，最高人民法院在《关于完善人民法院司法责任制的若干意见》中提出，法官应当对其履行审判职责的行为承担责任，在职责范围内对办案质量终身负责。当然，重大行政决策责任追究制度的深入推进与完善发展，在党内法规制度建设方面最为集中和显著。在党的十八届四中全会结束之后的两年间，中共中央先后修订了《中国共产党纪律处分条例》《中国共产党党内监督条例》，出台了《推进领导干部能上能下若干规定（试行）》《中国共产党问责条例》等重要法规，这些党内法规的颁布与修订，不仅为全面从严治党提供了重要依据，也为重大决策责任追究制度的完善与发展提供了更为坚实的政治保障。

2017年6月，为落实健全依法决策机制，规范决策行为特别是重大行政决策行为，推进行政决策科学化、民主化、法治化，提高决策质量，增强社会对重大行政决策的理解和支持，国务院发布了《重大行政决策程序暂行条例》（征求意见稿），面向社会各界征求意见。该《条例》特别对决策机关、决策承办单位和承担决策有关工作的单位、决策执行单位、参与决策的专家专业机构等参与决策的各类主体，分别规定了相应的法律责任。可以预见，《重大行政决策程序暂行条例》的颁布与实施，必将在扩大行政决策民主参与、防止重大决策"一言堂"、保证重大行政决策执行效果方面起到重要的积极作用。

人类发展历程中，无论是波涛澎湃，还是涓涓细流，从来不缺乏奇迹。在历史的演进中，许多时段看似静水深流，实则动人心魄。回眸历史蕴藉，审察现实动向，不难发现，新中国成立以后的70年间，面对"世所罕见"的复杂局面，我们化挑战为机遇，变压力为动力，改革呈现出顺势有为、逆势前行的独特力量。事实说明，在不同地方转型模式的相互砥砺和激荡中不断演进的改革态势，犹如万花筒般林林总总，其初始目的也具有大体的一致性，即都是围绕政府负责性展开的。政府的负责性就像一座桥梁，确立的是现代政府与社会之间的紧密联系。无论这些实验本身是成功还是失败，它们对未来中国的治理方式转型和善治的实现都是有益的。这些不同途径的政府改革表明，更高的政府负责性不仅有利于公共物品的提供、治理质量的提高，更有利于总体政治的稳定和政权的长治久安。"统览国内近十多年的行政问责实践，绝大多数行政问责均与突发事件相关，中央及地方各类问责制度的出台也多以突发事件为契机。"[1] 特别是近年来，我国行政决策责任追究制在广度和深度上有了新进展，从2004年开始的各级政府的自觉推行，到2008年之后的硬性推进，再到2014年之后的深入实践，行政决策责任追究制度的初步探索取得了蓬勃动力和显著成效。在贯彻"立党为公、执政为民"理念过程中，坚持依

---

[1] 汪大海、郑延瑾：《行政问责的触发机理——基于20例公共突发事件的模糊集定性比较分析》，《兰州大学学报》2018年第2期。

法治国，充分尊重宪法和法律权威的前提下，以过错责任追究和以问责制为形式的责任追究正在得到加强与完善，行政决策责任追究制度，在中央的主导和推动下，正朝着制度化、法治化的方向不断迈进。

二　行政决策责任追究的文本考察

随着责任政府理念的逐步深入，实行行政决策责任追究机制已得到了越来越多人的认同，建构优良有序的行政决策责任追究机制，推动这一制度理念的有效提升，是我国政治文明发展和政府治理理念不断成熟之必然。由于人们越来越深刻地感受到，进一步健全和加强行政决策责任制度意义重大。完善的责任认定和追究制度有利于防止决策权力的滥用。行政决策责任追究制度的施行，让每位行政决策者的头上悬上了一把达摩克利斯之剑，当他们意识到自己所负的历史使命之时，却又不得不权衡利弊，因为他们所面临的是将为自己的"越轨"行为付出沉重代价。通过健全和加强行政决策责任制度，明确行政决策者的责任，有利于促使行政决策主体依照法定职责、权限和程序认真行使决策权力，防止决策权力滥用。

多年来，我国政府也一直在为追求完善的行政决策责任追究机制而努力，大规模的行政体制和机构改革、各种行政法规的出台等都表明我国政府建立健全行政决策责任追究机制的决心。经过长期不懈的努力，我国政府的行政决策机制逐步完善，其中行政决策审查制度、监督制度、报告制度、奖惩制度、评估制度、责任追究制度等已经或正在建立起来。尽管这些制度尚没有形成一个贯穿行政决策前后的责任追究体系，但是，我国政府追求完善的行政决策责任追究机制的脚步却始终没有停止。

2003年"非典"疫情的发生成为我国推行政府责任追究制度建立的良好开始和重要转机，它将问责的风暴刮满神州大地，引领着党政领导干部问责制从此迈入了崭新时代。这股政坛新风，已经演变为清新亮丽风景线呈现在法治政府构建的征程中，让百姓欢欣鼓舞。也正是那一年，在中央高层的严厉表态下，一场问责风暴掀起，使官员们首次感受到了来自责任的压力，一大批政府官员应声落马。"非典"之后，伴随着问责态势和问责理念的不断成熟，党和国家更加重视行政问责制度建设，在中央层面相继推出了一系列关于责任追究的法律规范，对政府责任的追究起到了很好的指导与规范作用，初步确立了我国党政领导干部行政决策责任追究制度，形成了以党政领导干部责任追究为统领，以党内责任追究和地方责任追究法规为主、责任追究的法律规范为辅的责任追究体系格局。

党的十八大之后，中央出台或者修订的党内法规超过 50 部，标志着全面从严治党由重点治标走向了重点治本，管党治党由宽松软走向严实硬。中央在党风廉政建设领域突出了问责机制建构的重要性，形成了以《中国共产党问责条例》《中国共产党廉洁自律准则》《中国共产党纪律处分条例》《党政领导干部生态环境损害责任追究办法（试行）》《县以上党和国家机关党员领导干部民主生活会若干规定》等相关法规共同构成了执政党推进责任追究的法制规范体系，标志着中国共产党在党内问责机制的系统化建构上达到了更为成熟的历史阶段。持续推陈出新的党内法规和《重大行政决策程序暂行条例》的施行，推动了地方文本的深入探索与精细修改，为建立一个"廉洁、廉价、有效"的现代民主政治和责任政府体制打下了坚实的制度基础，也为推动"全面深化改革"，实现"社会转型"和"文明转型"的双重任务提供了制度保障。①

从现有党内外法规文本体系看，党内文件与政府法规一起构成了中国行政决策责任追究的基本制度环境，它们两者相互补充、各有侧重。需要说明的是，在中央层面关于行政决策责任追究的相关规定，早期体现于相关法律、法规和规范性文件之中。因为，我国行政领导干部和行政机关公务人员大多也都是共产党员，从某种程度上讲，治党就是治国。党内法规不只是关涉党内事务，也关系到全面从严治党和全面依法治国的重大问题。因此，党内关于纪律监督性质的文件实质上也包含了浓厚的行政责任追究的内容和精神。这是中国行政决策责任追究制度环境的一个重要特征。从中央到地方的各级党的领导机关和政府机关都担负着对行政决策失误实施责任追究的重任。加强对行政决策责任的党纪政纪追究，既是相关党委的职责，也同样是相关政府的职责。政府对行政决策失误的责任追究，从根本上说，也是为了改善和加强行政决策失误的党纪政纪追究。

---

① 不过，有学者提醒到党内法规制度实践的兴起，折射了管党治党思路的变与常。集中出台党内法规来加强治理的模式，看似新颖，却也存在某种路径依赖。那就是这种党内法规的密集出台，是权威性政党在治国理政的过程中应对重大且迫切局势的自然选择。它源于中国共产党在革命和建设时期的传统和遗产，是一种运动式的立法推进。这种做法通常短期内效果较为明显，具有"声势"和"政绩"。但是，党内法规的密集出台也从另一个侧面反映出日常官僚体制有时运转不畅，各个职能部门正常运行难以有效履职，惰性较大的突出问题。参见王若磊《党内法规制度实践兴起的政治逻辑》，《吉林大学社会科学学报》2019 年第 3 期。

（一）党内法规中的责任追究体系

1. 1995年《党政领导干部选拔任用工作暂行条例》颁布，出现"责令辞职"一词，这被认为是中国官员问责制的源头。7年后，中央正式颁布实施《党政领导干部选拔任用工作条例》，其中除了"责令辞职"外，"引咎辞职"也开始被人熟知。《党政领导干部选拔任用工作条例》在2014年1月和2019年3月分别进行了修改。2019年3月的修改内容，将党的十八大以来党选人用人的制度探索和实践成果引入其中，并与近年来出台的管党治党的法规衔接协调，有效回答了实践中干部工作中出现的一些新情况新问题，使干部选拔任用工作进一步制度化、规范化、科学化。

2. 2001年9月，中共中央发布《中共中央关于加强和改进党的作风建设的决定》。《决定》明确，集体领导、民主集中、个别酝酿、会议决定，是党委内部议事和决策的基本制度，必须认真执行。要充分发挥党的代表大会和党的委员会全体会议的作用。重大问题必须提交党委常委会集体讨论决定，涉及全局和长远的问题还应提交党的委员会全体会议讨论决定。积极推进决策科学化、民主化，提高党委的决策水平和工作效率。讨论决定问题，要充分发扬民主，广泛听取意见，严格执行规定程序。违反决策程序造成重大失误的，要追究领导责任。这一规定，适用于各行各业、各级党政机关的决策者。对那些决策失误者，必须严肃处理。触犯法律的，须受到应有的处罚。该判刑的判刑，该没收财产的没收财产，该撤职的撤职。不能简单地以决策"失误"花钱买教训而了结，更不能混淆罪与非罪的界限，以规避法律责任的追究。

3. 2004年4月，中共中央为建立健全党政领导干部辞职制度，加强对党政领导干部的管理和监督，颁布的《党政领导干部辞职暂行规定》明确，党政领导干部辞职包括因公辞职、自愿辞职、引咎辞职和责令辞职。党政领导干部因工作严重失误、失职造成重大损失或者恶劣影响，或者对重大事故负有重要领导责任等，不宜再担任现职，本人应当引咎辞去现任领导职务。决策严重失误，造成巨大经济损失或者恶劣影响，负主要领导责任的，应当引咎辞职。引咎辞职、责令辞职的干部构成违纪的，按照有关规定给予党纪政纪处分；触犯法律的，依法追究法律责任。

4. 2009年7月，为加强对党政领导干部的管理和监督，增强党政领导干部的责任意识和大局意识，促进深入贯彻落实科学发展观，提高党的执政能力和执政水平，中共中央和国务院联合颁布了《关于实行党政领导干部问责的暂行规定》，这也是目前党内对行政决策责任追究规定最为详细的文件之一。《暂行规定》指出，对党政领导干部实行问责，是"有权必有责、用权受监督、违法受追究"原则的基本要求。党政领导干部不履行或者不正确履行职责，给党、国家和人民利益以及公共财产造成重大损失或者造成恶劣影响的，必须承担相应的责任。《暂行规定》中的内容，许多与决策有关，而凡属与决策相关的，均可视为对行政决策及违法行为过错责任追究的规定。《暂行规定》明确，对于决策严重失误，造成重大损失或者恶劣影响的；在行政活动中滥用职权、强令、授意实施违法行政行为，或者不作为，引发群体性事件或者其他重大事件的等，各级党委和政府要依照《暂行规定》严肃问责。对党政领导干部实行问责的方式分为：责令公开道歉、停职检查、引咎辞职、责令辞职、免职。受到问责的党政领导干部，取消当年年度考核评优和评选各类先进的资格。引咎辞职、责令辞职、免职的党政领导干部，一年内不得重新担任与其原任职务相当的领导职务。这样的规定，一方面可以使党政领导干部清楚地了解到出现哪种情形应当被问责，以促使其最大限度地约束自己的行为；另一方面也对在何种情形下应当对党政领导干部实行问责予以了明确，有利于避免问责的随意性。以被称为"全国版问责"的《暂行规定》的出台为标志，一场寻求制度维稳的中国式问责便在争议与喧嚣中徐徐前进。

5. 2015 年 6 月，中共中央发布《中国共产党党组工作条例（试行）》。该《条例》从中国国情出发，为党组工作提供了制度保障，扎实推进党的思想、组织、作风、廉政和制度建设，为贯彻民主集中制提供了具体方案。《条例》明确规定，因违反决策程序或者决策失误造成重大损失或者恶劣影响的，应当追究有关党组成员的责任。《条例》的出台填补了党内法规空白，对于进一步规范党组工作，加强和改善党的领导，提高党的执政能力，更好发挥党总揽全局、协调各方的领导核心作用，具有十分重要的意义。该《条例》在 2019 年根据修订后的《党章》，并结合党组工作的理论、实践和制度创新成果，以及全面从严治党的形势、任务和要求，进行了修订完善，实现了党组制度的守正创新。

6. 2015 年 7 月，中共中央办公厅印发了《推进领导干部能上能下若干规定（试行）》，按照全面从严治党、从严管理干部要求，对解决干部能上不能下问题作出具体规定，规范了工作程序，建立了工作责任制，是做好新时期干部工作的重要遵循。该《规定》明确，对于法治观念淡薄，不依法办事，不按法定程序决策，或者依法应当及时作出决策但久拖不决，造成不良影响和后果的，应当对有关领导干部实行问责。

7.《中国共产党纪律处分条例》最早颁布于2004年2月。2015年10月修订后的《中国共产党纪律处分条例》，把政治纪律、政治规矩和组织纪律列在突出位置，将旧条例的10类违纪行为分类方式，整合为6类：政治纪律、组织纪律、廉洁纪律、群众纪律、工作纪律、生活纪律，并明确列出每一类的"负面清单"，将纪严于法、纪法分开作为重要原则之一，将党的十八大以来强化"纪在法前、纪比法严"的做法固化为制度规范，实现了与政纪、国法的严密衔接。条例对违反党纪、应当受到党纪追究的党组织和党员的各种危机情况和责任处理方式进行了详细规定，特别是明确规定了失职、渎职行为的责任追究问题，对于党内及行政责任追究都具有重要的意义。

8. 2016年7月，为抓住落实党风廉政建设责任制中的主体责任这个"牛鼻子"，把问责作为管党治党利器，推动问责制度在坚持中深化、在深化中坚持，不断将实践创新成果固化为制度，中共中央政治局审议通过《中国共产党问责条例》（以下简称《条例》），彰显了党中央全面从严治党的政治决心，体现了党中央把从严治党的政治承诺转化为制度与行动的坚强意志。作为一部重要基础性党内法规，《条例》共计13条，约2000字。明确了问责的依据与原则、主体与对象、内容与情形、方式与方法，从制度上明确了"问谁责、谁来问、问什么、怎么问"等问责实践和操作问题。党组织和党的领导干部违反党章和其他党内法规，不履行或者不正确履行职责，党中央的决策部署没有得到有效贯彻落实，在推进经济建设、政治建设、文化建设、社会建设、生态文明建设中，或者在处置本地区本部门本单位发生的重大问题中领导不力，出现重大失误，给党的事业和人民利益造成严重损失，产生恶劣影响的，必须对"全面领导责任"、"主要领导责任"和"重要领导责任"进行全面追究。

9.《中国共产党党内监督条例（试行）》同样最早颁布于2004年2月。它作为党内首部监督大法，是建立健全教育、制度、监督并重的惩治和预防腐败体系的重要一环。这也是目前自建党、执政以来，第一个全面、系统地推行自我约束与促进自我发展的党内制度规范。2016年党的十八届六中全会审议通过的《中国共产党党内监督条例》着力贯彻党的十八大以来的治党管党以及治国理政的新理念新思想新战略，反映党中央推进全面从严治党、强化党内监督的新经验新做法，并结合新的实践提出新观点新举措，体现了时代性、创新性，较好解决了试行条例监督主体比较分散、监督责任不够清晰、监督制度操作性和实效性不强的问题，做到了责任清晰、主体明确、制度管用、行之有效，为新形势下强化党内监督提供了根本遵循。

10. 2016年11月，为贯彻落实党中央关于全面依法治国的部署要求，推动党政主要负责人切实履行推进法治建设第一责任人职责，中共中央办公厅、国务院办公厅印发了《党政主要负责人履行推进法治建设第一责任人职责规定》，明确县级以上地方党委在推进法治建设中，要"严格依法依规决策，落实党委法律顾问制度、公职律师制度，加强对党委文件、重大决策的合法合规性审查"。县级以上政府主要负责人在推进法治建设中要"严格执行重大行政决策法定程序，建立健全政府法律顾问制度、公职律师制度，依法制定规章和规范性文件，全面推进政务公开"。党政主要负责人不履行或者不正确履行推进法治建设第一责任人职责的，应当依照《中国共产党问责条例》等有关党内法规和国家法律法规予以问责。

11. 2017年1月，为认真贯彻落实党的十八届六中全会精神，加强和规范党内政治生活，引导党员领导干部牢固树立政治意识、大局意识、核心意识、看齐意识，严肃认真开展批评和自我批评，做到忠诚干净担当，中共中央印发了《县以上党和国家机关党员领导干部民主生活会若干规定》。

12. 2018年4月，中央纪委、国家监委发布了《公职人员政务处分暂行规定》，一共二十三条，内涵丰富，是纪检监察机关对公职人员进行政务处分的重要依据，也是纪检监察机关依法履职的有力武器，为所有行使公权的公务人员依法履职、秉公用权、廉洁从政、坚持道德操守提供了法律准绳。

（二）法律文件（含纲领性文件）中的责任追究规范①

1. 2003年5月，国务院颁布《突发公共卫生事件应急条例》，对突发公共卫生事件的预防与应急准备、报告与信息发布、应急处理、法律责任等作出了详细规定，特别是对各级政府、卫生行政主管部门和其他部门在应对和处理突发公共卫生事件中的职责义务及应当承担的有关责任进行了明确规定，为追究突发公共卫生事件中有关部门和领导成员的法律责任提供了明确的规范和依据。

---

① 在法理上，法律文件与党或者政府的纲领性文件有着严格的区别，二者在制定主体、制定程序、适用范围和实施效力等方面存在明显的区别。在本书的叙述中，我们仅仅是考虑到中国特有的政治环境中，为简洁叙述的方便，将党中央和中央人民政府的纲领性文本纳入这一部分予以阐述。

2. 2004年4月，国务院颁布《全面推进依法行政实施纲要》，确立了全面推进依法行政、建设法治政府的宏伟主题，到2014年要基本实现合法行政、合理行政、程序正当、高效便民、诚实守信和权责统一的法治政府建设目标。《纲要》本身虽然不具有法律效力，但是《纲要》提出的总体要求已经深刻地影响到中国行政体制改革和行政法治的时代进程。

3. 2005年4月，十届全国人大常委会通过了《中华人民共和国公务员法》。这是我国干部人事管理的第一部总章程性质的法律，在我国干部人事制度发展史上具有里程碑意义。公务员法的颁布和实施，对于深化干部人事制度改革，促进我国公务员队伍管理的科学化、民主化、制度化，进一步增强我国公务员队伍的活力、效率和积极性，具有重要而深远的影响。《公务员法》第59条规定的纪律，不得从事十六种行为没有明确列出行政决策失误应如何处分。我们认为，这或许是出于立法技术的原因，这其中的"领导成员因工作严重失误、失职造成重大损失或者恶劣社会影响的"，"负有领导责任的公务员违反议事规则，个人或者少数人决定重大事项，或者改变集体作出的重大决定的"就是指行政决策失误、失职；其中的"引咎辞职""责令辞职"，就是将"责任追究"规范化、法治化。此举将使公务员尤其是领导成员承担更多的法律义务和责任，目的是希望从法律制度上根治群众反映强烈的行政不作为现象。2007年4月国务院颁布的《行政机关公务员处分条例》规定，对于负有领导责任的公务员违反议事规则，个人或者少数人决定重大事项，或者改变集体作出的重大决定的给予警告、记过或者记大过处分；情节较重的，给予降级或者撤职处分；情节严重的，给予开除处分。新修改的《公务员法》第87条规定，"强调了公务员队伍中领导成员应该承担的政治责任，重点是建立领导成员的辞职制度，增加了引咎辞职和责令辞职的制度设定，把党内条例中关于党政领导干部辞职的规定转为国家法律形式，将领导成员应当承担的政治责任法定化，从而将责任政府的概念大大深化了，这体现了政治文明建设的时代要求。通过建立适用于公务员中领导成员的引咎辞职制度，并将责令辞职作为其后续管理制度加以规范，有利于为党政领导干部的责任追究制确立法律依据"。①

4. 2008年3月，行政问责的观念被注入《国务院工作规则》当中。在4月2日公布的《国务院2008年工作要点》中，行政问责制也位列其

---

① 张子良：《从火线问责到制度问责》，《中国人才》2008年第15期。

中。同年6月，为全面落实依法治国基本方略，加快建设法治政府，国务院发布《国务院关于加强市县政府依法行政的决定》。《决定》明确，要建立行政决策责任追究制度，坚决制止和纠正超越法定权限、违反法定程序的决策行为。对应当听证而未听证的、未经合法性审查或者经审查不合法的、未经集体讨论做出决策的，要依照《行政机关公务员处分条例》的规定，对负有领导责任的公务员给予处分。对依法应当做出决策而不做出决策、玩忽职守、贻误工作的行为，要依照《行政机关公务员处分条例》的规定，对直接责任人员给予处分。被定位为"行政问责年"的2008年，的确不负众望。2013年3月，新《国务院工作规则》第34条再次强调，要着力加强对重大决策部署落实、部门职责履行、重点工作推进以及自身建设等方面的考核评估，健全纠错制度，严格责任追究，提高政府公信力和执行力。

5. 2010年10月，国务院提出了《关于加强法治政府建设的意见》，延续和深化了《纲要》的内容。《意见》指出，在重大决策执行过程中，决策机关要跟踪决策的实施情况，通过多种途径了解利益相关方和社会公众对决策实施的意见和建议，全面评估决策执行效果，并根据评估结果决定是否对决策予以调整或者停止执行。对违反决策规定、出现重大决策失误、造成重大损失的，要按照谁决策、谁负责的原则严格追究责任。

6. 2014年10月，中国共产党第十八届中央委员会第四次全体会议审议通过了《中共中央关于全面推进依法治国若干重大问题的决定》。全会提出，健全依法决策机制，建立重大决策终身责任追究制度及责任倒查机制。这是继党的十八大明确指出，"坚持科学决策、民主决策、依法决策，健全决策机制和程序，发挥思想库作用，建立健全决策问责和纠错制度"。党的十八届三中全会强调"建立健全决策咨询制度"之后，党的文献在决策责任追究论述中向前迈进重要一步。

7. 2015年12月，中共中央、国务院印发了《法治政府建设实施纲要（2015—2020年）》，强调要严格决策责任追究。决策机关应当跟踪决策执行情况和实施效果，根据实际需要进行重大行政决策后评估。健全并严格实施重大决策终身责任追究制度及责任倒查机制，对决策严重失误或者依法应该及时作出决策但久拖不决造成重大损失、恶劣影响的，严格追究行政首长、负有责任的其他领导人员和相关责任人员的党纪政纪和法律责任。

8. 2019年5月，国务院《重大行政决策程序暂行条例》正式对外发布，对重大行政决策事项范围、重大行政决策的作出和调整程序、重大行政决策责任追究等作出了具体规定。该《暂行条例》以专章的形式对决策机关、决策承办单位以及承担决策有关工作的单位、决策执行单位、参与决策的专家专业机构等参与决策的各类主体，分别规定了相应的法律责任。这样的规定为落实重大决策程序制度提供了可靠刚性保障。

(三) 行政规章中的责任追究规范

中央层面的相关党内外法规的颁行，在有效约束政府行政决策权力的同时，也成为地方政府制定行政决策责任追究规范的基本依据和示范样本。可以说，从我国现行的行政决策责任追究体系看，中央层面的相关规定仅是一小部分，更大比例的立法规范是地方政府的规定。在中央精神的领导下，尤其是自 2004 年国务院发布《全面推进依法行政实施纲要》开始，各级地方为了规范决策行为，保障决策的科学与可行，各级地方政府在积极探索建立行政决策责任追究制度的实践中，也相继出台了不同级别的行政规章甚至其他行政规定，作了前瞻性的有益探索。尽管其具体内容的详略程度有所不同，但也都在一定程度上推动了地方行政决策责任追究制度的规范实施。如"福建、甘肃、广西、黑龙江、湖北、四川、广州等地方都仅用一个条文对法律责任进行规定，追责内容占重大行政决策规定的比重较小，有关责任追究的规定较为简单。重庆、天津、贵州、内蒙古、宁夏、邯郸、淮南等地方规定则以专章形式规定重大决策的法律责任，内容较为具体、详细，包括责任主体、追责情形、归责原则、责任形式等内容"[①]。

比较典型的有：

1. 2003 年 8 月，《长沙市人民政府行政问责制暂行办法》，该办法也是国内首个政府问责规定。该办法共 11 条，明确规定："对于没有依照法律法规和政策规定的权限、程序和时间进行决策或审批，造成决策错误、工作贻误或损失的，要追究其行政责任。"

2. 2004 年 7 月，《重庆市政府部门行政首长问责暂行办法》首创行政首长问责制。重庆的先行探索，为国家层面的《关于实行党政领导干部问责的暂行规定》制度建设奠定了良好基础。自重庆的问责制度后，海南、浙江、深圳、河北、广西、甘肃等省区市，纷纷出台官员问责制度，并将行政决策失误纳入责任追究的范围之中。

---

① 王万华、宋烁：《地方重大行政决策程序立法之规范分析》，《行政法学研究》2016 年第 5 期。

3. 2008年4月,湖南省颁布全国首部省级行政程序规章——《湖南省行政程序规定》。该《规定》明确,行政机关在实施行政决策、行政执法和其他行政行为过程中,因工作人员故意或者重大过失,导致行政行为违法且产生危害后果,有不履行或者拖延履行法定职责的;重大行政决策未经调查研究、专家论证、公众参与、合法性审查、集体研究的;超越或者滥用职权的;因违法实施行政行为导致行政赔偿的,对行政机关及其工作人员应当追究责任。

4. 2008年8月,《江西省县级以上人民政府重大行政决策程序规定》发布。《规定》指出,对于违反本规定,应当依法作出决策而不作出决策,玩忽职守、贻误工作的,依照国务院《行政机关公务员处分条例》第二十条的规定,对直接责任人员给予处分。

5. 2011年6月,山东省颁布全国第二部省级行政程序规章——《山东省行政程序规定》,该规章对重大行政决策的主体、范围、程序等问题作出了规定。为了确保《规定》有效实施,《规定》确立了政府层级监督制度,对违反《规定》的行政机关和工作人员规定了责任追究制度。

6. 2010年10月,广州市人民政府颁布《广州市重大行政决策程序规定》,建立了广州市重大行政决策基本制度。《规定》明确,对于行政机关和相关工作人员违反本规定,或者在决策起草、执行和监督过程中有玩忽职守、徇私舞弊、贪污受贿等违法、违纪行为的,按照《行政机关公务员处分条例》等有关规定依法问责;构成犯罪的,移送司法机关追究刑事责任。

7. 2016年8月,甘肃省人民政府印发修订后的《甘肃省人民政府工作规则》。该《规则》第36条明确:"省政府及各部门要推行绩效管理制度和行政问责制度,加强对重大决策部署落实、部门职责履行、重点工作推进以及自身建设等方面的考核评估。"《甘肃省人民政府工作规则》对"任性"决策发出强烈地遏止信号。

从2008年之后的10年来,为了加强重大行政决策执行的绩效评估、监督和责任追究,推进依法决策、科学决策、民主决策,从源头推进依法行政,行政决策责任追究的相关地方法规如雨后春笋般涌现,使我国的行政决策责任追究制度进一步配套,并走向实践。从大江南北到黄河两岸,从省级区县到边远乡镇,都相继制定出台了带有浓郁地方特色的相关规定,场面甚是"火爆"和"壮观"。如安徽巢湖市《栏杆集镇人民政府重大行政决策基本程序暂行规定》、四川省达县《石桥镇人民政府重大行政决策制度》、东莞市《大岭山镇重大行政决策制度》。尤其是在2014年党的十八届四中全会之后，各地为认真贯彻落实《中共中央关于全面推进依法治国若干重大问题的决定》及地方《关于贯彻落实党的十八届四中全会精神加快推进法治政府建设的实施意见》、地方政府《关于健全重大决策机制的意见》，健全重大行政决策机制，保障重大行政决策科学、民主、依法，提高行政决策质量，又再次掀起了制定颁行地方重大决策程序规定及责任追究办法的新高潮，如《无锡市重大行政决策程序规定》《遵义市人民政府重大行政决策程序规定》《青岛市重大行政决策程序规定（试行）》《邯郸市重大行政决策程序规定》《潍坊市重大行政决策程序规定（试行）》《葫芦岛市重大行政决策程序规定》等都是在党的十八届四中全会之后制定颁行的。部分地方甚至再次结合实际情况开启了重大行政决策责任追究地方规定的修正与完善历程。如在2015年广州市就重新发布了《广州市重大行政决策程序规定》（2015年修正本），芜湖市重新发布了《芜湖市重大行政决策程序规定》（2015年修正本）、2016年四川泸州市重新颁行了《泸州市重大行政决策规定》（2016年修订本）、昆明市在2017年重新发布了《昆明市人民政府重大行政决策程序规定（修订本）》。

行政决策责任追究的改革浪潮还深刻地影响着政府部门的规范意识，为了回应建设现代法治政府的内在需求，应对现代社会发展的外在压力，政府各部门也相继结合部门行政的特点，开启了部门行政决策责任追究的探索之路。如《大庆市统计局重大决策监督和责任追究制度》《衡南县人口计生局重大行政决策程序规则》《盐城市建湖地方税务局重大行政决策规则（试行）》《郑州市司法局重大行政决策程序规定》《张家口市审计局重大决策终身责任追究制度及责任倒查制度》《辽源市科技局重大行政决策程序规定》《萧山区交通局重大行政决策规定（试行）》《宁乡卫生局重大行政决策制度》《沛县财政局重大行政决策程序规定》《镇江市住建局重大行政决策程序规定》，等等。这些规范性文件的出台标志着中国开始为行政决策责任追究建章立制，并在解决"有问责之事，无问责之法"问题上开始了制度化的探求。

以上行政决策责任追究的文本考察表明，我国现实中并没有一部专门规范行政决策并对其进行责任追究的全国性法律规范。自"非典"以后，尤其是自2008年以来，我国行政决策责任追究已从非常时期的非常举措逐步迈向制度化和规范化的轨道上来，这是一个重大的进步。

表 3—1　　　　　　　行政决策责任追究的主要文本

规范类型	施行时间	规范名称
党内文本	1995 年	《党政领导干部选拔任用工作暂行条例》
	2001 年	《中共中央关于加强和改进党的作风建设的决定》
	2004 年	《党政领导干部辞职暂行规定》
	2009 年	《关于实行党政领导干部问责的暂行规定》
	2013 年	《关于全面深化改革若干重大问题的决定》
	2014 年	《关于全面推进依法治国若干重大问题的决定》
	2015 年	《中国共产党党组工作条例（试行）》（2019 年修改）
	2015 年	《推进领导干部能上能下若干规定（试行）》
	2015 年	《中国共产党纪律处分条例》
	2016 年	《中国共产党问责条例》
	2016 年	《中国共产党党内监督条例》
	2016 年	《党政主要负责人履行推进法治建设第一责任人职责规定》
	2016 年	《县以上党和国家机关党员领导干部民主生活会若干规定》
	2018 年	《关于进一步激励广大干部新时代新担当新作为的意见》
	2018 年	《公职人员政务处分暂行规定》
国务院文本	2003 年	《突发公共卫生事件应急条例》
	2004 年	《全面推进依法行政实施纲要》
	2005 年	《中华人民共和国公务员法》
	2007 年	《行政机关公务员处分条例》
	2008 年	《国务院关于加强市县政府依法行政的决定》
	2010 年	《国务院关于加强法治政府建设的意见》
	2013 年	《国务院工作规则》
	2015 年	《法治政府建设实施纲要（2015—2020 年）》
	2015 年	《党政领导干部生态环境损害责任追究办法（试行）》
	2019 年	《重大行政决策程序暂行条例》

续表

规范类型	施行时间	规范名称
地方代表性文本	2003 年	《长沙市人民政府行政问责制暂行办法》
	2004 年	《重庆市政府部门行政首长问责暂行办法》
	2008 年	《湖南省行政程序规定》
	2012 年	《山东省行政程序规定》
	2010 年	《广州市重大行政决策程序规定》
	2011 年	《江苏丰县凤城镇人民政府实施重大行政决策事项社会公示制度》
	2011 年	《南昌市人民政府重大行政决策责任追究办法》
	2012 年	《西宁市人民政府重大行政决策程序规定》
	2013 年	《山东省省管企业国有资产损失责任追究暂行办法》
	2014 年	《西安市司法局重大行政决策责任追究制度》
	2015 年	《合肥市人民政府重大行政决策责任追究暂行办法》
	2016 年	《四川省重大行政决策责任追究暂行办法》
	2016 年	《萧县人民政府重大事项决策程序及责任追究办法》
	2016 年	《甘肃省人民政府工作规则》
	2016 年	《甘孜藏族自治州重大行政决策责任追究办法》
	2017 年	《上海市重大行政决策程序暂行规定》
	2017 年	《昆明市人民政府重大行政决策程序规定》
	2017 年	《玉溪市重大行政决策责任追究暂行办法》

三 行政决策责任追究的积极态势

反思促进发展,历史见证未来。新中国成立后特别是改革开放以来,党和政府对从严治党、从严治政、对有问题的领导干部进行责任追究的工作始终没有放松过。从历史演进的脉络来看,行政决策责任追究的制度建设从无到有,从"法制化"到"法治化"的转变,是一个漫长而渐进的过程,也是一个不断试错与创新的过程。

原因其实很简单,行政决策责任追究制度的创建根植于中国特有的政治经济环境与转型社会格局,而这一特有环境格局的特征在于:改革的总体进程是由政府推动的自上而下的方式来进行,而不是由民间主导和推动,属于摸着石头过河型改革。这种改革模式在中国改革初期具有一定的合理性。由于当时中国的改革缺乏经验,还不可能有一整套新的社会运行规则体系和市场经济规则体系来取代以往者,且当时中国社会结构、利益结构、思想观念等相对简单，所以，中国在改革初期采取摸着石头过河型的改革模式，是合理可行的。同时，由于没有经验，摸着石头过河型改革实际上也是一种边干边总结的做法；是一种通过不断"试错"以求"少错"的做法。① 行政决策责任追究制度的建立健全就嵌入这样的改革洪流中，同时由于这种制度是从政府行为的局部切入，即便在制度创建过程中有所失误，对全局的影响也不是很大。

因此，无论中央还是地方，对行政决策制度演进的进程与问题都给予相当的包容。历经 40 多年的改革开放，我国的改革已经从起初的"摸着石头过河"进入了"深水区"和攻坚期，行政决策责任追究制度建设也被时代的洪流推向了高潮。尤其是在"四个全面"战略布局的指引和推动下，随着《中国共产党问责条例》等党内法规的出台，依法治国、从严治党越来越清晰地呈现出一种新常态。从制度规定和追责实践看，行政决策责任追究呈现出特定的发展规律和发展态势。

一是从权力追究走向制度追究。行政决策责任追究制度是一项在国外运用比较成熟的制度，在我国正式启动也不过 10 年左右的时间，但是，该项制度却因合乎时代性和民主政治的意味，且包含了民众对政府责任的期许，获得了政治上的合法性与认同感，从实行责任追究开始，大多数是围绕权力这个中心展开的，体现出一种特有的权力追究的痕迹。仔细观察，行政决策责任追究制度走过的 10 年路程，是伴随着行政恣意的不断纠正一路走来的，从该制度的建立之初，就立足于对行政决策责任追究权力化、运动化的防御，承载着对责任追究制度化、规范化的希冀。

长期以来，社会上形成了浓厚的运动情结，以至于当某一问题比较严重时，行政机关往往对运动式执行抱有极大的热情和期望，希望毕其功于一役，借助于运动解决问题。到了 2008 年，行政问责在全国各地频频发力，以襄汾溃坝事故和三鹿问题奶粉事件为标志，无论从辞官免官涉及的部门看，还是从被撤职的官员的"官阶"看，"风暴"之强劲前所未有。"在这一系列重特大责任事件处理过程中，党中央、国务院采取了果断措施，及时公开处置信息，严肃查处事件的肇事者和责任人，充分展示了一个负责任政府的形象，也让群众看到失职问责已经成为监督百官的利器。"② 可是，"风暴"一词本身就意味着责任追究的力度猛烈，速度迅疾，也隐喻着其个案式、运动式的特征。评论也认为，这实质上依旧只是

---

① 吴忠民：《社会矛盾倒逼型改革的来临及去向》，《中国党政干部论坛》2012 年第 4 期。
② 姚瑞平：《推动官员问责制的实施与完善》，《学习时报》2013 年 5 月 10 日。

停留在"运动化阶段"①,对行政决策失误官员的责任追究力度取决于社会媒体的渲染和热度。

在整顿吏治、改进干部作风的问题上,行政决策责任追究的权力化、运动化无疑具有震撼性的积极意义,能够在一定程度上收到整肃社会流弊、震慑行政决策违法、恢复社会秩序的作用。可是,这种自上而下的"问责",长期效果到底如何却值得我们深思。运动式管理自始是以法治精神的流失为代价的。它所弥漫的是一种"宽猛相济"式的人治原则,而不是"一断于法"的法治原则。因此,人们还是寄希望于制度规范,迫切需要公正科学的稳定制度跟进防止责任追究的随意性和盲目性,苛求程序性的硬性规定来提供一种稳定的价值预期和良好的社会秩序。

中国现在已进入新的发展时期,在今后相当长一段时期内,我国经济社会发展面临的矛盾问题可能更艰巨、更复杂,行政决策责任追究也更需要"自上而下"的"顶层设计",这逐渐成为一种共识。如果不在责任追究制度建设上进行改革,而只是实行传统的权力追究模式,只会头痛医头、脚痛医脚,那么行政决策责任追究的法治化就不可能实现。2009年出台的《关于实行党政领导干部问责的暂行规定》以及2016年颁布的《中国共产党问责条例》,无论是信息公开程度还是责任追究实施力度都迈出了一大步,不仅为问责工作的顺利开展指明了前进方向,也标志着党内问责向系统化、精细化、法治化迈出了重要一步,为党内责任追究提供了基本的制度遵循。

尤其是在党的十八大之后,以习近平同志为总书记的党中央把问责作为管党治党利器,先后对山西塌方式腐败、湖南衡阳和四川南充拉票贿选案等严肃问责,着力推动形成"干部清正、政府清廉、政治清明"的党风政风,让政治生态风清气正。数据显示,截至2016年5月底,全国共对4.5万余名党员干部作出了责任追究,起到了很强的震慑警示作用。②两部具有标志性、关键性、引领性的党内法规制度相继出台,既推动了党内政治生活和党内监督制度化、规范化、程序化,做到了实践探索与制度建设相互结合、相辅相成,也打破了中国过去追究行政责任,不追究党委决策责任的界限,党委领导与政府官员都须一视同仁接受问责。可以说,随着"四个全面"战略部署的渐次展开、深度推进,也向全党、全国传

---

① 孙乾:《中国式问责的渐进之路:从行政首长到党政一把手》,《京华时报》2011年3月23日。
② 朱基钗等:《"利剑"向何方 "板子"怎么打——聚焦〈中国共产党问责条例〉四大看点》,《共产党员》2016年第8期。

递出一个强烈信号,即围绕权力、责任、担当设计制度,扎紧织密制度笼子成为深入推进"四个全面"战略部署的有效方法和显著特征。从权力追究到制度追究的转向,不仅有助于确立行政决策责任追究的基本秩序,使决策责任追究主体与对象间的规范有序有章可循,同时也表明了我国政府提高自身责任意识和服务管理水平的决心和勇气,对于法治政府和责任政府的构建都起到了巨大的促进作用。

二是从追究有过走向追究无为。在一般意义上,责任追究的主要内容至少包括四个方面:(1)党风廉政建设责任追究制度;(2)领导用人失误责任追究制度;(3)行政决策失误责任追究制度;(4)行政决策不作为责任追究制度。我们在本书中讨论的主要是行政决策失误和行政决策不作为的责任追究。行政决策是现实中产生行政过错的一个重要领域,从某种意义上而言,行政决策行为成为少数人"拍脑袋"的结果,而缺少必要的程序规范,也导致某些省和地方专门制定追究问责制的实施办法或者规定。对因决策过错而给国家和群众利益造成重大损失的,必须追究负有直接责任的主管人员和其他直接责任人的责任。同时,在现实中国,改革是政府运行中面临的永恒主题。

今天,政府所面临的改革其最根本的任务在于解决政府职能的"越位""缺位""错位"等问题,提高服务能力,更好地满足人民的利益需求。尽管强化责任追究已经成为管党治党、治国理政的鲜明特色。同时也要看到,行政决策遇到的新问题和难题日益增多、非常现实,也最为直接。行政决策主体在一定范围内和一定程度上还存在"有错无为"的现象,其表现就是不履行或不正确、及时、有效地履行规定职责,导致行政决策延误、效率低下的行为;或因主观努力不够,决策能力与所负责任不相适应导致决策效率低、决策质量差、任务完不成的一种工作状况。少数党政领导干部缺乏责任感,事业心不强,不思进取、不为民谋利,他们小心谨慎、畏首畏尾,不问官事,只求自保,工作热衷于"集体决策",不愿担责任,怕担责任,一心图太平,面对矛盾与困难,睁只眼闭只眼,打"太极拳"。

正是由于这些无为干部践行着不求有功、但求无过的为官之道,加之长期以来社会和公众聚焦在腐败的官员身上,而对"庸官""昏官""混事官""太平官"有所忽视,使他们责任意识更加淡薄,甚至缺失。这样便形成了"无为"干部滋生繁衍的空间和土壤。"无为"干部对群众疾苦不闻不问,对百姓利益漠不关心,使群众正当的要求难以得到满足,正当的权益得不到保护。他们这种食人民俸禄不思为民服务的行为实质上也是一种腐败,已经严重损害了领导者在群众中的威信和形象。[①] 对于这些人,必须给予足够的制度约束,对于那些在行政决策中确实有失误、失职的,必须给予相应的处罚。现实问题的解决需求,促使行政决策责任追究从有过向无为转向。2016年7月8日正式实施的《中国共产党问责条例》,作为第一部规范党的问责工作的基础性法规,其解决问题的重点方向就是不担当、不作为问题。此后,各地相继出台的《贯彻实施〈中国共产党问责条例〉办法(试行)》也大都紧扣地方实际,坚持问题导向,突出务实管用,重点对问责情形、问责程序等内容进行了拓展和细化,体现了突出政治责任、基础作用、问题导向、党规特色的典型特点,对于织密问责之网、层层传导压力、防止为官不为起到了很好的震慑与惩戒作用。

三是从同体追究走向异体追究。长期以来,我国对行政决策责任追究绝大多数属于政府系统内部的同体追究方式。政府组织内自上而下的层级关系决定了政府自身责任追究的权威性和高效性,而且相比其他方式的责任追究方式来说,政府同体的责任追究更迅速便捷,它最清楚行政决策行为失误的症结所在,也使这种责任追究方式具有更强的针对性和及时性,行政决策同体责任追究方式的主体地位无可置疑。然而,这种方式在拥有这些优势的同时也有一个致命的缺憾,就是封闭体系内的追究不容易公开,有着天然的偏袒的倾向,可能会出现大责小究、小责不究的现象,使责任追究徒具空文,流于形式,责任追究的客观性、公正性备受质疑。

在责任追究标准相对宽泛、责任追究信息公开不足、责任追究对象权责模糊的现实面前,行政决策的同体责任追究几乎都是迫于外界压力情况下的无奈之举。现实的困局成为责任追究模式改革创新的内在动力,人们将责任追究的目光投向了异体追究。这种方式可以让官员的"只唯上"转向为上级与民众兼顾,一定程度上体现了"权为民所授""主权在民"的民主政治思想,可以有效监督行政系统内的权力滥用,减少甚至杜绝有权无责、权责不等的现象,在一定范围内拓宽了民众维护自身权益的渠道,将民众的利益落在实处。西方发达国家的责任追究实践表明,责任追究不仅需要同体追究,更需要异体追究,需要以异体追究为主的两种方式的有机结合。当然,如何合理有效地利用好同体追究与异体追究的互动,最大限度发挥二者的合力,仍是一个富有挑战意义的现实课题。

四是从消极追究走向积极追究。有权必有责,失责应追究,这是责任

---

① 曹建文:《岳阳干部问责:无为就是过》,《光明日报》2006年2月6日。

政府赖以构建的基本准则。但是，由于受制于多种不确定因素，责任追究从未按照规矩和程序运行过。对一些行政决策失误的责任追究，往往视民怨程度、后果程度和影响幅度等，依赖于自上而下的压力传导，具有一定的选择性、被动性和偶发性。一切责任制度的设计，如果不能让个人承担与其权力相当的行动责任，就是失败的。一切追究责任的行动，如果没有具体的个人最后为此承担后果，也就谈不上真正的负责。人有惰性，政府部门同样也有惰性。有时，仅靠部门的自觉，恐怕难以达到群众满意的程度；期望部门自揭家丑，也往往会落空。对于工作不力，服务不到位者，如果一味地纵容迁就、当"老好人"，就有可能导致工作推动不力、服务百姓的质量大打折扣。

近些年来，尤其是党的十八大以来，党中央"老虎""苍蝇"一起打的决心和表态，展现出建设社会主义法治国家的宏伟气象。在这场声势浩大的反腐运动中，各地各部门也都相继出台了有关决策责任的追究规定，涉及行政首长问责、党政领导干部问责等，使行政决策责任追究初步制度化、规范化，较好地解决了尚未构成违纪的推诿拖拉、敷衍塞责、失时误事等行政不作为问题，有效地提高了行政效率和服务质量，促进了依法行政、高效施政和廉洁从政，开创了依法治国与依规治党统筹推进，一体化建设的新纪元。

责任追究受到国际社会和社会公众的广泛认同，并作为一种制度在我国政治生活中得以明确确立，的确是一个相当了不起的进步。进步来之不易，坚持下来更是难上加难。重大决策失误的责任追究不是坐而论道，追究责任也不是目的，最终目的是通过追究的形式建立健全决策权力运行各要素之间的既相互制约又相互协调的权力结构和运行机制。从这个意义上讲，我国有关行政决策责任追究的国家立法和党内法规已将责任追究的精神深深植根于政府运作的各个层面，相关制度建设依然引领着责任追究体系的未来方向，方兴未艾。但是，总体来看，我国的行政决策责任追究制度尚处于探索与初创阶段，实施机制和运行流程还难以达到理想和完美程度。目前的责任追究制度"仍然是自上而下的路径，而没有形成自下而上的监督"，行政决策责任追究制度有待进一步健全和加强。

第二节　行政决策责任追究的制度困局

任何一项制度的制定，既是实践发展到一定程度的经验总结，也是新的实践历程的开启。"对于一切事物,尤其是最艰难的事物,人们不应期望播种与收获同时进行,为了使它们逐渐成熟,必须有一个培育的过程。"① 西方国家的行政决策责任追究实践表明,良好的初衷并不意味着改革的必然成功,任何一项新制度的建设都不可能是一蹴而就的,行政决策责任追究体系的建立也绝非一劳永逸的过程,而必须时刻以中国法治建设的进程为依托。在建立了一系列的相关制度之后,责任追究机制的有效运行还会面临着诸多实践的挑战和待解的难题。由于认识上的差异、制度上的不周延、行使公共权力过程中内部控制机制尚有欠缺,约束力尚需加强,在实际工作中有时行政决策责任追究工作也还存在一些亟待解决的问题,尽管这些情况是离散的、个别的,在总体上仅为极少数,但对于立党为公、执政为民的总目标的实现有极大的消极作用,不容忽视。

一 行政决策责任追究法律约束薄弱

行政决策责任追究制度应该是一套完整的科学体系,需要完备的法律作为后盾,失去法律支持的责任追究是盲目的,它降低了行政决策责任追究的严肃性和权威性,导致权力腐败和权力寻租不断出现。尽管多年来在中国行政法学界中,主张"批发式"制定统一的《重大行政决策程序条例》已经有了一个基本共识,但有关重大行政决策的立法实践采用的模式却是"零售式"。② 以至于权威教材和法律文本中,甚至没有"行政决策"的提法。虽然在官方文本以及国家法律制度中能够找到一些与"行政决策"相近内容的刚性条文,但这些条文本身具有很大的模糊特征,而且也并不一定就代表"行政决策"的意思。"非典"危机之后,责任追究的制度化推进开始席卷中国大江南北、黄河两岸,极大地推动了行政决策责任追究制度在中国的正式确立,逐渐形成了从中央到地方的决策责任追究制度框架,并取得了一定的进展。然而,当责任追究的制度建设走进责任追究的实践之后,结果却难以令人乐观。

决策中重集中轻民主、重经验轻理性、重结果轻程序、重权力轻责任以及重决策轻执行等问题还不同程度地存在,将行政决策责任追究看成是国家机关内部人事处理制度的观念还根深蒂固。《关于实行党政领导干部问责的暂行规定》发布以后,中国政府逐步加大以行政首长为重点的行

---

① [意]贝卡利亚:《论犯罪与刑罚》,黄风译,中国大百科全书出版社1993年版,第6页。
② 章剑生:《从地方到中央:我国行政程序立法的现实与未来》,《行政法学研究》2017年第2期。

政问责力度，纠正执法不公、违法行政和有令不行、有禁不止、行政不作为乱作为等行为。2010 年《中国的反腐败和廉政建设》白皮书显示，2009 年，共对 7036 名领导干部进行了问责。2013 年，全国共 2.1 万人被行政问责，其中地厅级干部 54 人、县处级干部 1477 人。① 毫无疑问，《关于实行党政领导干部问责的暂行规定》将决策失误列入党政领导干部问责七种情形的第一条，无异于给不羁的行政权力野马束以了规范运作的缰绳。

同时，行政决策责任追究制度事关行政决策责任追究对象的切身利益和政治前途，也涉及行政决策失误中受害者及其家属的权益保护，本身就是一个严肃的法律问题。法律问题，自然应当用立法规范。而行政决策责任追究制度的立法现状与其重要地位不相称。虽然有关重大行政决策的责任追究立法与规范性文件的出台方兴未艾，但遗憾的是，中央各部委有关重大行政决策责任追究的程序规定一直处于酝酿阶段，迟迟没有出台。尽管关于行政决策责任追究的规章制度和手段机制越来越多，但叠床架屋的制度设计并没有必然地带来良好的治理绩效和责任政府，反而面临着制度虚置的困境。② 目前，关于行政决策责任追究制度的立法虽然不少，但主要依据是中央的政策性文件和地方政府规章，党政交叉，多头立法，上下各自行动，缺乏层次性和科学性，也没有形成全国范围内的统一、专门的行政决策责任追究的法律体系。一些规章制度的相关规定往往十分原则和笼统，某些规定仅停留在纸面或口头上。

在表现形式上，行政决策责任追究制度中既有党的规定，又有政府法规；既有中央出台的，又有地方政府制定的。同时，这些地方性规定，仅在本地区范围内具有约束力，呈现"藩镇割据""各自为政"的态势，在责任追究的客体和主体、责任追究程序上均未明晰化，责任追究的范围、惩处的尺度等方面不尽相同，甚至还存在责任追究规范与现行法律体系相冲突的现象，导致在实践中难以准确实施，缺乏实际操作性。许多重大行政决策的责任追究也是上面推一推就动一动，甚至推而不动，而大量虽然严重但尚未"捅破天"的事件则不了了之，得不到应有的责任追究。③

甚至，我国部分地方或部门制定相关责任追究制度存在诸多的形式主义的偏好，行政决策责任追究似乎成了"形象工程"的一部分，带有严

---

① 《去年全国 2.1 万人被行政问责包括地厅级干部 54 人》，参见 http://news.xinhuanet.com/politics/2014－03/03/c_126211032.htm.
② 王柳：《绩效问责的制度逻辑及实现路径》，《中国行政管理》2016 年第 7 期。
③ 李燕青：《行政问责面临的主要问题及其对策》，《党政论坛》2012 年第 2 期。

重的作秀意味。这暴露出的问题是,当下的决策责任追究制度仍然无法保障实质性的法治约束和内在的制度驱动,在不少实践运作中,很多时候过度依赖外在舆论的驱动,网络曝光、媒体爆料等非常规手段仍然充当了重要角色,缺乏源于"掌握权力就要承担责任"的制度驱动,缺乏一种严厉的常态行政决策责任追究程序。

行政决策责任追究高层次立法的缺位和低层次规范的急功近利,导致实践中行政决策责任追究机制对官员决策权力的制度性约束不够,对官员因决策失误造成的损失追究不力,那些因决策失误的工程,别说是对决策人法律伺候,有时连纪律处分都没有。但官员通过建宏大的形象工程获得的政治收益却是实实在在的,这些都有可能削弱责任追究的力度,甚至带来"问责秀"、假问责等负面问题。法治化的责任追究机制远未真正形成。[1]

二 行政决策责任追究主体面临困境

行政决策责任追究主体是确定行政决策责任追究制度有效性的一个必备前提,如果行政决策责任追究主体指向不明,那么责任追究结果的权威性、公正性就值得怀疑。按主体的内涵划分,行政决策责任追究主体一般包括同体责任追究主体和异体责任追究主体。同体责任追究主体也称内部主体,是指责任追究机关设立在本系统内。异体责任追究主体也称外部主体,是指责任追究机关设立于系统之外。不过,需要特别指出的是,认识中国行政决策过程必须和中国政府的现实特征相结合。在现行《宪法》框架下,中国行政决策可以理解为"以党委核心的国家行政机关在法定的权力和职能范围内,按照一定的程序和方法而做出的处理国家公共事务的决定过程"[2]。"如果从经验上而不只是从规范上进行研究,就不能不承认这一现实:共产党组织在当代中国不仅事实上是一种社会公共权力,而且也是政府机构的核心。"[3] 因此,在此语境中中国共产党组织的责任追究可以被纳入同体责任追究的主体范围中来,从而我国同体责任追究的主体范围就包括了执政党和行政机关。当然,行政决策责任追究制度能否在工作实践中得以顺利实施和良好运行,与决策责任追究主体建设有很大的关系。

---

[1] 杨小军、宋心然:《试论行政问责制的完善》,《理论与改革》2012年第2期。
[2] 景怀斌:《政府决策的制度——心理机制》,中国社会科学出版社2016年版,第39页。
[3] 黄建荣、王勇:《论我国地方政府问责制之构建:问题与对策》,《江苏行政学院学报》2009年第3期。

就目前而言，我国行政决策责任追究实践在运行中，责任追究主体所面临的主要困境是：同体责任追究一枝独大，异体责任追究主体话语权缺失。自 2003 年"非典"以来，尤其是 2008 年前后，行政决策责任追究制度开始实实在在地进入我国的政治生活中，"有权必有责、用权受监督、侵权要赔偿、违法要追究"已日益成为政府行政的共识。伴随着重大行政决策程序规定颁行的潮流，"我们看到，几乎所有的规定当中，都把责任追究的权力赋予了行政首长"①。这表明，中国目前对行政决策责任追究，主要还是同体责任追究，即执政党和政府内部上级对下级的决策责任追究。

尽管同体责任追究的弊端也显而易见。"行政复议在现实中遭遇的质疑即充分证明了行政系统的内部纠错机制不仅容易惹人怀疑，而且纠错功能极其有限。"② 不可否认的是，我国的同体责任追究模式在地方政府行政决策责任追究体系中确实发挥了积极的作用，尤其是在整肃吏治方面具有重要作用，但是其与生俱来、根深蒂固的缺陷也是非常明显的。其最主要的不足之处，在于这种"过度行政化"的现象，不仅扭曲了中国的宪法中确认的合法权力结构，造成了人大职权及地位的长期矮化与缺位，更是在日常治理中存在问题意识形态化的风险，进而积累着政权合法性认同的危机。③

在党内事务的治理历史上，我们一直有着人治焦虑和深刻教训，党内事务的管理也曾经奉行"运动式治理"，不同级别、不同历史时期的党政领导干部，甚至不同的执法主体都可能基于特有的时代背景而面临不同的人生转折，而且至今在国家治理中仍余音不绝。④ 当然，在党的十八大以来的反腐实践中，中纪委一直处于风暴眼中，地方纪委，甚至地方党委在履行"两个责任"中都难以起到有效作用。前几年频繁发生的中纪委密集空降干部，便可以看出中央对某些地方反腐不力的不满和担忧。

更为关键的是，这种追究是执政党对其党员干部、上级对下级的责任追究，从而导致官员只对上级负责而不是对自己所承担的公共责任负责，在这种扭曲的责任视角下，全心全意为人民服务的工作宗旨必然难以坚持。从党对组织系统内部的党员干部进行责任追究，从性质上看维护的是

---

① 攸笛：《对我国官员问责制度若干问题的探究》，《行政与法》2008 年第 12 期。
② 张倩：《重大行政决策法治化路径探究》，《湖北社会科学》2016 年第 1 期。
③ 闫帅：《中国复合型问责的制度基础与行为模式研究》，《东北大学学报》2016 年第 2 期。
④ 石磊：《党内问责法治化初探》，《中共贵州省委党校学报》2015 年第 5 期。

党组织和党员的关系,从效力层面看,这种党务系统内的责任追究只能限于党纪处分,而与政府官员的身份无关。而且,这种缺少公众参与的行政决策责任追究难以阻断权力链条的利益关系,产生严重的制度漏洞,使行政决策责任追究更难以落实。① 行政决策责任追究对象的频繁复出就是一个例证。

由于执政党与政府权力机关的关系定位不明确,在行政系统内部也仅仅是上级层层追究下级的责任,结果必然是最高的一级无人追究其责任,或者仅仅是"行政责任"追究,远没有达到"政治责任"追究的高度,从而在最关键的地方造成责任体系中根本环节的缺失。现代社会民主政治下的官员问责,首先解决了官员权力来源这一难题,从而解决了关于官员问责主体的问题。举凡世界上几乎所有的现代政府,皆是民选政府,也就是其权力来源于人民,这也是异体责任追究的理论基础。在民主政治不断发展的今天,作为行政决策责任追究的重要形式,异体责任追究的地位因其本身的特殊性而变得愈加重要。按照宪法的规定,各级人民代表大会是最高国家权力机关,行政机关、审判机关、检察机关都要对人大负责,人大代表有宪法意义上行政决策责任追究的权力。因此,对于政府的重大行政决策失误,人大也应该是重要的责任追究主体。

必须承认的是,人大追责政府行政决策失误的实现,是一个可以想见的艰苦而漫长的过程。人大在行政决策的监督查处中既有认识上的不足,也有操作中的困境,而且在缺乏选民实实在在的外部压力下,其责任追究的经验和手段上的缺乏不是短期能改变的。这就意味着,由于行政决策影响因素和执行过程的复杂性,导致在责任认定上本身就存在很多实际困难。人大对决策失误进行责任追究往往只能处于"缺位"或者"失语"状态,其具体的监督问责方式也仅限于发现和督促侦办。我们认为,即使这样,因为人大的介入而对个别不负责任官员造成的震慑,对纪检监察机关认真查处的督促,也会使"事态"发生根本性转变。

长期以来,由于我国现行的政治体制以及政治运行中的各种因素的联合作用,异体责任追究一直处于被忽视的地位,仅仅停留在文本之中而有名无实。② "从人大代表作为问责对象的角度看,宪法规定选民和原选举

---

① 张喜红:《完善我国行政问责制的几点思考》,《中国行政管理》2009年第10期。
② 据统计,2003年至2006年四年间,在《人民日报》和《中国青年报》上报道的全部73起问责事件中,72起由上级党政部门启动,1起为同级党委启动,没有一起是来自人大的问责。参见宋涛《中国官员问责发展实证研究》,《中国行政管理》2008年第1期。相信这一问题,会随着《公职人员政务处分法》的实施得以解决。

单位可以对其选举的人大代表依法进行罢免，这是对人大代表进行问责的法律依据和有力手段。但是，由于关于罢免权的现有规定在操作程序上还存在很多缺陷，对人大代表的问责难以付诸实践。通常只有在人大代表有了违法犯罪行为受到法律追究时，才会启动对其代表资格的罢免，因为履行政治责任不力而对代表实施问责的情况非常少见。"① 我国宪法规定，各级政府对同级人大及其常委会负责、受其监督，人大代表享有质询权和罢免权等监督权，这是在宪法的层面上规定了人大和人大代表的责任追究的权力及方式。但是，行政决策责任追究的启动在相当程度与范围内还是主要依靠上级行政机关或者执政党组织促成的，而作为决策追究异体主体，各级人民代表大会的声音则非常微弱，责任监督形同虚设。

在我国现有的司法体制下，司法机关包括人民检察院和人民法院。作为国家权力和公民权利的保障机关，司法机关对政府的行政决策违法行为及过错行为进行责任追究具有必然性。因为一切行政行为都必须合法是现代民主政治的必然要求，对于政府及其人员的一切不合法行为，依照有关法律法规的规定，有关国家机关和权利人可以请求人民法院予以司法审查。但是，我国司法机关在追究行政决策失误责任时，所起到的作用并不明显，没有充分发挥司法机关的责任追究作用。行政决策过程中，滥用职权、超越职权、贪污受贿、违法决策的行为屡屡发生。在理论上，与权力机关相比，司法机关属于常设机构，可以持续有效地进行决策失误的责任追究。

但是，除检察院在贪污、渎职等方面具有主动性的特征之外，法院的责任追究则实行"不告不理"的原则，具有被动性。加之当前我国的抽象行政行为没有被《行政诉讼法》纳入受理范围之内，因而当行政决策行为侵犯了公民的合法权益时，人民法院无法对它进行司法审查。同时，依据《行政诉讼法》的有关规定，必须与行政行为有利害关系才具备行政诉讼的原告资格，否则不能参与诉讼。尽管党的十八届四中全会明确提出建立公益诉讼制度，但在之后修改的《行政诉讼法》，却并没有像2012年修正的《民事诉讼法》那样，为单行立法授权特定主体提起公益诉讼留下"活口"，行政公益诉讼依然处于尴尬的地位。2015年7月1日，在《行政诉讼法》修订施行两个月后，全国人大常委会特别授权最高人民检察院在部分地区开展公益诉讼试点工作，并将案件范围限定为生态环境和

---

① 张贤明：《当代中国问责制度建设及实践的问题与对策》，《政治学研究》2012年第1期。

资源保护、食品药品安全、国有资产保护和国有土地使用权出让等领域。在此次授权半年后，2015年12月16日，山东省庆云县人民检察院即提起了全国首例行政环境公益诉讼案件。此后，行政公益诉讼的个案在中国大地上呈点状扩散。虽然行政公益诉讼的实践步伐超越了法律修改的幅度和空间，但不可否认的是，仍然有大量的重大行政决策囿于《行政诉讼法》上的原告资格及受案范围的限制，而被排斥在司法程序之外。致使在长期的行政实践中，对于行政决策失误的责任追究过程往往是行政处理先于司法介入，相当多的行政决策失误案件的处理结果是以政治责任代替了法律责任，从而在一定程度上削弱了司法对行政决策的监督作用，制约了司法机关的权威性，使行政决策责任追究过程中，司法机关并没有发挥应有的作用，也使行政决策不能达到为人民谋福利的目的。

总之，在行政决策责任追究的实践操作过程中，由于受到诸多方面的影响，无论是行政系统内部的同体追究还是行政系统外部的异体问责，其实施的效果都并不理想，也并不总是代表广泛的公共价值而为民接受。尤其是，行政决策异体问责的方式、效果、强度等也与行政决策行政系统内部的责任追究相去甚远。因此，行政决策责任追究作为一种责任认定和追究的活动，必须有特定的主体负责。在建立行政决策责任追究的运行机制中，必须解决好责任追究主体问题。行政决策责任追究主体缺位和错位，从而导致追责不公或追责不实，是当前行政决策责任追究实践所面临的一个主要难题。对行政决策失误进行责任追究是实行民主政治的本质要求，行政决策责任追究制度的完善必须体现巩固和完善民主政治的目标，体现社会主义民主政治的基本精神。在这个意义上，就需要将责任追究制度的完善与党内民主的健全和民主政治的建设步伐相联系、相协调。

三 行政决策责任追究事项范围模糊

行政决策责任追究的事项范围是指行政决策责任追究对象实施责任追究的内容或事项，是解决"追究什么"的问题。法律所需要严格规范与限制的是重大行政决策的事项范围，也就是说必须是本行政区域内的事关人民群众切身利益或人民群众普遍关心的"全局性、长远性、根本性"事项。这种界定的模糊，事实上由于"重大行政决策"的外延带有浓厚的地方性和发展性特点，也难以准确界定事项的范围，很容易成为行政决策权被滥用的情形，或者由于重大事项决策权的行使范围认识不清，发生了许多"该管的未管，不该管的乱管"的问题。

由于客观事物的复杂性、不确定性，决定了不存在一个划分重大事项的统一、客观的标准,而且试图把无限的事项用有限的方法进行界定,客观上为决策权的行使设置了"禁区",缩小了行政决策权的权力空间,扼杀了事物的特殊性和权力行使的灵活性。尤其是,在当前深化改革、加快发展的过程中,新情况、新问题层出不穷,很难把准重大事项的界限。各地的重大行政决策程序规则之类的法律文件基本对于重大事项的范围都作出了更为详细的列举式规定,以方便权力的行使,同时也为重大事项的周延性而预留了其他事项属于重大行政决策事项范围的操作空间。目前一些地区推行的行政决策责任追究制度甚至只是一种政策,而不是法律规范意义上的制度安排,在一定程度上也影响了行政决策责任追究制度发展的进程。

规范性文本中的"散"和"乱"以及行政法学理论对行政决策问题研究的一贯忽视,生动地诠释了行政决策及其责任追究制度尴尬的法律地位。"目前的相关规定表达不清晰,各省市规定之间冲突严重,规定具体化标准化严重不足,程序存在不少可以被人利用的漏洞。"① 各地纷繁复杂、表述各异的地方规定,不但会造成跨区域联合决策的困难,也会由此进一步导致决策失误责任追究的尴尬。不仅如此,行政决策责任追究事项范围的模糊,还让行政决策不作为有机可乘,放任了懒政思维。一般来说,行政决策责任追究的指向是行政决策失误和行政决策不作为两种情况。也就是说,除了对那些造成重大经济损失或者其他危害公民生命、财产安全或公共利益的事件追究责任外,还包括对"行政决策不作为"的责任追究。

当前,一些政府部门与公务员行政不作为的现象有所滋长。他们要么不思进取、不肯奋斗,缺乏积极主动的工作精神;要么对亟待作出决策进行解决的问题推诿扯皮,对工作中存在的隐患视若无睹,漠然处之;要么畏首畏尾,该做决定的时候不吭声、不表态……凡此种种,看上去似乎没法追究责任,我们认为,实际上这样的不作为,哪怕是"集体不作为",同样是失职,因此也同样应该严厉追责。让人感到遗憾的是,纵观近几年的行政决策失误责任追究案例,被追究的官员几乎都是震惊全国、引起重大影响的行政决策失误,但实际上,在很多基层政府,并没有那么多的重大决策失误发生,基层官员更多存在的是"庸、懒、散"现象,这些"不求有功、但求无过"的"无为"官员却没有被追究责任,因为责任追究的范围还没真正囊括到这个领域。大量关于"无为"的责任追究规定,

---

① 朱桉成:《论重大决策终身责任追究制度》,《中国检察官》2017 年第 3 期。

还缺乏相应的考核标准和绩效评估体系，导致要对行政决策不作为进行责任追究在更多的地方实践中还不具有可操作性，成为形式主义的一纸空文。

四 行政决策责任追究对象错位散乱

行政决策责任追究制度是对行政决策失误行为及其后果都必须能够追究责任的一种制度，是现代政府强化责任、改善政府管理的一种有效的制度。理顺权力关系和明确责任划分是行政决策责任追究制度有效实施的两个基础性条件。行政决策责任追究的落脚点就是有人承担责任，这是当前包括推行重大决策终身责任追究制度和责任倒查机制等多项制度的核心，也是重新收拾民心、重振党和政府权威的重要抓手。毫无疑问，行政决策由谁作出，谁就应当为此承担责任，包括行政决策失误的法律责任。但是，对于行政决策责任追究对象的认定本身就是一个艰难的决策，稍有不慎就会发生越位、缺位、不到位。从有关的法规文本现有规定看就很容易发现这一点。

理论上，"鉴于重大行政决策内在地包括决策咨询、信息收集、决策中枢、决策执行、决策后评估等多重系统，对追责事由也应当根据决策行为所处的不同系统进行区别认定"①。但是，由于现有的关于行政决策责任追究的法律规范文本中，对重大行政决策流程的复杂性和行为复合性未做详尽的考虑，导致重大行政决策责任追究的对象仅限于决策中枢系统即行政首长层面，而没有涉及信息收集、决策执行等系统。可见，行政决策责任追究对象的准确认定对于责任追究主体而言，具有强烈的挑战性和复杂性。甚至可以说，重大决策责任追究对象的规定模糊一直是我国行政决策责任缺失的首要问题，也是启动决策失误责任追究程序的最大障碍。由此带来的责任追究对象的实践错位散乱始终是困扰我们的"多只手难题"②（problem of many hands），即由于重大公共决策存在众多潜在责任者，导致决策失误时无法明确责任主体，就会造成"有组织地不负责任"。③

这样的实践难题主要可以从以下三个方面来观察：

其一，各级政府和政府部门之间的职责不清、权限不明。到目前为

---

① 张倩：《重大行政决策追责的相关法律问题探析》，《中州学刊》2016年第8期。
② Mark Bovens. Public accountability. In Ferlie, E. Lynn, L & Pollitt, C. eds. The Oxford Handbook of Public Management. Oxford：Oxford University Press, 2005，pp. 183 – 184.
③ 刘召：《重大公共决策责任追究中的"多只手难题"》，《学习时报》2014年11月24日。

止，我国行政决策对相关责任主体的职能划分、权力配置和相应的责任承担体系依然比较模糊，部门、组织和个人间权力边界交叉、重叠现象仍然比较普遍。我国治国基本靠出台红头文件，在具体落实当中，还不习惯于把责任通过法规规范或法制的形式落实到每一个具体的层面。目前我国行政决策责任追究的法理依据主要是法规、规章和中国共产党的党内纪律规范，而且真正意义上的法律比较少，既有的法律文件也没有明确的权责规定，致使在追究责任时存在选择性与随机性，责任追究"抡起的是大棒，砸下去的却是鸡毛掸子"，一个地方出现了问题，究竟是追究同级领导的责任，还是追究上级领导的责任。由于缺乏全面有效的制度规范，导致责任追究界限不明、可操作性不强。哪些决策失误必须追究、追究到什么程度、上追几级等难以准确把握，难以准确区分各自的责任。如果要追究上级领导的责任，究竟应当追到哪一级领导才算合理没有明确的规定，全凭着上级党政机关来界定。资料分析显示，"处级、科级及以下官员受到强问责的可能性大约是省部级官员的 20.9 倍和 50 倍，但厅级官员与部级干部的差异比较并不显著"[1]。各相关部门职权的交叉导致严重的责任模糊和相互推诿，出现谁都有责任、谁又都没有责任的情况，行政决策责任追究实践中存在着责任追究对象模糊不清的问题。

其二，行政决策责任分担不明。根据我国各级组织法的有关规定，乡（镇）以上人民政府直至国务院都实行行政首长负责制。从理论上来说，"责任政治的关键必须将问责对象锁定为行政部门的高官"[2]。由于我们实行的是行政首长负责制，根据权责一致的原则，责任追究的重点对象也应指政府及其工作部门的行政首长。从一些地方的实践来看也是如此。在行政决策责任追究过程中，责任追究应当符合行政首长负责制原则。在责任追究的对象定位上，行政首长也应该承担因决策不当而产生的责任。行政决策责任追究制度中把责任追究对象界定为行政首长是和行政首长负责制的精神原则相一致的，不仅有利于强化行政首长的责任意识，而且有利于行政效率的提高。但是，宪法规定地方各级政府的"副职"并不是首长提名或决定，而是由同级人大选举产生或罢免，即副职与正职首长的产生程序完全一样。但宪法和法律并未明确规定副职如何承担责任，是作为行政机关一员向首长负责，还是独立于首长之外向产生他的人大负责？这些

---

[1] 胡春艳、刘丽蓉：《环境污染事件中官员问责的结果差异研究》，《东北大学学报》2019 年第 3 期。
[2] 张贤明：《官员问责的政治逻辑、制度建构与路径选择》，《学习和探索》2005 年第 2 期。

标准至少在目前看来都是模糊和随意的。

从《重大行政决策程序暂行条例》的规定看，尽管该《暂行条例》对重大行政决策的事项范围、重大行政决策作出和调整程序以及责任追究制度等作出了规定。但是，该《暂行条例》对重大行政决策作出主体，也就是在责任追究阶段的责任追究对象却明显语焉不详。换句话说，作为中央立法对于重大行政决策主体这一非常有必要进行规范和约束的重要内容缺乏必要的重视和关注，这也势必会造成责任追究对象确定的困难。从现有地方重大行政决策责任追究的规范文本看，在责任追究对象方面基本都遵循"谁决策，谁负责"的原则，但是在究竟是谁来承担责任，各地的规定还是有所区别。"天津、山西、内蒙古、辽宁、黑龙江、福建、江西、广西、青海、甘肃将承担责任人表述为'有关部门负责人''直接责任人员''负有领导责任的人员'和'相关人员'等。而浙江、重庆、四川、贵州、宁夏则明确地把'行政首长'或者'主要负责人'放在了责任人的第一位。其中山西、重庆、黑龙江、宁夏、贵州还明确地将决策各个阶段的主体，即决策机关、承办部门、执行机关甚至是咨询专家都纳入责任追究范围。"① 而责任追究的政治实践远比现有文本更复杂。

其三，行政决策党政责任模糊。我国的各级各类行政机关实行的是行政首长负责制。但问题在于，我国的政治体制决定了行政机关要接受党的领导并对人民代表大会负责。因此，一项重大行政决策的最终出台实则汇聚了三方主体的智慧和支持。特别是在党政关系上，我国采取的是党领导政府的原则。从静态的角度看，这种领导是政治、组织和思想上的领导。宪法规定了党的核心领导地位，党章也规定了"党必须在宪法和法律的范围内活动"，但没有具体规定党的权力和职责范围。"当政府部门设立党组后，如何健全政府部门党组制度，发挥党组的领导核心作用，同时坚持行政首长负责制，一直是值得我们深思的一个问题。"② 从动态的角度考察，各级政府的重大决策都是先经同级党委集体研究决定，再由政府具体负责实施。由于目前我国政治体制和行政体制改革不到位，导致当前我国党政关系错综复杂，职责不清和职能交叉。

尽管我们党在长期的革命斗争和执政实践中，不断总结经验教训，使党内责任追究的概念和制度逐步清晰、内容逐步明确、程序逐步严密。但

---

① 于君博、童辉：《走向程序正义——对我国重大行政决策程序规定的文本分析》，《长白学刊》2017年第3期。
② 景怀斌：《政府决策的制度——心理机制》，中国社会科学出版社2016年版，第83页。

是,"考察中国的现实情况,发现事情并不简单。中国的决策,尤其是重大决策并不局限于行政机关的范畴,往往超越了行政机关,而涉及中国共产党和权力机关"①。在实践的运作中,责任究竟在党委还是在政府,责任主体难以认定。尽管党的十八届四中全会《决定》确立了构建重大决策终身责任追究制度的指导性原则,但对于承担责任的主体却并不是非常清楚。党委是实行集体负责,个人责任易被集体责任所吞噬,难以落实。一些重大行政决策是党委和政府联合作出的,有的属于行政决策范围的事项也是以党委的名义作出的,这种只追究行政首长而绕过书记的异化现象遭到频繁的质疑。从行政管理学角度来看,不符合权责一致的原则;从管理心理学角度来看,容易产生心理失衡现象;从新公共管理理论来看,也难以达到理想中的目标。② 如果责任追究的对象认定不清,这种追究也就失去了意义,更有失责任追究的公正性、客观性。

除此之外,行政决策责任追究对象的模糊还表现在:

(1) 责任追究对象是集体还是个人的模糊。目前的情况下,我们的制度对于一把手的决策失误未必没有严格的制度约束。也就是说,对一把手的责任追究并没有有效遏制"一言堂"决策现象,那么,我们同样要对附议错误决策也要追责的制度效果打上一个大大的问号。我国领导体制最重要的特征就在于"集体"二字,这种集体决策体制的形成有其历史合理性。

但是,从权责关系的角度讲,这种决策体制也诱致了权责背离倾向。领导班子集体研究决策的事项出了问题,难以追究个人责任。对于"齐抓共管、集体决策"的事情,一旦出现不良后果时,就出现了"权力是个人的,责任是集体的"异象,进行责任追究则更难落实,只能以"交学费"终结。出现重大的决策失误或某个项目造成重大损失,受到公众强烈批评,要求追究责任时,就会有人辩解说这是集体研究的。对党政领导干部的责任认定和追究容易操作,而对党政领导集体的责任认定和追究牵涉的领导较多,难度颇大,很多情况下追究领导集体的责任变相为追究领导班子"一把手"的责任,这也是目前对党政领导集体的责任重视不够的原因。集体研究成了决策责任不予追究或无法追究的代名词。因为找不到责任人来承担责任,很多情况下只得由党组织和企事业单位的国有、

---

① 刘莘:《法治政府与行政决策、行政立法》,北京大学出版社2006年版,第79页。
② 李友民:《论建立和实行书记问责制的意义和依据》,《成都行政学院学报》2008年第1期。

集体资产当冤大头，承担一切损失责任。

我们认为，"行政机关是首长负责制机关，不存在集体决策，只存在集体研究讨论，集体讨论不意味着集体决定，是行政首长通过集体讨论后个人决定，且通常只能由行政首长来拍板。因此，在集体决策中，应该由首长个人承担主要领导责任，不应株连其他人"。[1]

(2) 前任决策，后任出事，责任在谁很难分清。中国因决策失误而造成的资金浪费和损失难以估量，但是由于还没有统一规范的领导干部经济责任评价标准和范围，更别谈对领导干部决策失误有权问责的纪检、监察部门，能说得清、道得明了。遗憾的是，在许多因主观故意或过失、违反法律法规或没有正确履行职责给国家和人民造成巨大损失之事件的背后，人们却发现许多挥霍纳税人血汗钱的决策者，到头来没有受到相应的惩罚。尽管2014年之后各地开始建立健全重大行政决策终身责任追究制度及责任倒查机制，试图以"谁决策，谁负责"为原则，规范权力运行，不再允许"前任失误，继任埋单"，但是真正将这项制度落实好、操作好、执行好，真正从制度层面上进行有效规范仍然还有很长的路要走。目前，对于前任的决策，后任往往以时过境迁、资料缺失、法不责众、调查困难等因素一推了之的现象仍然难以避免。对于一些行政决策失误，准确界定是原任责任或现任责任、主管责任或直接责任、个人责任或集体责任，确实很难。

由于任期制不能严格执行，官员调动"个人化"、随意性强，所以一些官员只重视眼前的效果，忽视长期的后果。一些行政决策在出现问题时，决策者早就调任他处或升迁了，不仅责任追究不能实现，甚至接任的官员为了澄清责任而有意回避，或者为了保护上级刻意掩盖。比如有的项目筹备投资长达几年，由前任作出决策，后任完成，项目完成的优劣与责任不易划分。而且市场情况是不断变化的，出现损失浪费，前后任往往相互推卸责任。如由于受当时大气候的影响，有的地方投资决策失误，工程进展一半，由于资金短缺只好停工拍卖；还有的地方为了"筑巢引凤"，投入不少资金，开发了一大片土地，好多年过去了，还是一块空地。这类问题和情况很复杂，诸多主客观因素交织在一起，致使现在调查核实以前的问题很难搞清，有的甚至是一笔糊涂账，最后往往是过去的事情就让它过去吧，只好总结经验教训，"下不为例"了事。

---

[1] 莫小松：《集体决策失误该由谁负责》，《法制日报》2006年9月26日。

五 行政决策责任追究法定程序失范

行政决策责任追究程序究竟如何设计才更为科学、规范,这是行政决策责任追究制度规定中最复杂最核心的内容之一。"程序是任何一项健全的制度所必备的要素,正是程序决定了严格的法治与恣意的人治之间的基本区别。"[1] 在行政决策领域,正当程序是行政决策责任追究可以沿着法治的轨道进行、防止陷入人治误区的保障。历史上,我国是一个民主和法治因素十分缺乏的国家,行政权高度集中且不受法律约束,随意性很大,没有孕育正当程序观念的基础。在现代社会中,由于行政权力已达到了空前强大的程度,因而必须借助其他权利或权力、通过其他途径对其进行有效的监督与制约,即"它可以做,但必须为它所犯下的不公付出代价"。[2] 而且对这种权力的制约在更大程度上必须诉诸程序。

通过行政程序对权力行使进行事前和事中的监督和制约,保障相对方的合法权益,已成为现代行政法的一个重要特征,这也是现代行政程序日益走向法典化、法治化的根本原因所在。"与西方重视法律程序理论相对照,中国的法学家们在考察法制建设时更侧重于强调令行禁止、正名定分的实体合法性方面,而对于在现代法治中理应占枢纽地位的法律程序则缺乏应有的关注和理解。"[3] 这样的理念也深刻地影响着中国的立法实践。在我国,尽管各地方政府关于行政决策的程序规定或者责任追究制度建设正在如火如荼地进行之中,由于我国行政决策法治建设起步较晚,尚未有统一规范的行政程序法,加上一直以来"重实体,轻程序"传统思想的影响,对行政决策及其责任追究程序的重视不够,现行法律规范所规定的决策责任追究程序及决策失误的责任实现形式都过于原则和简单,存在着诸多不足之处。

行政决策责任追究程序是行政决策责任追究主体实施责任追究过程时应遵守的条件、方式、步骤等规范的总称。行政决策责任追究程序与行政决策程序同样重要。当前的行政决策责任追究程序还不够完善,行政决策责任追究程序的启动、调查、决定、期限、送达、公开等程序普遍没有详细规定,从现有地方性样本规定来看,有关行政决策责任追究程序设计、

---

[1] 周亚越:《论公共管理危机中的问责制》,《北京航空航天大学学报》2010 年第 6 期。

[2] [法] 莫里斯·奥里乌:《行政法与公法精要》,龚觅译,辽海出版社 1999 年版,第 49 页。

[3] 季卫东:《法律程序的意义——对中国法制建设的另一种思考》,《民事程序法论文选萃》,中国法制出版社 2004 年版,第 85 页。

详略繁简也是差异性最大的部分。总起来看，关于责任追究主体回避的规定、责任追究主体组成的规定、责任追究对象申辩程序的规定、复议程序的规定等也都没有形成制度规范。

全国各地的重大行政决策程序规定中，大部分都采用"违反本规定，导致重大行政决策失误并造成严重后果的，依法给予直接负责的主管人员和其他直接责任人员行政处分"、"决策执行单位拒绝、拖延执行重大行政决策，导致决策不能全面、及时、正确实施的，由上级行政机关、任免机关或者监察部门依照《行政机关公务员处分条例》的规定，给予直接负责的主管人员和其他直接责任人员行政处分"之类的表述一语带过。这样的法律援用表述方式，虽然明确了责任追究的法律依据和适用法律规范，但是这样的规定在责任追究程序环节依然不够清晰，存在明显的断痕。党的十八大之后，尽管伴随着党内法规的制定与完善，各级党政机构纷纷加大了行政决策失误责任追究力度，但是对于责任追究的基本程序，如启动、调查、决定以及执行等还缺乏基本的界定和规范。一些地方党政机关在运作中还存在一定情绪化的状况，往往"媒体一曝光、民意一沸腾，问责就来劲"，影响责任追究工作的有序展开。[①] 全国各地对于行政决策责任追究的相关规定，仅仅局限于行政处分，而没有具体规定其他责任的追究方式。这样的规定，会导致行政处分代替党纪政纪处分、代替刑事处罚，从而减轻对责任追究对象的责任追究。

六　行政决策责任追究效果备受质疑

问责是与权力相伴而生的，具有必然性，是构成权力的重要内容。没有责任追究，就会使权力失去界限，导致权力的滥用；没有责任追究，就会导致职责的扭曲，责任无从承担；没有责任追究，就会导致权力本质的改变，为民服务就无从保障。在这一意义上，行政决策的法律责任制不仅是现代民主政治的一种基本价值理念，也是一种对政府决策行为进行民主控制的制度保证。随着我国行政决策责任追究制度的发展和健全，以及行政决策责任追究力度的不断加强，实践中决策失误责任追究起到了明显的效果，有力地改变了一些领导干部权力滥用、用权不慎甚至不负责任的现象，对于转变领导干部的作风也起到了积极的作用。不断进行的行政决策责任追究制度完善与追责实践表明，作为"有权必有责，用权受监督"

[①] 胡洪彬：《试论习近平新时代干部问责观的理论创新》，《马克思主义研究》2019年第3期。

的执政理念的体现，行政决策的责任追究决不会是一阵风，而将在实践中朝着制度化、法律化的方向发展。事实上，在基层不少官员已有了切肤之感，不少人慨叹："如今官越来越难当了，责任愈来愈大，权力愈来愈小。"许多人已经开始意识到，"当官也逐渐成了高风险职业"。在大大小小的会议场合，"从政就要如履薄冰、如临深渊"这样的话也被多次提及。①

　　同时，我们也注意到，近年来，我国虽然在不断完善行政决策责任追究的有关立法，但研究受社会关注的行政决策失误事件时，不难发现，行政决策失误的责任追究制度在不断取得实效、深入人心的同时，我们对于决策失误的追究实践更多时候还是保持着行政性的传统思维和处理方式。在许多的时候，决策失误责任追究的原因中舆论起到了很大的作用。责任追究也成了一种规避民众舆论风头的特有方式，而且责任追究的形式也更多停留在所谓的道德责任和政治责任层面。而加强责任追究的手段也多是前紧后松的运动式，即对敏感决策失误的责任追究对象加大处罚力度，然后再找机会让他们转任其他职务，显示出责任追究效果的较大不确定性，在民众的视野中远没有达到责任追究的预期目的。

　　这种"重技巧、轻内涵，重承诺、轻履责"的所谓责任追究在人为利用下，往往呈现出"挑衅党心民意""畸重畸轻"的状态，要么轻责重罚，做灭火式处置，迫于舆论压力，急于给民众一个说法，快速推出替罪羊；要么重责轻罚，避重就轻，相关责任人动辄用引咎辞职来逃避党纪、政纪和法纪等方面的处罚。甚至在党的十八大以来，随着对领导干部问责力度不断加大，官员因问责而离职已成为常态，而被问责官员的复出也一直是公众关注的焦点。在某些地方，官员复出"全然没规矩""无原则"。因为行政决策失误而被追究责任的官员通过各种运作，很快异地上岗或带病升迁；还有的官员，虽然"引咎辞职"或被撤职，但很快又复出，而复出的程序又不公开，几乎所有的"复出"信息都是在这些官员参加公开活动时"无意中"披露，复出的具体理由也无从得知，致使这种责任追究在公然挑衅公众容忍的底线，给群众的印象是处分并不重要，只要他有关系，照样可以平安无事，高官得坐，无限风光。高调问责之后的追责查无音讯、问责官员免职后调任其他职位等情况多次出现。

　　总体看来，这种被问责之后的官员复出正呈现出新的规律和特点：常

---

① 参见陈晓英《行政问责渐行渐深呼唤专门法律面世》，《法制日报》2008年10月8日。

态化、低调化、"闪电"化和职级平稳化。① 资料显示，在中央巡视组自 2013 年以来的两轮巡视中，"带病提拔"成为巡视情况通报中的高频词，这意味着"带病提拔"在各省仍有相当普遍性。② 追责不是走过场，复出不是捉迷藏。如果在责任追究过程中，不能真正做到从始至终，而是高调追责、低调复出，免职时高调渲染、复出时悄无声息，将强化责任追究只做在表面、流于形式，将责任追究当成政治表演秀，仅仅是为了避过一时的"风头"，风声过后又悄然复出。当然，在 2009 年《关于实行党政领导干部问责的暂行规定》出台后，复出的比例有所回落，而且在 2014 年《党政领导干部选拔任用工作条例》施行之后，也进一步强调规定"引咎辞职、责令辞职、免职的党政领导干部一年内不得重新担任与其原任职务相当的领导职务"。但是，这一党内规定实际执行的偏差让人颇感失望。数据显示，占 58.6% 的免职官员在一年内得以成功复出，超半数被免职官员未满上述法定期限即重新回归。③ 如果所谓的问责只是应对民意、取悦舆论的一种暂时策略，这样"走过场"的追究显然面临着被异化的危险，还没有真正触及责任追究制度的根本意义。

习近平总书记指出，要加强对权力运行的制约和监督，把权力关进制度的笼子里。一些行政决策失误的发生，表面看是"拍脑袋"，实则是一种权力的惯性骄纵使然。在这些地方和部门，权力一直没有被关进笼子，而是"养在深闺人未识"，成为小圈子不愿分享、不见阳光的玩物。实践证明，决策者的行政权力能否有效地被关进制度的笼子里，不仅仅要严格约束已持权柄的官员，更要避免权力被问题官员轻易取得。只有程序规范，制度才不至于被扭曲变形甚至异化；只有程序透明，才能使责任追究的过程与结果接受公众的监督，责任追究才不至于只是"圈子内"的事情。其实，公众的质疑也是一种正能量。唯有不懈的质疑，才会不断砥砺政府信息公开的速度与力度，才会在权威解疑中修复社会互信。这就要求建立起纲纪严明的制度规范，持之以恒地加以贯彻，严密细致地加以完善，消除模糊和灰色地带。唯有如此，行政决策责任追究的实施效果才不会招致过多的质疑与批评，愈加彰显民主参与、尊重民权的内在价值。

---

① 萧鸣政：《被问责官员复出有何规律与特点》，《人民论坛》2016 年第 7 期（上）。
② 褚朝新：《官员带"病"提拔，领导无人担责？——"刚提拔就落马"官员样本观察》，《南方周末》2014 年 12 月 4 日。
③ 潘知、朱水成：《被问责官员复出的实证研究》，《改革与开放》2017 年第 3 期。

第三节　行政决策责任追究的外在影响

解决各种社会问题，当下有一种共识性的观念是要靠制度。邓小平同志早就指出："制度好可以使坏人无法任意横行，制度不好可以使好人无法充分做好事，甚至会走向反面。"[1] 制度既然如此重要，制度建设当然就必不可少，于是各种各样的新制度竞相出台，制度创新的热情始终高涨。然而在一系列的制度建设过程中，有些制度的实际效果似乎并不乐观。譬如，无论是在法律层面还是党纪层面，反腐败的制度可谓叠床架屋，但腐败问题在当前依然比较严重。很多旨在创设制度的文件为什么一纸空文，以至于不能实现文件的意图？原因之一就在于法规文件的模糊与粗疏，缺少严格规范的责任追究机制。[2] 行政决策责任追究制度是一项内部整体协调一致的体系工程，它不可能独自存在，而是与政治观念、行政机制、法律体系和公民社会等诸多因素相互交织、相互重叠且又互为因果的一个完整的体系。作为一种制度，行政决策责任追究的现实困境除了制度自身运行机制的交错之外，还与外在环境的影响密切关联。

一　行政决策责任追究意识影响

现代法治最本质的内容是治权和法治。在依法执政这个执政新理念的背景下提出依法决策，实现行政决策的法治化，体现了法治目标价值和政治目标价值的有机结合。行政决策失误责任追究制度是落实行政决策责任的重要制度保障，对决定制定者来说对于其内在心理能够起到警戒作用，同时对其外部行为也存在着校正作用，能够增强其科学决策、民主决策的内部动力，因而能够有效避免或者说降低行政决策失误的发生。按照《中国共产党问责条例》和各地重大行政决策责任追究规定，对由于行政决策严重失误而造成重大损失或者恶劣影响的，将对党政领导干部及相关责任人员进行责任追究，作出相应处理，涉嫌犯罪的应移交司法机关追究刑事责任。

然而，2000多年封建社会的发展历史，"官本位"、人治思想、等级观念等腐朽的封建思想对我国行政文化有着根深蒂固的影响。"长期的计

---

[1] 《邓小平文选》第2卷，人民出版社1994年版，第345页。
[2] 喻中：《制度为何失灵》，《检察日报》2010年10月28日。

划经济体制使得政府的行政决策基本模式是权力型决策,以管制社会秩序、给予公众福利为宗旨,缺少决策责任制,导致滥用决策权的现象层出不穷,也衍生出对行政决策应遵循法律规制的淡漠。由计划经济体制到市场经济体制,不仅是经济模式的转变,也导致国家治理模式的变革。但对于行政决策应承担的法律责任的认识却远滞后于经济体制的改革。"① 在观念上,我国没有形成普遍的行政决策的责任意识。

一是目前无论是社会大环境还是小气候,"法不责众""下不为例"的思想还普遍存在。"如果某人管理人类事务可以不承当责任,那么就必然产生傲慢和非正义。"② 一些行政机关和行政公务人员还缺乏"有权力就有责任"的责任意识。在行政决策领域,由于地方和部门保护主义、好人主义作怪,对出现重大问题应该实施责任追究的案件,采取"扣压""护短"态度或归责于"花钱买教训""好心办坏事",很多问题无人追究或不愿追究。③ 过去两年多来,我们党坚持反腐肃贪、"老虎、苍蝇一起打",从严重塑政治生态,赢得社会公众的普遍拥护和国际社会的高度赞扬。

但也应当看到,尽管"不敢腐"的态势正在逐步形成,但是效果的可持续性也值得重视,并应进一步做制度完善的思考。现在依然存在着一批领导干部责任意识淡薄,只想行使权力,却不想承担责任,或者对应该由自己承担的责任认识不足,只想着对上级负责,却忽视了对法律负责、对公众负责,或只希望承担那些直接责任,而不愿意承担间接责任。这种观念对行政决策责任追究制度的实践无疑是一种巨大的障碍,在一些地方和部门还存在"讲起来重要、做起来次要、忙起来不要"的现象。传统的行政决策模式是一种权力型决策,一些行政决策者常常根据个人的喜好和心性随意进行决策,"权力几乎成为唯一的或最重要的决策资源,决策活动中,谁拥有的决策权大,他所偏好的政策就会得到通过和贯彻"④。在他们看来,决策者的决策失误既不是政治问题也不是道德问题,更不是法律问题,而是工作问题,是"好心办坏事",所以只需"批评教育"

---

① 周实、马野:《行政决策法律责任追究机制研究》,《国家行政学院学报》2011 年第 1 期。
② [美] E. 博登海默:《法理学:法律哲学与法律方法》,中国政法大学出版社 1999 年版,第 20 页。
③ 朱维平、周国栋:《政府投资责任制和责任追究体系探索》,《宏观经济管理》2010 年第 3 期。
④ 陈振明:《公共政策分析》,中国人民大学出版社 2002 年版,第 39 页。

"责成有关方面纠正"即可。在这种无责任的观念的指导下，屡见不鲜的给人民生命和国家财产造成成千上万损失的决策失误在"交学费"的名义下回避了法律责任、逃脱了法律的惩罚。

二是社会对政府行政决策也要追究法律责任的意识比较薄弱，这与中国几千年的官本位和行政机关始终处于国家权力中心位置有关，况且政府的决策行为相对来说离人们的视野较远，对人们的直接利益影响没有具体的行政行为那样明显。[1] 近年来，在转变政府职能的思路指导下，我国各级地方政府围绕打造服务、高效、廉洁责任政府的改革目标，做了大量的工作。但是，由于转型期的中国犬牙交错的制度摩擦与心理失衡，还无法扭转地方政府官员责任意识淡薄的现状。

在传统观念的指引下，在行政决策责任追究的实践中，作为被追究决策失误责任的潜在对象，党政机关的许多领导干部自身对行政决策责任追究制度就存在较强的抵触情绪，甚至在党委、政府的领导层级，对党政领导干部问责也缺乏足够的认识和重视。政府机关里官僚主义、形式主义并不罕见，甚至部分地方政府瞻前顾后、顾虑重重、观望等靠的现象还非常严重。在一些地方、部门和单位，存在着班子成员都想自己掌握主导权做出决策，而又都不想承担这一决策带来的不良后果，出了问题没人管理的问题，原因就在于对追究决策失误这一责任的法制意识不足甚至缺乏，对贯彻执行责任追究制度的理解缺乏深度，从而导致追究不落实不到位。主要表现在：责任追究制度不健全；实施责任的主体不明确；对违纪违规问题的调查和处理，不按规定实施责任追究，等等。

由于忽视了责任追究，行政决策责任制度的作用难以真正发挥，造成违反纪律、违反规定的行政决策现象有禁不止，有的甚至已经碰触到国家法律，在社会上产生很严重的不利影响。有的领导干部有着十分浓厚的"官本位"意识，无论何事都本着本地方、本单位甚至本人的利益，处心积虑地保位子、保面子、保荣誉，而忽视国家、集体和全局的利益，担心一旦问题暴露，会对本单位的声誉、形象产生不良影响，而对自己所应承担责任的问题不管不问，要么等待观望，用冷处理的办法软拖硬抗，静观发展态势；要么不闻不问、不查不报，甚至捂着、盖着企图蒙混过关；有的不辨是非，眉毛胡子一把抓，简单处理。在上级督办或领导批示时，找客观原因，敷衍塞责，息事宁人。还有的认为下属出了问题，那就只应该追究下属的责任，与领导无关，只对下属进行处理，不愿意追究领导的责

---

[1] 唐丽萍：《论我国行政决策的法律责任追究》，《探索与争鸣》2006年第9期。

任,故意袒护领导,认为他们违反规定决策是出于维护单位利益,是情有可原的,结果往往由领导集体来承担应由个人承担的责任。这些思想的存在,表面上看来是单位为整体利益着想,实际上是对应该追究责任的决策失误缺乏应有的原则和立场,怕得罪了上级给小鞋穿,怕得罪了同事难处理关系,怕得罪了下级丢选票,纵容了少数决策者的违纪违法决策行为,使他们更加肆无忌惮。这些患得患失、"万事留一线,日后好相见"的庸俗处世之道,不敢展开责任的行为,实际是一种严重的失职行为,最终也害了这些决策者。

权力对待法律的态度往往决定着法律的地位,也影响着法治国家的进程。行政决策责任追究制度能否真正得到落实,很大程度上取决于各级领导干部的责任意识如何,责任意识强,就会自觉维护制度的严肃性,敢于真抓实纠。反之,就会出现"只挂帅不出征"的现象。我们认为,制度的变革通常是以思想观念和意识文化的改变为重要条件和先导,行政决策责任追究制度的合理设计与实践推行,既体现了一定的文化因素,又受到了特定意识观念的规范和制约。"傲慢的权力意识,对社会危害极大,对党和政府公信力的影响至为恶劣;公职人员和机构必须对权力限度有明确的认识,否则,于人进退失度,于事是非难分。"[①] 为此,针对这些责任追究思想意识上的差距,应采取有力措施,广泛深入地开展学习宣传,提高行政决策主体与对象的思想认识。"事如芳草春长在,人似浮云影不留"是辛弃疾《鹧鸪天·和人韵有所赠》里的词句,其意为只有留下事业才会如芳草常在,而其他一切都是浮云。这启示各级行政决策者,要消除思想认识上的误区,做事在前,做官在后,服务为重,官位为轻。要树立崇尚法治、尊重法律的思想观念,不断增强依法决策、责任追究的意识。

二 行政决策责任追究体制制约

如上所述,现有的相关规范性文件还无法对重大行政决策事项范围作出更为清楚的界定,因而使得重大行政决策事项范围以及责任追究的制度和程序设计流于形式,甚至可以被完全架空。不仅如此,行政决策责任追究的实践困境还在于中国特有政治与行政体制的制约。这种行政体制甚至政治体制的制约主要集中在党委、人大和政府对重大决策事项范围的理解与认识上的偏差。在现行政治体制格局背景下,按照中国现行的权力运行

[①] 蔡闯:《权力边界模糊是施政硬伤》,《光明日报》2013年6月3日。

逻辑，人大和政府都是在党委的领导下开展工作，党委、人大、政府都有决定权，都可以对有关重大事项作出决策。党委重大问题决定权，是政治意义上执政权的重要内容。① 按照党章规定，党组"讨论和决定本单位的重大问题"。对于党组"重大问题"的范围也在 2015 年《中国共产党党组工作条例（试行）》中首次予以明确。《中国共产党党组工作条例（试行）》专门明确了责任追究制度："党组重大决策失误的，对参与决策的党组成员实行终身责任追究"；理论上，政府重大行政决策权与党委的决策权、人大及其常委会的决定权在本质上是一致的。由于三者的权力属性、职能范围和工作方式的不同，三者之间的界限理论上讲也是明晰的。即在行政决策机制中，享有行政决策权的各决策主体共同组成了决策中枢系统，成为领导决策行为的行政决策中心。

在我国，决策中枢系统由党、人大及其常委会以及政府共同构成。其中，党委领导机关制定路线、方针、政策和确定目标；人大及其常委会制定法律、作出决议；政府设计、初选方案，提出议案并负责执行。有观点认为，党委是领导决策，人大是依法决策，政府是行政决策。但是，由党委决定的经济社会发展重要问题，与由人大决定的各方面工作的重大事项，以及由政府决定的重大问题，"重大问题""重大决定""重大决策"之间的关系有什么区别和联系？三者事实上还没有明确划分，实际工作中也处于一种模糊状态，重大事项决策的权力大都集中于党委，政府难以有效开展工作。党委、人大的过度参与，直接影响到政府做出行政决策的效率，对行政决策的实施与执行也会产生影响。

（一）党政决策权限范围的交互摩擦

从理论上讲，执政党和政府之间、执政党决策与政府行政决策之间应该存在较大的差别。但实际上，"在传统的党的一元化领导体制下，党的领导机关越过人大直接指挥包括政府在内的几乎所有的社会组织，包办几乎所有的社会经济政治事务，并使自己常常陷入繁重的执行事务之中，经常不通过法定程序直接作出决定和指示，干预各种社会组织的工作"。②"从理论上讲，凡是为解决社会公共问题的政策，都能看成是公共政策。但在所有制定公共政策的主体中，最基本、最核心的是党和政府。"③ 政

---

① 邹少平：《地方政府重大决策出台前向本级人大报告之探析》，《人大制度研究》2014 年第 7 期。
② 刘新力：《现代化进程中党的领导制度与执政方式新论》，中央编译出版社 2008 年版，第 23 页。
③ 陈庆云：《公共管理研究中的若干问题》，《中国人民大学学报》2001 年第 1 期。

治实践表明，我国各级政权仍然保持着党政合一的二元主导结构。① 而且，党委在重大事务上始终处于决策者地位。这一现象在党的十九大之后，"在党政合署办公改革下，党务与政务的分野便不再明显"②，这种现象也会变得更加频繁和普遍。

2017年施行的《中国共产党工作机关条例（试行）》第5条规定："根据工作需要，党的工作机关可以与职责相近的国家机关等合并设立或者合署办公。"党的十九大报告确定"在省市县对职能相近的党政机关探索合并设立或合署办公"。2018年3月党的十九届三中全会通过的《中共中央关于深化党和国家机构改革的决定》《深化党和国家机构改革方案》分别进一步明确："党的有关机构可以同职能相近、联系紧密的其他部门统筹设置，实行合并设立或合署办公""推进职责相近的党政机关合并设立或合署办公""市县要加大党政机关合并设立或合署办公力度"，试图化解职能重叠、政出多门、内耗严重的碎片化问题，为深度协作创造条件，提高决策和执行的效率，实现国家治理力量的整体提升。不过，"党政合并设立和合署办公不仅需要确定的范围和种类，更需要明确的法律依据，分清相关的法律责任"③。

（二）人大与政府决定权限范围的替代摩擦

多年来，由于宪法和法律对重大事项的决定权没有作出具体明确的规定，不便于操作。各级地方人大在实践中一般认为，本行政区域内具有总揽全局、处于基础地位、用途期限长远的事项以及与人民群众切身利益密切相关、迫切需要解决的事项就是本行政区域内的重大事项。目前，许多地方人大及其常委会虽然对于重大事项都做出了一些规定，但由于受到些许外界以及内部自身因素的制约，这个规定比较笼统，可操作性不强，在实际运作中作用不大。

---

① 我国有学者将这种行为概括为政治行政化，并将其表现概括为三个方面：一是在中国几乎所有的社会组织都设有党组、党委、支部等。这些党组织对本部门或所辖范围而言具有决策权并作为政治组织存在，但对上级党组织来说却是执行组织，承担着行政化的职能。二是政治组织的相关人员以团处级、师局级干部等来定位，形成一种行政级别，享受相应待遇，并以国家人事行政管理模式来进行管理。三是除了核心部分以外的大部分党组织所要做出的决策具有行政性质。参见金东日《中国政府过程的体制症结探析：以政策过程为中心》，《学海》2008年第2期。

② 蒋银华：《党政合设、合署背景下的行政法治变革与完善》，《行政法学研究》2019年第3期。

③ 马怀德：《法治政府建设是国家治理的一场深刻革命》，《北京日报》2017年12月11日第13版。

首先，我国行政决策体系的建立，源于全能型理念政府的逻辑推动，并在具体执行中突出强调的是政府主体对行政决策的事务性安排。传统的认识中，人大自身只认为人大常委会是监督机关，没有注意到其决定职权，担心过多强调常委会对重大事项的决定权，会被认为是向党委要权、和政府争夺权力，担心"越位"而不敢大胆决定。

其次，在政治权力的格局中，本应当由人大常委会决定的一些重大事项，可能被同级党委或政府以行政命令的方式替代，党委领导、权力机关决定、行政机关执行这样一种人民决定地方国家事务的权力运行机制还没有成形，人大的决定权在一定程度和范围内被虚置。在市委书记兼任人大主任的一些地方，人大决定权甚至已经完全是一纸空文，虚置化严重。人大重大事项决定权与政府重大行政决策权之间发生的替代摩擦此起彼伏，非常普遍。

总而言之，在中国的现实政治环境中，党委、人大、政府分别享有一定层次的决策权，但事实上三者之间决策权、决策范围、职责任务等划分不明确，关系尚待理顺。即使在政府内部，也存在着中央与地方之间行政决策权力划分模糊的问题。近年来，越权决策、决策不作为、滥用决策权等等屡禁不止，既损害了党群、干群关系，损害党和政府的形象，也对党的建设、政权建设、行政机关建设带来了许多消极影响。行政决策事项范围的交叉模糊问题，导致政府的行政决策权难以得到充分有效的实现，决策责任落实和决策责任追究过程中决策责任主体难以明确，出了问题相互推诿，甚至在不少地方，推诿扯皮这一行政过程中的痼疾，正在从事前的行政决策行为实施环节，延伸到事后的行政决策责任追究环节，导致出现问题后得不到及时处理，群众意见大，最终是破坏了部门形象、政府权威，有的甚至产生了无法弥补的后果。

三　行政决策裁量权的规制难题

裁量是现代行政法的基本概念，是行政实践的核心管理手段。行政裁量是社会生活急剧变化的必然响应，行政自由裁量权是实现行政管理职能和法律的精神与价值的需要。实践证明，行政裁量权的控制问题是行政法上的古老话题，也是个算不上成功的话题，因为行政裁量权的控制到目前为止也不过是在尝试，仍然是个问题。行政裁量权的控制一直面临两难的问题，在制度上很难理想地规制，一收就死，一放就乱。它不是左右逢源，而是左右为难的问题。

一是行政决策裁量权本身就难以规制。从法的价值层面来看，行政决策裁量权是实现决策的正义和公平价值的必要补充。正如毛雷尔所指出的:"裁量主要服务于个案正当性。行政机关处于这种情形之下:既要按照法定目的观考虑(法律目的、合理性),又要考虑案件的具体情况,从而找出适当的、合理的解决办法";① 从实践意义上来说,行政决策裁量权是弥补法律在调整行政领域所产生的缺陷的必要手段。立法只能针对不特定的人而制定,对任何人平等对待、一视同仁是形式正义的要求。但现实生活是千差万别的,法律不可能针对千差万别的情况做出千差万别的规定,立法者制定法律时自然要给行政留下一定裁量空间,以使行政活动更具有灵活性和适应性。因此,行政决策裁量权无论在理论还是实践上都有其存在的必要性。与此同时,行政决策中对决策裁量的相关立法非常匮乏,行政决策裁量权相比于其他行政行为具有更大幅度的自由空间,这种自由的弹性也使决策者的主观能力作用大大地扩展,因此,很容易造成以权谋私、"三拍"决策等滥用决策裁量权的现象,甚至有演化为人治的危险。正如美国行政法学家施瓦茨说:"无限自由裁量权是残酷的统治,它比其他人为的统治手段对自由更具破坏性。"②

二是行政决策裁量权基准更难以确立。"裁量基准是行政机关专门为规范行政执法裁量制定的具体判断、裁量标准,通常是对法律、法规原则性、抽象性、弹性条款或裁量幅度过大的条款具体化、细化和量化。"③目前,对于行政决策失误的认定一般都缺乏可直接操作的比较明确的标准,替而代之的是一些模糊的原则性的规定。这些规定的弹性非常大,可以因为各种似是而非的理由或者人情因素而随意解释和运用。这样的制度给敷衍塞责、避重就轻等做法开了方便之门,同时也给双重标准甚至多重标准的问责创造了条件,不仅产生不了正面效果,反而因为不公平而挫伤负责任者的积极性。④ 制度是使社会有序运行的基本保障。基准制度具有"提高行政执法的透明度、提高法律的可预测性,从而提高行政效率的功能"⑤。

规范标准的具体化和细化、量化可以达到规范行政决策裁量权的目的,但是过多或者过少的规范都会体现出裁量基准的实践难题。规范过

---

① [德]哈特穆特·毛雷尔:《行政法学总论》,高家伟译,法律出版社2000年版,第127页。
② [美]伯纳德·施瓦茨:《行政法》,徐炳等译,群众出版社1986年版,第16页。
③ 姜明安:《论行政裁量权及其法律规制》,《湖南社会科学》2009年第5期。
④ 傅小随:《行政问责制软化运行的制度根源分析》,《学习论坛》2011年第2期。
⑤ 朱新力:《法治社会与行政裁量的基本准则研究》,法律出版社2007年版,第182页。

多，不利于有效规范行政决策裁量权的行使，因为"如果数量太多，以至于受规则规制的人们无法了解，规则清晰也只是水中月、雾中花，而普通人有关正当行为的直觉标准便会产生更大程度上的法律确定性，法条主义的规则就如同种种陷阱"。① 而如果规范过于粗疏，行政决策裁量权的标准就形同虚设。因为"自由裁量权，如果不设定行使这种权力的标准，即是对专政的认可"。② 行政裁量基准的实践在于控制行政裁量的合理行使，防止专制，行政裁量基准也不例外。在行政决策的规范领域，规范行政决策裁量权基准的文件非常宽泛，多通过省一级人民政府的规范性文件要求各市级政府机关根据执法情况制度裁量基准，从而形成数量众多的裁量基准，但是，由于现行法律法规对行政自由裁量权的先例制度、基准制度都没有明确的规定，使行政决策裁量权问题更加复杂。

对于行政决策裁量权的控制，司法控制是最有效、最有力的控制。但是，传统的观念认为行政自由裁量权不能受司法机关干预。行政自由裁量权的行使，只涉及是否合理适当，不涉及合法与否的问题，不应当由司法机关审查。但实践中，不对自由裁量权行为进行审查根本无从知晓哪些行为滥用自由裁量权。《行政诉讼法》的实施为法院对行政自由裁量权进行司法审查提供了法律依据。行政诉讼仅审查具体行政行为的合法性、合理性审查的范围仅局限于该法第77条规定的"滥用职权"和"行政处罚显失公正"两个方面，无法对行政自由裁量行为进行有效的控制。加之该法坚持将受案范围基本限制在具体行政行为，从而难以对行政决策裁量权的合理性进行审查。甚至即使允许对行政决策裁量行为进行审查，实践中也会因为行政决策由党政联合作出而转移了司法审查的适用。因此，行政决策裁量权的有效规制面临着诸多实际难题。

四 行政决策责任追究人为干扰

办好中国的事情，关键在党，关键在人。中国历来是一个人情社会和关系社会，不论是血缘上的亲戚，还是地缘上的老乡和同学，抑或是业缘上的同行，熟人之间通常蕴藏着无穷无尽的潜力和能量。"由于人情关系

---

① ［美］理查德·A．波斯纳：《法理学问题》，苏力译，中国政法大学出版社2002年版，第61页。
② ［美］E．博登海默：《法理学：法律哲学与法学方法》，邓正来译，中国政法大学出版社2004年版，第227页。

侵蚀、制度意识淡薄等因素的负面影响,制度带来的权威性被弱化。"①有了熟人,办得了的事情往往事半功倍,办不了的事情也会峰回路转。在这种熟人社会背景下,各领域的"潜规则"暗流涌动,有的地方和部门甚至大行其道。所谓"潜规则",就是没有明文规定,但人们心照不宣遵循的一种规则,其做法是与规范社会行为的规则相背离。这是我国行政决策责任追究过程中的深层次问题,也是带有倾向性的问题,危害性大,性质十分恶劣。"潜规则"的盛行,使决策责任追究流于形式。因为责任追究机制的每一步都有可能会使得信息不完善,同时行政部门本身对信息的垄断掌握会使得其提供给责任追究实施者对自己有利的信息,从而使责任追究受到阻碍。

一方面,"威权主义、对上负责是中国政府官僚系统中的责任体系的最大特征"②。在行政决策失误责任调查工作中普遍会遇到一些问题,发现难、立案难、查证难和处理难以及干扰阻力大的问题在个别地方还严重存在。在决策责任追究实践中,对已经发生的决策失误及其责任人是否追究,以及追究到什么程度这些关键问题的答案,要取决于决策责任追究主体的意志及他们对决策失误的认识,因为不是由客观标准衡量的,从而表现出人为色彩,主观成分过于浓重。在一些重大决策失误责任追究中,或迫于汹涌民意的压力,或受到地方的干扰,责任追究难以严格恪守制度理性,相反容易受到地方领导和大众舆论的影响,在"政治正确"的考量中放松对责任追究的要求,采取妥协、折中的方式进行评判,以期平衡事实证据与领导意志、制度理性与社会效果之间的矛盾。比如在行政决策责任追究实施过程中,行政决策追究对象往往采取"曲线救国"的化解策略,到处找关系,或找亲戚、朋友,或找老同志、老领导,或找某某名人、要人、红人,通过人托人、保托保的关系,达到自己逃避责任追究或从轻予以追究的目的,由于被托之人或利用领导权威,或凭借名人影响,或借助金钱开路,采取种种形式插手其中,人为地干预影响责任追究工作。人治传统的后果就必然是人存政存、人去政息,有悖于社会发展的科学性和连续性。

另一方面,行政决策责任追究主体由于担心顾忌多,人为影响多,方方面面的压力大,在追究责任时存在不理解、不支持或者不配合的问题,

---

① 王立峰、潘博:《党的政治建设中的问责机制嵌入研究——基于问责承诺的理论视角》,《河南社会科学》2019年第3期。
② 肖俊奇:《民评官:以横向问责强化纵向问责》,《中国行政管理》2015年第1期。

具体责任也主要限于违反法律和党纪政纪的责任，缺乏对权力运行者政治和道义的责任追究，致使责任追究失去了严肃性和公正性，有的甚至流于形式。在决策责任追究实践中，有些地方政府出台规定：只要发生重大行政决策失误，导致严重不良后果的，相关的领导干部一律即刻免职。这样的主观动机不难理解，重大行政决策失误造成严重后果之后，人们想要知道的，一是事实真相，二是其造成的严重后果，三是责任由谁承担。出了大事，总得有人要"扛"，给直接相关的责任人免职处理，可以尽快地抚平社会舆论，弥补丑闻对于地方的负面影响。但是，让人担心似乎又司空见惯的是，这样的责任追究方式不过是权宜之计，被免去职务的人员或许并非最直接的责任人。这种快速回应新闻舆论监督、从快处理事件当事人的做法无疑值得肯定。不过，很多行政决策失误事件后，有关方面针对官员都会有免职处分，处罚力度明显偏轻。①

实施行政决策责任追究，排除"潜规则"干扰是基本保证。这里必须明确指出的是，决策失误责任追究的目的不是整人治人，但是，既然是责任追究，又不可避免地要涉及人。在决策失误责任追究问题上，我们党和政府的态度是一贯的、是旗帜鲜明的，对于造成严重影响和严重损失的行政决策失误，必须严肃追究相应责任。如果对这些潜规则听之任之，将贻害无穷。潜规则能"马到成功"，人们就会大量运用潜规则，在心理上形成"不靠人情关系就难以办成事"的错误观念，"给社会公众留下的是政府部门官官相护、或者因为责任人有很深'背景'而不敢处理、或者是在某些刺头面前表现得欺软怕硬等等坏印象，使社会特别是基层百姓更加相信权势政治逻辑，在社会上形成凡事都拉关系、走后门等歪风邪气，相信天无公理可言，只有权力大小之分。这是对人心的一种潜移默化的荼毒，后果十分严重"②。这对党和政府来讲，破坏的是环境、是形象；对社会群众来讲，损害的是利益、是信任；对各级决策者来讲，得到的只是蝇头小利，丧失的却是自己的人格和光明的前途，积小成大、积重难返，最终的结果只能是一步一步滑向腐败的深渊。因此，针对目前各级政府由

---

① 有学者分析认为，中国对官员失职、渎职进行惩戒的政治逻辑在于既要保证政权的合法性，又要保证高层的权威性。如果不追究犯错的官员，政策的执行就会出现问题。但是也要考虑成本制约，干部的培养需要较高成本投入。所以，在追究官员时存在选择性。当事件后果很严重，但并不属于官员的直接责任时，为缓解政权合法性的压力，官员也可能受到追究；如果后果不严重，又不属于官员的直接责任，一般则不会受到追究。另外，中国还可以通过党纪、政纪处罚来避免处罚得太重。参见蔡永顺《政府官员的问责逻辑》，《中国社会报》2016年8月11日第3版。

② 傅小随：《行政问责制软化运行的制度根源分析》，《学习论坛》2011年第2期。

于公共决策程序违规、决策失误、决策执行不力、决策未能实现预期目标，造成重大经济损失浪费、国有资产（资金、资源）流失现象依然存在的现状，必须要打破责任追究的"潜规则"，把责任追究的过程和结果置于公众的监督之下，避免暗箱操作、厚此薄彼，做到制度面前人人平等。通过不断完善各种细则、程序、配套法规，推动各级部门、领导干部更负责任地运用手中权力。

五　行政决策责任追究监督乏力

事实证明，凡是腐败都与权力有关。权力失去了监督，容易滋长腐败。只有监督效果并不大，只有与追究责任结合起来，才能产生实际效果。

从我国当前的行政决策责任追究实践来看，实际上已经形成了一套以价值监督、事后监督、领导监督为主要内容的行政决策责任追究监督机制，而且在行政决策责任追究过程中也发挥了积极的作用。从理论上说，目前我们的行政决策的监督制度初具雏形，形成了比较完备的责任监督及约束体系，不仅包括横向行政体系内部外部的监督，而且还包括纵向自上而下的监督和自下而上的监督。如果从部门划分来讲，相应包括行政机关内部的监督、社会监督（包括人大代表、社会舆论和社会公众的监督，如有的单位聘请特邀监督员、定期进行社会满意度测评等）。然而，由于公众得到的信息较少以及各种监督自身的一些原因，导致各种监督主体的监督名不副实，监督效果不很理想，并没有发挥应有的作用。一些地方、领域、部门或监督缺失，或没有监督，或无法监督乃至被监督者破坏监督和不接受监督，致使监督和相关的制约机制形同虚设，以致出现"上级监督太远，下级监督太险，同级监督太难，纪委监督太软，组织监督太短，法律监督太晚"的尴尬局面。

政府的行政决策从根本上说是行使权力的过程，决策监督就是制约权力，责任追究就是对滥用权力的惩罚，二者结合保证权力得到正确行使。决策失误责任追究机制要落在实处，关键是对不合格的干部实行责任追究。除内部监督外，还需要引入更多的社会监督力量。除立法机关、司法机关以及政府内部专门机构外，还要大力推动来自社会、媒体和公众对政府的监督。从总体上看，现在的决策失误责任追究制度，更多的还是停留在党组织和行政系统内部自上而下的责任追究上，立法机关、社会团体、舆论媒体以及社会公众进行监督的广度和深度不够。政府的组织部门和纪律检查部门在调查处理官员决策失误时，多习惯于"内外有别"、重视内部监督、内部处置,以为暴露的问题一多,会有损官员、公务员队伍的整体形象,打击社会信心。① 一个比较普遍的现象是,有些领导干部权力运行不受监督制约已日益为社会所诟病。

党委内部监督主要表现为对主管监督乏力、对分管权力监督乏力、党委成员之间相互监督乏力,甚至是党委成员集体"闯红灯"、一窝烂;上级对下级监督主要表现在重大问题不把关、发现问题不较真、督促检查不经常,甚至是官官相护,报喜藏忧,护短遮丑,掩盖矛盾,直到问题弄大;职能部门监督主要是对本级党委不敢监督,对涉及领导干部的问题不敢监督,对涉及本单位、本部门利益和荣誉的问题不敢监督。对群众举报的问题,常常是上级职能部门一查就有,转下去以后一查就没了;群众监督主要是渠道不畅,具体表现为群众性组织作用发挥不明显、监督的内容不公开、群众监督的手段比较落后、群众反映的问题长期得不到有效解决、反映问题的人利益没保障,怕给"穿小鞋",群众不敢监督。②

事实证明,正是由于公众知晓的信息较少以及各种监督主体本身的原因,导致各种监督流于形式,监督效果不是很理想,并没有发挥应有的作用。那些由于行政决策失误而被追究责任的官员去向何处?对这一问题的追问,并非没有监督主体的跟踪调查与曝光披露,结果却难免让人大跌眼镜,诸如"被追究官员异地复出""个个还在"的场景几乎如影随形。行政决策责任追究监督的乏力,不仅无益于决策失误责任的追究,也无益于更及时地发现行政决策中的问题,无益于总结经验吸取教训。

舆论监督作为群众监督的一种形式,越来越受到百姓的欢迎,舆论监督已发展成为群众与政府沟通的桥梁。在西方国家,社会监督十分发达,其中大众传媒和舆论监督已经成为决策失误责任追究制度的一个成熟的辅助措施。媒体在其中作用很大,能够将信息及时快速地传递到公众当中,引导民众思想,采用理性的方式对政府行为进行监督。但是我国的舆论监督制度却并不像西方国家那样发达,这就使舆论监督在具体实施过程中存在一定的问题。一些新闻媒体不能独立地发挥其应有的作用,在对事件事实报道过程中,容易受到一些政府官员行政强制手段的干预,从而不能如实进行信息报道,或对公众有所隐瞒。当一些"丑事"发生后,一些地方政府或者三缄其口,或者"犹抱琵琶半遮面",不仅错过了正面引导舆

---

① 姜泓冰:《公开监督才是保护官员之道》,《京华时报》2013年2月23日。
② 徐云鹏:《"高危位子"是权力监督乏力的衍生物》,http://news.163.com/11/0110/11/6Q1KH2UR00014AEE.html。

论的最佳时机，而且更容易引发社会的不满与质疑情绪。

在很长一段时间内，我国的决策责任追究的形式都是一种"向上问责"的制度安排，这在一定程度上使得民意对政府的监督制约作用降低。在民众和官员、实践和法律之间存在着两道明显的裂痕，民意的监督无力改变现实，公众感到一种被欺骗感和焦虑感。现实的拷问和痛苦让民众渐渐地失去了理性，并开始寻找新的诉求途径来发泄心中的沉闷。媒体的发达、功能的庞大，让数据更为混杂、更为不确定。大数据时代的利与弊，都如此清晰地呈现在面前，也已然是不容回避的现实情境。

网络无形，社会有道。网络监督的社会实践已经证明，健康、积极、理性的主流媒体报道，仍然是维护国家安全和社会稳定的可靠保证。因为网络监督气势非凡，因此更需要规范约束，否则可能会偏离原本客观公正的轨道，行政决策责任追究的监督再次陷入两难泥潭。虎头蛇尾式的冷处理背后，实则暴露出的恰是为政者的怠惰、敷衍，缺少诚信态度。政府部门只学会了危机公关的表面功夫，却没有学到精髓，沉默的作为、无声的应对，很容易被公众解读为不堪的内幕或暗箱在交易。这类拖延模式用得多了，比之短期内的躲闪、隐瞒，对于政府部门的社会公信力具有更大更深的伤害。

第四章 行政决策责任追究的实体法治规制

决策责任追究要想真正发挥它本应有的作用，必须有一个严格的决策责任追究制度，有一个使决策者必须为自己决策买单的刚性制度，并且这种刚性制度必须要在法律中得到体现。纵观国际上发展行政决策责任追究制度相对比较成熟的国家，我们可以发现，高度的法治化是这些国家取得成功的一个共性的制度因素。中国行政决策责任追究的困难，并不在于没有制度，也不在于没有责任终身制的明确宣告，而在于将行政决策责任追究的整个过程都纳入法治轨道上来。现在许多地方性的制度中充满了太多的不确定性和操作空间，这仍然会给责任追究染上浓厚的地方人治的色彩。因此，行政决策的法律责任制不仅仅只是作为一种基本价值理念存在于现代民主当中，更应作为一种制度安排来对政府行政决策行为进行民主控制，任何反映现代行政决策责任追究活动规律性的东西，必须上升到制度层面才能固定下来，得到落实。我们认为，法律可以从实体和程序两方面建立行政决策责任追究的各项制度，通过法律的强制力保证其实施，从而为行政决策的科学性和民主性提供制度保障。对于行政决策责任追究的法律保障问题的论述，我们将首先从实体法治的角度展开。

第一节 行政决策责任追究的基本制度

从中国行政决策责任追究重点和难点问题看，为了防止决策责任追究流于形式和走过场，需要重点建设与完善的制度主要是行政决策类型衔接制度、决策终身责任追究制度、决策责任连带追究制度、决策追责官员复出制度和决策失误经济赔偿制度。需要指出的是，我国行政决策责任追究制度的实践尚处于初期阶段，还正处于试点过程中，在一些部门和地方政府的工作中已经初现成果。但是行政决策责任追究制度还未从国家层面形成一项完善的制度,所需要具备的相应配套措施也未正式启动,行政决策责任追究的理论研究明显滞后于行政决策责任追究的制度实践。这些问题都值得我们进行理论探讨和实践摸索,这里所要着重论述的五个基本制度也正在逐步创建与发展之中。

一 决策责任类型衔接制度

随着行政决策制度建设法治进程的不断深入,决策主体法治意识的不断加强,以政治责任、道德责任、法律责任等多元化责任约束与追究机制来预防和惩戒行政决策失误行为已是毋庸置疑的共识。一个完善的行政决策责任类型体系,应该是能充分发挥责任追究机制的作用,形成一个良性互动、功能互补、类型衔接、彼此支持,共同致力于行政决策责任追究实现的有机体系,而目前并没有一部专门的法律对官员承担决策失误责任的具体方式予以规定,从而导致各责任类型之间及其内部各责任种类之间承担方式的任意和替代比较普遍,这种有机完善的责任体系尚未形成。从行政决策责任追究的现行规定与追责实践看,行政决策责任类型的衔接制度构建与完善具有现实必要性。

首先,政治责任、道德责任与法律责任的交叉与递进是衔接机制赖以建立的理论依据。随着行政决策制度的发展和法治建设的不断加强,决策失误责任追究实践中,责任与权力相脱节的现象逐步暴露出来,行政决策责任追究内部处理,甚至直接予以文过饰非,将失误当成政绩。按照一般的思维逻辑,官员违法有法律制裁,官员违纪有纪律处分,谁制定处分都不会将处分变成奖励。然而,现如今有人用"严格立法、普遍违法、选择性执法"来形容当下的法治现状,尽管这一戏谑不一定准确,但是回望行政决策责任追究的中国实践,我们发现,对行政决策失误责任的选择性追究的确比较普遍。这样的结果,对于某些决策失误承担责任的官员而言几乎等于是一次升迁的机会,或者是一次平调的机会,至少对决策失误官员的处分却是带薪长假。因此,建立政治、道德、法律责任追究的衔接制度现实意义重大。

其次,以"免职调查"代替其他责任类型的追究屡禁不止是衔接机制建立的现实需要。所谓"免职",是不再担任该项职务,官员调离工作要免职,官员升职也要免去原职,离退休或因病等等都要免职,免职并不免职级待遇,于官员个人的正当利益来说基本没有损失。从语义学角度考量,"免职"与"撤职"二者概念十分相似,在平常使用过程中几乎没有被分别,但一旦需要作出严肃的法律表达时,二者必须被明确加以区分,不能有丝毫混淆。行政决策责任追究实践中,"免职"已经到了肆无忌惮的地步。因此,免职根本就不是处分,这样的常识亟待厘清,免职所具有的人事性质需要重新界定,并需要被不断重复,它与其他责任类型之间的衔接关联亟待明确确立。

最后,现行有关行政决策责任追究的法律法规是衔接机制的法制基础。如上所述,虽然现在关于行政决策责任追究制度的立法不在少数,但主要依据是中央的政策性文件和地方政府规章,党政交叉,多头立法,上下各自行动,缺乏层次性和科学性,也没有形成全国范围内的统一、专门的行政决策责任追究的法律体系。一些规章制度关于此问题的规定往往十分模糊不明确,某些规定仅停留在纸面或口头上。比如《关于实行党政领导干部问责的暂行规定》中明确,对决策严重失误、造成重大损失或者恶劣影响实行问责的方式分为:责令公开道歉、停职检查、引咎辞职、责令辞职、免职。① 但各部门和地方制定的决策责任追究规定与中央规定不同,初步统计,有 20 多种责任追究方式。取消当年评优评先资格、诫勉警告、责令限期整改、责令书面检查、通报批评等,都是中央规定中所不包括的。各地方之间的规定存在差异。

实践中,如何协调三种责任之间以及其与组织措施之间的关系,解决责任类型脱节的问题,部分地方已经有一些积极的探索和认真的努力。但是,现实中由于目前全国尚无关于惩处制度方面的统一规范,过多的制度、规定、文件,导致了规定不一、概念冲突、解释不清等问题的出现。有的地方在制定行政决策责任追究实施办法等类似文件时各自为政、自成体系,或随意设置惩戒种类,或重复设定违纪内容,或任意降低处罚力度等。在实际操作中,即使是长期工作在执纪一线的人员也往往无法精确理解并提出适用条款、量纪意见,经常通过请示上级或领导意见开展具体执

---

① 有学者认为,以为免职必然不是处分的说法是不对的,在中央《关于实行党政领导干部问责的暂行规定》明确,对党政领导干部实行问责的方式分为:责令公开道歉、停职检查、引咎辞职、责令辞职、免职,免职已经成了对犯错误的干部进行问责的一种处置方式了。因为"引咎辞职、责令辞职、免职的党政领导干部,一年内不得重新担任与其原任职务相当的领导职务","引咎辞职、责令辞职、免职的党政领导干部,一年后如果重新担任与其原任职务相当的领导职务,除应当按照干部管理权限履行审批手续外,还应当征求上一级党委组织部门的意见"。至于说这个问责是不是太轻了,当然可以讨论,但那是另一个问题。参见殷国安《"免职"从来不是官员处分类别吗?》,《检察日报》2010 年 11 月 3 日。我们认为,该学者的观点有一定的道理。甚至在一些所谓的"潜规则"中,暂时"免职"接受调查或许会让当事人政治失分,失去了重用、提拔甚至可能腐败的机会,在这种意义上"免职"又或许确实被赋予了承担实质责任的味道。

纪，这极大影响了惩处的准确性。也容易引发不同地区、不同部门、不同时点、不同案件、不同执纪人形成差异甚至完全性质不同的处理意见。①

在制度规定中，可以追究不同责任的事由，多是含混不清、高度重合的，或者是包含覆盖的，尚未形成客观化的判断标准。② 实际运用中，不同责任类型之间的适用界线经常是不清的。行政决策各种责任类型各自为政、单打独斗、分别追究的局面，不仅容易造成责任追究缺位或者越位，同时容易造成权力的寻租与执法的腐败，也浪费了责任追究资源和成本，降低了责任追究的效率。因此，有必要建立健全行政决策责任类型的衔接制度和工作机制。

一方面，在行政决策责任类型的规定层面，建立科学有效的决策责任类型衔接机制，关键在于明确各种责任类型尤其是政治责任与组织措施之间的概念内涵及其内在关系，科学合理设置各种责任类型。甚至可以仿效行政、刑事处罚的"惩戒阶梯"模式，规范设置不同惩处措施的种类和效力，以提高衔接机制法律基础的层级，增强法律拘束力。在目前的实践中，责任类型之间的衔接是依据上面所述的法规及规范性文件，效力等级都太低，相互之间没有明确的临界点的关联。要真正解决衔接机制的问题，不能仅靠地方实践中的不同做法和上级领导的指示与命令，国家立法机关在总结地方做法的经验基础上，颁布全国性的法律规范，从实体和程序两个方面详细规定统一衔接机制中具有可操作性的执行标准，才适合我国的国情，才有利于责任类型衔接机制的完善。这应该是不同责任类型衔接的未来之路，但考虑到全国立法需要一个很长的立法路程，因此可以先由中共中央和国务院就责任类型衔接中的具体问题联合发文并且共同就早期颁布的有关衔接的规定进行整合和清理，作为衔接的一个具有强制约束力的规范性文件在全国先期试行，等时机成熟后在全国立法。比如在中央层面，可以考虑制定《公务员道德法》，明确公务员不得直接或间接利用职务和地位谋取私利或不正当利益、禁止不正当使用国家财产和政府未公开的信息、约束业外活动、任职回避和公务回避、严禁在公务活动中接受款待与财务等利益、离职后限制，等等。③ 同时再行考虑出台相应的配套规定，如《党政领导干部廉洁守则》《离任领导干部重新就职批准程序细则》等。

---

① 楼国康：《亟待规范四种执纪问责方式》，《人民论坛》2015年第11期（上）。
② 韩春晖：《行政决策终身责任追究制的法律难题及其解决》，《中国法学》2015年第6期。
③ 李军鹏：《当前政府问责存在的问题及对策》，《中国党政干部论坛》2015年第1期。

另一方面,不同责任类型之间的衔接机制的构建和完善,不仅需要在立法层面上给予法律的指引和规范,同样也需要具体的衔接工作制度来支撑和配套。

首先,要构建决策失误责任追究的信息网络共享平台。不同责任类型衔接工作机制最重要的是明确执纪问责主体及相互间履职协同责任,通过制度的整合使执行问责脉络更加清晰、责任主体更加明确,执纪问责程序更加规范,维护责任追究的严肃性,保障责任追究到位,不越位也不缺位,使决策责任追究对象过责适当,责当其过。要坚决杜绝用党纪、政纪处分代替法律责任、代替刑事处罚的现象。要做到这一点必须建立一个由各责任追究主体共享的并都能全程知悉了解、跟踪和监督行政决策失误责任追究全过程的信息网络共享机制。

其次,要建立行政决策责任追究的备案制度。行政决策责任追究主体在实行责任追究时,应该将作出的决策失误责任追究决定书移送其他相关监督机关备案,移送备案的材料不仅包括决策失误责任追究决定书,还应该将作出责任追究决定的相关证据材料、案件情况的调查报告同时移送其他监督机关备案,由其他有关监督机关进行书面审查监督,及时预防和纠正行政决策责任追究以罚代刑、徇私舞弊情况的发生。

再次,完善决策失误责任追究联席会议制度。在我国公务员队伍中党员比例超过80%,县处级以上领导干部中党员比例超过95%。[1] 由于行政决策失误的责任追究对象普遍"具备中共党员和公职人员双重角色身份,受到党内法规与国家法律的双重约束"[2]。为防止责任追究遗漏,保障权力监督的有效运行,应当建立和完善责任追究联席会议制度,由各地区的党委、政府、各行政执法机关、其他相关监督机关主要负责人组成,就行政决策失误责任追究的情况进行通报,并就责任类型衔接工作所遇到的法律依据和实际操作上的困难进行协商解决。

最后,建立不同责任类型追究衔接工作专项检查制度。各有关决策失误监督主体应当建立健全相关工作机构,明确监督职责,对各决策失误责任追究类型的衔接工作进行专项检查活动,通过对各行政决策失误责任追究案件卷宗的查阅来监督行政决策责任追究是否到位,并将专项检查情况结果以及责任追究的类型衔接与适用问题纳入年度考核中来。

---

[1] 姜洁:《推动全面从严治党迈向标本兼治——二〇一六年党内监督全覆盖和国家监察体制改革综述》,《人民日报》2017年1月3日第1版。

[2] 王立峰、潘博:《党的政治建设中的问责机制嵌入研究——基于问责承诺的理论视角》,《河南社会科学》2019年第3期。

二 决策终身责任追究制度

种种迹象表明，让责任追究不随时间、空间变化而失效，让所有涉及公职的举动都能"用权一时、负责一生"，是把决策权力关进制度笼子里的有益尝试。从政治伦理上讲，也非常符合"有权必有责，用权受监督，侵权要赔偿，违法要追究"的原则。2014年，作为全面推进依法治国的重要举措，党的十八届四中全会提出重大决策终身责任追究制度，在创新决策理论、健全决策机制上取得了突出进展。党的十八届四中全会《中共中央关于全面推进依法治国若干重大问题的决定》，2015年中共中央、国务院印发的《法治政府建设实施纲要（2015—2020年）》以及2019年《重大行政决策程序暂行条例》等，都将"造成重大损失、恶劣影响"是损害事实基础，而"决策严重失误或者依法应该及时作出决策但久拖不决"则是过错的两种表现形式，即作为或者不作为，在主观方面表现为故意或者过失，除非因不可抗力、难以预见等因素造成损失的，以及为推进改革，推动发展中的无奈过失外，对属于重大决策失误的都应当予以终身责任追究。

2016年7月，中共中央印发的《中国共产党问责条例》则进一步从全面从严治党的基本要求出发，坚持"失责必问、问责必严"原则，将党内问责的实践创新成果固化为制度，也意味着党内问责进入更加制度化、常态化、规范化的新时代。该《条例》确立了"终身问责"制度，第十条规定："实行终身问责，对失职失责性质恶劣、后果严重的，不论其责任人是否调离转岗、提拔或者退休，都应当严肃问责。"这一最新规定，既是贯彻落实习近平总书记关于"要实行责任制，而且要终身追究"等重要讲话精神的具体措施，同时也与《关于实行党风廉政建设责任制的规定》关于"已退休但按照本规定应当追究责任的，仍须进行相应的责任追究"的精神一脉相承。

但不必讳言，由于我国长期缺乏依法行政和责任追究传统，围绕重大行政决策终身责任追究制度的理论与实践问题，学术界和实务界进行了热烈的讨论。总体来看，重大行政决策终身责任追究制度的设想与架构，无论在理念上还是实践操作上都争议不断。褒扬者有之，质疑者有之，贬损者亦有之。有人认为终身责任追究过分严格，实施过程中稍有不慎就会挫伤干部干事创业的激情，而且更容易使得集体不作为和墨守成规庸碌无为之风不断扩展。而且在责任对象的认定方面，该制度的规定尚且不够十分明确。在理论上，由于法律追责时效的限制，决策终身责任追究的法理依据、适用范围、归责原则和问责机制似乎存在困境。

因此，尽管重大决策责任终身责任追究这一制度虽有必要，但毕竟属于"亡羊补牢"。为适应全面深化改革新常态，应当在干部考核制度中，突出"抓'关键少数'"，尽早建立不当不法决策行为风险提示和预防机制，毕竟，严厉的惩戒并非行政决策责任终身制的本质所在。① 大量事实表明，这个"关键少数"的模范作用，首先体现在决策上，因为决策行为是领导行为，领导行为也大量体现在决策上，如果这个"关键少数"不能抓住，如期完成法治政府基本建成的目标将无从谈起。当然，为祛除"决策拍脑袋、执行拍胸脯、失误拍屁股"的顽疾，对决策严重失误或者依法应该及时作出决策但久拖不决造成重大损失、恶劣影响的，严格依法进行终身责任追究，虽是险棋一招，但也未尝不是利大于弊的良策。

基于此，我们认为，重大行政决策责任追究制度的建立，应当构建相应的责任制度，也要保持责任追究的长久性效果。应当尽快将党的决定转化为法律规定，把终身责任制和倒查制明晰地确定为领导干部的法定义务。除此之外，重大决策终身责任追究制度的贯彻实施，离不开配套制度和措施的支持与配合。还需要重点把握四个关键环节，实现"顶层设计"的统筹跟进，确保重大行政决策终身责任追究制度的政治诉求正当性与物理技术可行性之间的有效衔接，力促重大行政决策责任追究"终身制"的务实有效。

第一，要健全干部"政绩"档案记载制度。实践中，由于行政决策后果的显现，需要一个考验的过程，甚至是一个长期的过程。换言之，重大行政决策失误，其后果可能在决策作出之后，就可以清晰把握；也有一些行政决策的执行，需要一个非常复杂的过程，这一过程中也充满着太多的不确定因素，究竟何时发生严重的不良后果，短期内无法检验，针对这种拿着国家的钱，不做对老百姓有利的事，只为满足自己私利的败家子行为，有的地方如《广州市廉洁城市建设条例》中已经明确提出，构建与官员如影相随的"责任档案"，明确要求"市、区人民政府应当根据本地区实际情况，完善行政决策程序，建立重大行政决策档案制度"。只要曾经作为公务人员参与作出过行政决策，并因为决策失误导致不良后果或重大影响，需要承担决策失误责任的，就要实行终身责任追究无疑具有重要的现实意义。健全决策官员这种责任档案式的

---

① 喻少如：《论决策终身负责制的合理构造——基于行政法学视角的观察与思考》，《人民论坛》2014年第12期（下）。

"政绩"记载制度,也有助于倒逼各级领导干部保持政治定力,提升决策能力。

第二,建立干部离任"回头看"制度。纵观美国历史,公民对美国政府的不信任以及对政府消费纳税人钱款方式的不信任就一直贯穿始终。① 从审计(accounting)与问责(accountability)的英语词源看,也呈现出高度的一致性。因此,我们认为"审计的威慑力就在于让审计结果可以被预期,让涉身腐败者预期到一旦被揭发其承担的损失将不可估量"②。这一道防线对于决策腐败具有内生性震慑作用,应当建立领导干部离任审计"回头看"制度。比如,按照《关于开展领导干部自然资源资产离任审计的试点方案》《党政领导干部生态环境损害责任追究办法(试行)》的规定,在政府领导干部的个人"政绩"档案里,增设一张环境绩效考核、环境责任跟踪追究卡,并在领导干部离任时,对环境责任履行情况和环境绩效状况进行审计,当地方官员批准建设的重大规划和建设项目对环境正发生危害或对环境存在潜在的影响,领导干部即使离任也要承担相应的环境责任以及要对其环境损害责任进行终身追究,这不仅可以加深领导干部对自然资源有限性和自然资源资产价值的认识,也可以倒逼行政决策质量水平的提升。③ 只有这样,才能建立起一个能真正发挥作用的决策责任追究制度,使决策责任追究发挥它本应具有的作用。

第三,践行行政决策失误责任追究终身负责制亟须"全国一盘棋"。④我们认为,基于这一制度所潜在的责任实现方式的强制性、实效性和严厉性而言,行政决策追究终身责任制设计初衷应当仅限于法律责任和纪律责任的追究。通过这一"逆向推进式"的改革逻辑,来强化行政决策者的责任意识和规范决策行为是其最为直接的制度功能,它意在强调让责任者按照法律追溯程序对决策造成的重大失误终生承担相应历史责任。决策者因主观原因导致行政决策失误的,"躲得过初一,躲不过十五",特别是对一些重大决策、重大工程项目的责任追究不因当事人的职务变动、岗位调整而分离,哪怕当事人早已调离、升迁或者退休,也必须进行责任追究,避免领导干部的短期责任行为和侥幸心理,打破"退休=平安着陆"

---

① Frederick C. Mosher, The GAO: the Quest for Accountability in American Government, Westview Press, 1979, introduction.
② 刘茜、许成安:《国家审计推进腐败治理的机理与路径研究》,《东南学术》2018年第1期。
③ 马志娟:《自然资源资产离任审计及责任追究研究》,《财政监督》2014年第8期。
④ 张玉胜:《公务行为终身负责需要"顶层设计"》,《人民法院报》2012年3月22日。

的惯性思维，按损失的轻重和后果严重程度对责任人进行相应的政治、道义、法律的处理。因此，从更大范围来讲，行政决策追究终身责任制要形成合力，还须加快建立跨区域协调机制，在全国范围内协同追责，只有在"全国一盘棋"的背景下，才会确保对一切不法行政行为究责的疏而不漏，才能确保责任的真正落实，才能真正维护这项制度的严肃性。

第四，确立行政决策责任司法终身追诉制度。我们认为，实行行政决策终身责任追究有其内在的合理性与必要性，不过这种终身责任追究的"终身"并不是真正的终其一生，而是同样受到法律中关于时效规定的限制。终身责任追究就是强调对于行政决策失误，责任主体既"有责"，又"追责"，但在"追责"超过时效的情况下，就变成只"有责"，而不"追责"。因此，"终身负责制"和时效制是并行不悖的。"我们既不能因'终身负责制'而排斥时效制度的适用，又不能因时效制度而怀疑'终身负责制'的合理性。"[1] 对公务行为的责任追究不设期限是一个基本的政治常识。在欧美一些发达国家，无论时间过去了多久，任何公务员都必须为自己的过错埋单。我们还必须明确的是，由于行政决策责任类型的多样化和责任适用的复杂性，行政决策责任的终身追究也必须局限于法治的框架之内，要以法治思维和法治方式来推动，无限期的追究不能违背法律的明确规定。

在行政决策的责任类型中，"如果政府决策失误或行政行为有损于国家与人民利益，虽则不一定违法（甚至有时是依其自订之不合理的法规、规章办事的），不受法律追究，却要承担政治责任"[2]。换言之，政治责任可以基于人民与政府之间的授权性质和契约理论的基本诉求，而予以终身责任追究；道德责任"在形式上表现为决策主体愧疚的心理感受以及他人对其行为的谴责，责任认定凭借的是人们的主观判断而没有强制力保证责任实现"[3]。因此，也不存在追究时效的限制，可以予以终身追究。也就是说，"责任追究就要看责任的性质和时效制度的功能。若属于行政责任，就遵守行政法或者行政诉讼法规定的时效制度，若属于刑事责任，则按照刑事诉讼法规定的时效制度的要求追究决策者的责任"[4]。同时，因超过时效而使得其在纪律、行政、法律方面的责任不被追究的，决策失误

---

[1] 朱孝清：《错案责任追究与豁免》，《中国法学》2016年第2期。
[2] 郭道晖：《法的时代精神》，湖南出版社1997年版，第468页。
[3] 谷志军：《重大行政决策终身责任追究的适用范围》，《理论视野》2016年第4期。
[4] 陈建科：《重大决策终身责任追究制度研究》，《中共贵州省委党校学报》2014年第6期。

责任者在良知、道义、声誉等方面的责任,却仍然会受到追究。决策者自身可能一辈子会陷于内疚之中,公众也仍然可以对其提出批评,就像历史中陷害岳飞的秦桧等人,虽已过去一千多年,却依然被社会群众所不齿。

此外,众所周知,我国实行追诉时效制,对犯罪分子所为的犯罪行为进行追诉的时间做了规定,一旦其所为的犯罪行为超出了这个时间限制,那么就不再追究该犯罪分子这一犯罪行为的刑事责任。可以考虑修改现行《刑法》中有关追诉时效的规定,即在第88条第一、二款不受追诉期限限制的基础上增加一款,即"国家机关工作人员因故意或重大过失导致重大行政决策失误应当追究刑事责任的,不受追诉期限的限制"。这样,终身追责制才能成为达摩克利斯之剑,让行为人心存恐惧,不敢抱有任何侥幸心理。当然,行政决策失误责任追究的终身制虽好,但仅靠对决策失误的后置监督作用毕竟有限。追究行政决策失误责任的前提是必须建立高效的纠错机制,使决策失误在发生之后能够尽可能早地发现,以进行有效的追究,并且必须保证这一机制在运行过程中不会受到人为的干扰。在这种意义上,目前最重要的问题不是对已有的规定进行进一步的诠释与细化,而是在如何从制度上保证现有制度能够得到真正的执行,使现有制度不再停留在字面上。否则,过多的诠释和细化就只是一种文字游戏,对现实没有任何意义。

三 决策连带责任追究制度

连带责任是一项历史悠久的法律责任制度,在西方社会它的起源至少可以追溯到罗马法时期,我国古代的法律也很早就出现了关于连带责任的规定。在行政决策责任追究领域,决策责任既包括直接责任,也包括连带责任。直接责任是指官员在其任职期间对以下决策行为应当负有的责任:一是直接违反国家法律法规的决策行为;二是授意指使、强令、纵容、包庇下属违反国家法规的决策行为;三是失职、渎职的决策行为;四是其他违反国家相关法律的决策行为。间接责任是指官员在其任职期间:对其下属的决策失误行为负有失察之责,没有尽到及时发现、纠正的领导监督责任,从而致使行政决策失误对公共利益造成重大损害的后果。由于在党和政府机关内部,权力一般是自上而下层层授予,责任也因此是自下而上层层负责。在这种体制下,下级对上级负有恪尽职守、勤于敬业、遵纪守法、注重效率的责任,上级对下级也因为监管指导的职能而负有连带责任,使其不仅严于律己、正确授权,而且也要严于律他、善于监督。

这种连带责任关系的存在,其设计初衷是责任追究的类型,比如政治责任，有时很难完全法制化，或者由于官僚科层制的原因，没有实现法制化，针对一些党政干部在不符合法定的要件而无法通过明确的法律程序予以责任追究的情况下，通过党政系统的官僚等级制实现责任追究的目的。"例如，在 2010 年发生的上海静安区大火问责中，有很多党政机关工作人员并不具备法律问责的条件，是政治问责、官僚等级制问责才使得这些人不致游离于责任机制之外。"① 这种连带责任追究，不但是基于上级要严以律己、率先垂范的政治艺术考量，更主要是为了强化上级的授权责任和管理压力，使其正确授权、善于监督的组织措施。需要指出的是，这里的责任连带并非政治责任与道德责任、法律责任及纪律责任之间的互为责任，而是在责任对象之间，由于一方决策失误责任的存在而引起另一方责任的产生，或双方决策失误责任同时产生。决策责任的连带责任追究是有一定限度的，并不是所有的决策责任在任何条件下都能够产生连带，这种连带责任的成立存在着十分严格的条件限制，具有很大的局限性。这种连带责任的有限性，集中表现在决策失误的责任主体承担连带责任的类型限于政治责任与行政责任。

首先，行政决策失误连带政治责任。政治责任是领导成员承担的领导责任，是基于领导成员的政治义务，建立在政治道德之上而承担的非过错性、间接性、关联性责任。在行政决策责任追究领域，对行政决策失误负有责任的领导成员，不论其主观上是否有过错，均要对其所属的公务人员的决策行为承担政治责任。政治责任的连带性缘于社会契约论，并在议会内阁制国家的内阁连带责任制中得到最初的有效实践，目前也被运用到我国政治责任追究的实践中，如密云游园大火的责任追究实践。在中国，各级政府组成人员之所以要承担政治责任，是因为他们都是由各级人民代表大会及其常委会选举或任命产生的，行政首长负责组织本届政府，作为权力所有者的人民委托政府管理公共事务，因而政府必须为人民服务、对人民负责。作为行政系统的核心部分，各级行政首长必须以承担政治责任的方式对人民连带承担政治责任。行政首长对其主管事务全面负责，一般的公务员对行政首长负责，是政治责任连带机制的基本逻辑。

其次，行政首长的连带责任一般情况下适用于政治责任，对于特殊的情况也例外地适用于行政责任，形成行政连带责任。"所谓行政连带责任是指在行政权行使过程中和在行政职权的履行中行政权行使者对相关行政行为以及行政行为所带来的后果所应做出的合理承受以及在整个承受过程

---

① 陈国栋：《行政问责法制化主张之反思》，《政治与法律》2017 年第 9 期。

中依行为所体现权力主体价值的大小对其所分配的后果承受的等级。"①这一认识强调责任主体之间由于职权上的连带性，导致行政主体在不当行使行政职权时，应当承担相应的责任。2003年5月7日国务院发布的《突发公共卫生事件应急条例》、2001年4月21日国务院制定的《关于特大安全事故行政责任追究的规定》都有关于行政连带责任的内容。不过，需要注意的是，行政决策失误责任的连带追究关键在于合理地界定连带的层级。

众所周知，行政决策的诸多环节都需要经过若干委托—接受委托—转委托的形式来完成，这种委托—代理理论普遍适用于包括行政系统在内的任何具有科层结构的组织系统中。该理论揭示了委托人代理人二者之间在所追求的目标和利益方面有着不同之处。代理人在执行委托任务过程中会加入一些主观性的东西，从而出现道德风险。为了避免代理人代理行为的负效应，委托人需要监督代理人的权力滥用和选择偏差，督促代理人提供真实的信息并确保代理人的决策行为对委托人有利。但是，由于委托人和代理人之间客观上存在的信息不对称，二者之间层级相差的越大，这种不对称性就越为明显，委托人就越难对代理人实行监督。所以，行政决策的行政责任的连带只能是有限层级内的责任连带。行政首长决策后在本层级范围内委托普通工作人员执行或委托副职，再由副职委托本层级范围内的普通工作人员执行。副职协助行政首长工作，是对行政首长负责的"助手"，在管理幅度之内显然属于连带对象。行政首长本层级的普通工作人员直接执行行政首长的指令或其"助手"——副职的指令，行政首长完全有能力以较低的信息成本对其监督约束，所以，行政首长连带承担行政责任也无可非议。

在决策失误连带责任追究的具体操作过程中，必须注意的是，究责重处是为了给职务行为敲响生命的警钟，让更多的失误不再因为官员的麻木而重演。但追责不是一级传给一级的击鼓传花，连带责任并非"连坐"，而是因其确有过失而应承担责任。在我国缺乏刚性连带责任追究规定的情形下，什么情况应追究，什么情况不应追究，实施追究时追究到什么程度，到底应上追几级，中央没有出台有关细则，各地、各部门也没有很好地探索，量纪处理时随意性较大，对一些官员的责任追究就容易被公众舆论效应所"绑架"，从而导致责任追究的一种非理性状态。

---

① 关保英：《论行政连带责任》，《河南政法管理干部学院学报》2005年第3期。

四 决策责任官员复出制度

近些年来,党中央和国务院多次强调,要依法执政、依法行政、从严治政,加强行政机关内部监督,充分发挥监察、审计等专门监督机关的作用。我国政府也切实加大了对公共决策失误的相关官员的责任追究力度,受到了社会公众的一致好评。然而,纵观近些年来的决策失误责任追究的事例,很容易看出,责任追究方兴未艾,官员复出亦如潮涌。轰轰烈烈的免职调查之后,严肃的责任追究结果总是让人感到"突如其来""莫名其妙",让官员辞职很多时候更多是一种保护而不是惩罚,被追究官员的复出百态尽显。人们看到的是"由变化中的行为方式、非正式的和突然出现的规则,以及转变中的权力游戏等交织而成的混乱的图画"。[①] 很难从中理出清晰明了的权责关系,往往最直白地感受到"出了问题换个地方再做官"的"官场现形记"。

因行政决策失误而承担责任的官员复出,本不应该是一个问题,"人非圣贤,孰能无过?"我们看到在2008年问责风暴过后,在一系列影响重大的决策失误事件中,都有官员被查处追究,或引咎辞职,或被免职、撤职。决策失误责任追究的实施,给各级政府的官员很大的震慑作用,让人民群众十分欢喜。但是,民意压力一旦和缓,一些"落马官员"悄然复出,重新上岗,或官复原职,或异地升迁,无论是免职官员还是撤职官员均被视作"起点公平",大都在一年之内"咸鱼翻身","落马"官员东山再起的景象蔚为壮观。[②] 如此大批量被查处官员复出,是一种很不正常的状况。责任官员的复出,既是官员责任追究制度的延续,也是对责任追究效果的检验。

一个人作出了错误的行政决策,造成了严重不良影响,一年过后就能够顺利"官复原职",甚至可以"平步青云",那么,行政决策责任追究制度就失去严肃性,失去了警示和教育意义,反而还会加重公众对于"体制内反腐"以及权力"自我除弊"决心的疑虑,从而进一步损害公权形象,降低政府公信力。民众对问题官员复出的质疑,根子在于对官员复出正当性的焦虑,必须引起高度重视,否则精心安排的行政决策责任追究制度就会流于形式,失去作用。"现在看,这个国家需要的不是一个多么

---

① [美]彼得斯:《政府未来的治理模式》,吴爱明等译,中国人民大学出版社2001年版,第19页。
② 杨敏:《官员复出的制度漏洞》,《决策》2009年第4期。

优秀、多么领先于世界的官员选拔体制,而只是一个恢复常态的官场,让公众不再为复出官员、年轻官员群体焦虑的官场。"①

从民主法治的角度看,免职任职并不是权力生态内部的问题,而是关乎是否正义,需要遵循法治和尊重民意。诚然,实行责任追究并不是为了使问题官员的政治生命彻底结束,问题官员复出也不一定就是不正义的,但前提恐怕是要看问题官员们的问题出在哪里。对于那些严重失职甚至犯罪行为,当然应该一票否决、永不任用直至追究刑事责任,而对于那些并非不可饶恕,可以给予改过机会的被问责官员,也不必一棍子打死。如果因为重大行政决策失误负领导责任而免职,那只要遵循正当程序、让人民群众知晓其内在情况,根据其能力让其复出继续担任政治职务为人民服务,并没有什么不妥当的地方。平心而论,培养一个成熟的公共管理者并不是一件容易的事。只有依靠严密的法律规章编织的"笼子",程序公开透明,合理的问题官员复出才能具备正义性,才能消解公众的质疑与焦虑。②

因此,"各级党委应明确问责后党员干部的晋升与复出的程序及标准,并做好标准普及以及问责结果公示与解释工作,提升问责结果的公信力"③。应当明确的是,对于行政决策被追究责任的官员,无论是高位复出或者同位提一级,都丝毫体现不出对他们的惩罚。因此,有必要规定对复出官员根据其在其他岗位上的工作业绩和对其工作能力综合考察评定后予以降级使用的基本原则。因为官员复出的问题,其实是中国干部选拔问题的一个部分、一个缩影。"轰隆隆问责,静悄悄上岗",或许民意的不满正来源于此。每次"问题官员"悄无声息地复出,被曝光后总能引起新一轮舆论风波。④ 高调问责时出现轰动的社会响应,"问题官员"们在复出时都十分低调,悄无声息。"问题官员"复出后,官方不会主动披露其复出的程序,实际上法律也无类似要求,其复出的消息,多是有心人从蛛丝马迹中一点一点发现的。

目前,《中国共产党问责条例》没有涉及被问责官员的复出问题,更未出现《关于实行党政领导干部问责的暂行规定》中的一年时限等相关

---

① 信海光:《期待"官员复出"不再是新闻》,《21世纪经济报道》2013年1月23日。
② 时言平:《问责有始无终属烂尾问责》,《法制日报》2013年1月30日。
③ 王立峰、潘博:《党的政治建设中的问责机制嵌入研究——基于问责承诺的理论视角》,《河南社会科学》2019年第3期。
④ 曾向荣:《官员免职:轰隆隆问责,静悄悄上岗》,《决策探索》(上半月)2012年第3期。

条款。对于问责干部的复出问题只能结合党的十八大后新制定、修订的《中国共产党纪律处分条例》《推进领导干部能上能下若干规定（试行）》、中共中央办公厅印发的《关于防止干部"带病提拔"的意见》以及2019年修订颁布的《党政领导干部选拔任用工作条例》《干部选拔任用工作监督检查和责任追究办法》等法规制度统一起来，做整体理解把握。我们认为，"无论是在理论上还是在实践中，无论是在国内还是在国外，在官员被政治问责和道德问责的情形下，复出的可能性几乎等于零，因为政治上不可靠、道德上有瑕疵的人丧失了人民的信任，把权力交到这样的人手中是一件危险的事"①。因此，为维护问责制度的严肃性和切实防止权力出错，需要理性清晰地认识行政决策责任追究制度，尤其是要尽早解决行政决策失误责任对象免职复出"门槛"低、复出程序不严格、不透明和复出太快等问题，坚持把政治标准放在首位严把选人用人政治关、品行关、能力关、作风关、廉洁关，坚决匡正选人用人风气，以严肃认真的态度进一步优化干部选拔任用环境，打造更加良好的政治生态。当然，官员复出制度的合理构建不仅仅是制度安排层面的问题，大量的典型事例及能否复出的争论都表明，这个问题实质上与深层次的体制机制密切相关。②

在现有干部管理体制下，被"问责"官员的复出必须从免职到复职，从出发点到程序正义，必须尽快研究制定《被问责官员复出办法》，建立完善的复出法律机制，消除其中的模糊含混地带，对被问责官员复出的条件、程序、任用、公示等作出明确规定。值得欣慰的是，在这方面，部分地方已经开始了大胆尝试和探索。2016年年底，湖北武汉出台的《受党纪政纪处分或组织处理党员干部管理办法（试行）》就明确规定，受党纪政纪处分或组织处理领导干部影响期满后，对德才表现和工作实绩突出，因工作需要且经考察符合任职条件的，可提拔任职。对于干部群众意见较大或者争议较大的暂缓任职。重新任职决定做出后，组织人事部门应向社会公开被问责党政领导干部重新任职的情况。武汉市的管理规定，不仅对提升群众参与度、保障公众知情权具有积极意义。同时，对曾经受过处分，现在已经作出改正，并且仍然胸怀大志想要再干一番事业的领导干部而言，也提供了继续干事创业的机会。对激励干部队伍在干事创业中担当

---

① 竹立家：《问责与容错》，《中国党政干部论坛》2016年第8期。
② 朱光喜、金东日、陶友宾：《被问责官员复出：制度安排、现实状况与争议焦点》，《江苏行政学院学报》2016年第1期。

有为,不啻一剂良药。

五 决策失误经济赔偿制度

决策失误,祸国殃民。早在 2004 年,原国家审计署审计长李金华就披露:原国家电力公司领导班子决策失误造成重大损失。在审计署抽查该公司的投资、借款、担保、大额采购和重大股权变动等 6818 个项目中,有损失或潜在损失的项目 631 个,金额达 78.4 亿元,而其中因个别领导人违反决策程序或擅自决策造成损失或潜在损失有 32.8 亿元,占 42%。[①] 如此巨大的损失,一个触目惊心的数字,令人痛心疾首,怎么能够承受"失误"之重?

实践一再证明,只有一腔热血而没有睿智的头脑、真正的实力是不行的,往往会产生巨大的错误,一些地方政府的决策不稳定也会给投资者带来很大损失。甚至有些人决策时只考虑私人利益,把一些特殊群体的利益、局部利益置于整体、国家利益之上,这些人受奢靡浪费等不正之风侵害,贪图回扣,滥用权力,故意造成决策"失误",把原本属于公家的钱财通过决策"失误"弄到自己账户中,损公肥私、中饱私囊现象的发生,与我们没有建立起决策失误制约机制有着很大的关系。政府决策失误造成的经济损失,最后完全落到投资者或者普通百姓的身上,这显然是极不合理、不公平的现象。

这种不合理的现象不仅会对政府决策的科学化和问责机制的完善造成阻碍,而且会给投资者带来伤害。传统的经济与政治体制的弊端,在于权力、利益和责任分离,权责不协调,有权就有利,但却不担责,人民的血汗和稀缺资源难免遭遇如此厄运。面对因决策失误导致的浪费和损失,我们不应该"心静如水"。

首先,行政决策失误与客观条件有关,也与决策者的思想作风、品德和责任感有关,有些决策者在行政决策过程中,不搞调查研究,不从本地实际出发,机械照搬,盲目决策;有些决策者不发扬民主,不搞科学论证,不听取民众意见,主观臆断,自作主张,擅自拍板,有的好大喜功,急功近利,这些都是缺乏责任心和责任感所致。因此,不仅要通过采取各种措施提高决策者能力,使其努力做好每一件决策,又要建立健全各项责任制度,对那些决策失误者必须按照党纪国法严肃处理,该怎么判就怎

[①] 崔毅:《"电荒"之下遇审计风暴:原国家电力公司违规真相》,《中国经营报》2004 年 6 月 26 日。

判，该没收财产的要没收财产，该撤职的要撤职，千万不能仅仅只以决策"失误"、花钱买教训而结束，更不能混淆罪与非罪的界限，规避法律责任。只有如此，才能使决策者决策时不敢马马虎虎，在决策中三思后行，增强他们决策时的责任心，降低决策失误的发生率。

其次，因为被侵权而被救济，因为受到损害而获得赔偿，这是正义的基本要求。根据这一要求，在一般民事侵权领域，侵权行为人应当对受害者承担赔偿责任，这一点自人类社会产生以来就被认为是正当的。然而，当侵权的主体是国家时，由国家对受害者进行救济和赔偿的观念却长期不被人们接受。法治对于现实的妥协，不可能永远进行下去；公众对正义的期待也越来越迫切。应该认识到，不强调"追偿"的现实，是一个"不正常"的现实。尽管决策失误的领导干部可能会受到党纪政纪乃至法律惩处，但是这种惩处对于受害者而言，并不能让他们挽回经济损失。要防止行政决策失误，保证行政决策的科学化，最根本的还在于建立决策失误赔偿机制。让决策者受到经济责任追究的束缚，让他们为自己的"失误"负责，不仅是市场经济及其规律的内在要求，也是社会主义市场经济体制和社会主义民主政治制度建设的一项重要内容。从这个角度看，建立政府决策失误赔偿机制，由政府向遭受损失的人进行经济赔偿或补偿，让政府来为自己的决策失误负责，不仅仅只是应该这样，而且更是必须这样。

再次，仍然需要高度警惕的是，虽然行政决策主体的失误被定为"政府过错"，由政府承担行政决策失误的经济赔偿责任，但具体承担行政决策失误的责任追究对象，也必须承担相应的责任，接受法律的惩罚。一个不需要证明就很清楚的逻辑是，国家的钱、纳税人的钱，怎能让当地决策失误的官员们肆意挥霍，为个人的决策失误"埋单"，让乱决策者没有任何责任？如果都能用公款买个"放弃责任追究"，这难道不是变相鼓励决策者可以胡乱作为？因责任缺失或故意违法行政给群众造成生命财产损失，依法进行补偿或赔偿理所应该。因此，我们认为相关责任人员必须要为此承担责任，接受经济责任的追究，而不是"私了"完事。自己的决策失误行为还得自己来"埋单"。只有通过对行政决策人员的严格经济赔偿责任追究，才能激起官员的承担责任的意识，才能使得官员对民生更加关怀，这也是建设法治政府、责任政府的现实要求。

最后，行政决策行为是一种公共管理行为。在行政管理中，行政决策行为也是一种国家行为。政府的行政决策也是存在风险的，谁决策谁就应该承担风险。然而，国家赔偿、财政埋单的做法，实质是把行政决策失误的经济责任推到了广大的纳税人身上。为什么当地的纳税人要为几个人的失误来"埋单"呢？行政决策失误的经济赔偿金的最合理来源是谁失误谁掏钱，应当由行政决策责任追究对象来承担经济赔偿的责任。目前，中组部发布的《党政领导干部生态环境损害责任追究办法（试行）》中规定了领导干部的党纪政纪以及刑事责任，但并没有将经济责任纳入其中。因此，我们建议在环境资源责任体系中，将重大决策失误造成生态环境损害的领导干部的经济赔偿责任纳入责任追究体系中来。

部分地方先行制定的政府决策失误赔偿机制，仍然属于"新鲜事物"，远未趋于成熟而为国内其他地方所普遍采用。我们期望这种"新鲜事物"能够为各级各地政府所采纳，成为建立现代服务政府的一个基本准则和普遍做法。我们认为，鉴于行政决策失误的情形纷繁复杂，不尽相同，在对行政决策责任追究对象进行经济责任追究时应当根据具体情况具体对待。对于行政决策能力不达标，生硬模仿其他地区决策造成决策失误的，给予责任人降级使用，并责令赔偿一定的经济损失；对于由于一些不能被预见、不能为人力控制的因素造成的行政决策失误，主要是帮助责任人从中吸取教训，积极主动地采取补救措施，并尽量将损失降到最低限度；对于只顾政绩，不顾客观条件，贪大求洋，盲目上项目、铺摊子造成决策失误的，则给予责任人撤销领导职务处分，造成重大经济损失的，除赔偿经济损失外，还要交由司法机关追究刑事责任。

六 决策失误责任减免制度

行政决策失误责任减免制度的建立是优良的决策责任追究制度无法绕开的重要问题。减免，即减轻或免除。责任的减轻和免除，即通常所说的"免责"。免责首先要有责任的存在，是指虽然违法者事实上违反了法律，并且具备承担责任的条件，但由于法律所规定的某些主观或客观条件，可以部分或全部地免除（即不实际承担）相应责任。行政决策失误责任减免是指在实施行政决策责任追究过程中，根据决策失误责任追究对象在作出行政决策时的心理态度与客观行为等特殊情况，所依法给予减轻或免除部分或全部责任的制度。

在哲学意义上，良好的行政决策责任追究制度即是一种良好的决策失误责任减免制度，良好的决策失误责任追究制度在某种程度上能够避免决策者受到肆意追责的威胁，实现决策者对法外问责的豁免。行政决策责任减免制度与决策失误责任追究制度就如同一对孪生兄弟，相互矛盾、共生共荣。行政决策责任追究制度为限制决策主体的权力而存在，但是责任追究制度稍有不慎又可能会对决策失误责任追究对象的公正追究带来不良的影响。因为仅仅只是以行政决策的失误后果追究责任，不仅会导致对行政决策过程亲历性的违反，也会导致行政决策者在作出行政决策过程中丧失应有的独立和胆识。

正因为有了决策失误责任追究的过度发展带来的对责任追究制度的危害，决策失误责任减免制度才应运而生，通过对决策者某些责任加以减免，以保护决策者，使决策主体免于过度的责任追究，排除责任追究实践中的法外影响。如果没有决策失误责任减免制度的束缚，决策失误责任追究制度将会变成一匹不羁的野马，突破正义围栏的束缚，将社会法制踏得粉碎。同样作为权力的一种，决策主体责任减免也同样需要限制，通过对决策责任追究对象的责任追究，明确责任减免的条件与限度，使行政决策责任追究过程不至于因为条件的缺乏而肆意妄为。

历史地看，行政决策失误责任减免与决策失误责任追究制度从责任追究制度发展的角度而言是一种承继的关系。决策失误责任减免制度建立于决策失误责任追究制度的废墟之上，并随着对责任追究制度的诘问反思而不断成长完善。党的十八大以来，伴随着全面从严治党和全面依法治国的强力推进，干部"乱作为"现象得到了极大遏制。但干部队伍中"多干多错、少干少错、不干没错"的所谓"洗碗效应"和消极等待心态则开始潜滋疯长，能力不足"不能为"、动力不足"不想为"、担当不足"不敢为"的问题更显突出。干部的干事创业，锐意改革的积极性、主动性和创造性受到一定程度的挫伤。因此，"如何对待错误，仍然是今天各级政府及其工作人员面对的实际问题"①。

宽容改革失误，"既关乎干部个人的功过成败、激发干事创业的动力活力，更发挥着选人用人和干部制度改革的'风向标'作用"。② 中央层面重大决定和未来规划的方向性指引，不但是对改革创新实践者的激励，免其后顾之忧，也有助于化解制度障碍、机制缺陷和利益藩篱等突出问题，化解改革创新动力不足、政策"碎片化"等倾向。从法治的角度看，也有利于治理官场中的庸懒散现象。从法定文本看，以《中国共产党问责条例》为核心的党内法规的完善，为处理"全面从严"和"责任减免"之间实际存在的矛盾和冲突展现了最直接有效的制度优势，也为"改革创新"和"宽容失败"提供了理论指引和制度基础，但是行政决策失误

---

① 邵景均：《正确把握容错纠错的方法论原则》，《中国行政管理》2017 年第 1 期。
② 王金柱：《容错纠错机制决非权宜之计》，《人民论坛》2017 年第 9 期。

责任减免尚无国家层面的规范性文件作出统一指导。① 虽然现今部分地方的决策责任追究规定中基本确立了本行政区域的决策失误责任有限减免制度，但是我国更多的地方对于行政决策失误责任的减免制度依然如星星之火，并没有普遍建立。

客观地讲，行政决策有失误是正常的、是必然的，是客观规律。正如某国土厅厅长坦言："行政风险比廉政风险还大，行政风险很难规避……要营造干事创业氛围，就要容许公务员犯错，不干就不会错。"② 政府的行政决策行为，不可能事事都有百分之百的把握，甚至在一定意义上说，也是一个"摸着石头过河"的过程。"建立运行有效的问责实践基准，既有制度刚性的一面和相对明细的操作标准，但与此同时问责工作也需要富有一定弹性和空间，才能发挥惩前毖后治病救人的作用，才能鼓励干部创业作为，让政治原则和理想信念落地。"③ 责任追究和责任减免的关系是一个事物的两面，互为补充、不可分割，共同为解决"为官不为"提供了两条路径，也共同服务和统一于新时代中国特色社会主义伟大事业中。一个是从负激励角度强化为官不为必须承担的后果，营造一个风清气正的政治生态。另一个是从正激励的角度，从正面引导角度构建容错机制，推动官员想为、敢为、能为，与问责相得益彰，互为表里。

但是，每一种容错和问责，最终要落到具体的制度设计。"通过建立合理的责任体系，从制度设计上既保证改革方向，营造了良好的改革氛围，利于解除干部干事创业的后顾之忧，又使得以改革为借口的行为无所遁形，是推进改革创新的关键所在。"④ 正是基于这样的考虑，《重庆市实施〈关于实行党政领导干部问责的暂行规定〉办法》中，明确规定决策严重失误，造成重大损失或者恶劣影响，但是能够主动采取措施，有效避免损失或者挽回影响的；积极配合问责调查，并且主动承担责任的；党政领导干部在工作中发生失误，造成损失，但工作措施的制定和实施程序符合有关规定，且没有谋取私利的，可以从轻或者免予问责。《大荔县脱贫攻坚工作责任追究暂行办法》规定，在脱贫攻坚工作中出现重大决策失误，造成严重后果或重大社会影响的，对相关单位领导班

---

① 陈朋：《推动容错与问责合力并举》，《红旗文稿》2017 年第 14 期。
② 林霞虹：《行政风险比廉政风险大，省国土厅厅长表示要容许一线公务员犯小错》，《广州日报》2013 年 1 月 29 日。
③ 樊鹏：《官员问责的"高育良之问"》，《南风窗》2017 年第 8 期。
④ 杜兴洋、陈孝、丁敬：《容错与问责的边界：基于对两类政策文本的比较分析》，《学习与实践》2017 年第 5 期。

子进行组织调整,对主要负责人予以免职。因集体决策失误需要问责的,应当按照领导干部各自在集体决策中所起的作用和应负的责任分别问责;在集体决策过程中明确提出反对意见的班子成员不予问责。

不过,如果毫无节制地减免决策失误的责任,则会掩盖更大的风险。"体系粗疏、结构失衡的公务员免责制度将难以有效运作,任意容错、违法免责也将损害公务员免责制度的合法性、权威性与适用性,甚至影响法治政府的建设进程。"① 因此,我们不寄望于某种规则相信人性、无限制的责任减免,因为那样只会带来又一个混乱与恣意。必须使行政决策失误责任减免法律化、制度化。从目前相关立法看,2005年《深圳市行政过错责任追究办法》公布②,第一次将"减免"条款写入了地方政府规章。重庆市也在2009年开始实施的《促进开放条例》中作出了类似规定。从深圳和重庆的有关规定看,程序是否合法、行为人主观上是否存在恶意、客观上是否存在牟利行为,是是否构成责任减免的主要方面。2016年7月28日,武汉市第十三届人大常委会第三十七次会议通过了《武汉市人民代表大会常务委员会关于鼓励创新宽容失败促进全面创新改革试验的决定》,该《决定》第11条明确规定了容错界限的"三个区分",即将因缺乏经验先行先试出现的失误、国家无明确限制的探索性试验、为推动创新发展的过失,与不负责任乱作为的错误、上级明令禁止后依然我行我素、谋取私利的违纪违法行为区分开来。该《决定》规定的容错对象不仅包括国家机关及其工作人员,而且还将高校、科研院所、国有企业等市场主体一并纳入,对创新改革决策、科研、成果转化、财政资金支持项目等方面错失行为也作出了免责规定。该《决定》第12条规定:"国家机关及其工作人员开展创新改革工作出现失误,但符合党和国家确定的改革方向,按程序经集体决策,勤勉尽责,未谋取私利、未造成严重损失和恶劣影响的,对有关机关及其工作人员不作负面评价、不追究相关责任。"第16条第二款规定:"依照本决定免责的有关单位和个人,其绩效考核和评先评优不受影响,个人职务晋升和职称评聘不受影响。"

2017年1月,广东省委印发《广东省党的问责工作实施办法》。该《办法》重点结合广东实际对《中国共产党问责条例》规定的问责情形逐

---

① 张哲飞、戚建刚:《公务员免责制度的规范分析》,《理论探讨》2017年第4期。
② 该《办法》现已失效。2009年,深圳市人民政府颁布新的《深圳市行政过错责任追究办法》,对包括行政决策失误在内的行政过错的责任追究范围、责任划分、追究方式、追究机关及救济程序作了修正性规定。对于行政决策责任追究的减免也作出了类似于2005年《办法》的重述性规定。

条进行细化。并将"两个尊重、三个区分"原则以党内法规的形式确立下来。"两个尊重、三个区分",即尊重广东历史、尊重广东省情,把因缺乏经验、先行先试出现的失误与明知故犯而违纪违法的行为区分开来,把国家尚无明确规定时的探索性试验与国家明令禁止后有法不依的行为区分开来,把为加快发展的无意过失与为谋取私利故意违纪违法的行为区分开来。目的是建立容错机制,以维护支持改革、宽容失误、鼓励担当的良好氛围,调动广大党员干部干事创业的积极性。

2017年2月,重庆市委印发《重庆市实施〈中国共产党问责条例〉办法》,在明确问责对象的同时,进一步增加尽职免责内容,明确"对于错误决策或者不当决策提出明确反对意见而未被采纳的,不承担领导责任",实事求是问责。从而将"经过集体民主决策并有书证"的"案卷制度"正式确立为尽职免责的文本之中,成为党员干部免责的必要条件之一。问责坚持"三个区分开来":把在推进改革中因缺乏经验、先行先试出现的失误和错误,同明知故犯的违纪违法行为区分开来;把上级尚无明确限制的探索性试验中的失误和错误,同上级明令禁止后依然我行我素的违纪违法行为区分开来;把为推动发展的无意过失,同为谋取私利的违纪违法行为区分开来,作为责任划分的重要依据。

现有各地的责任减免制度实践,尽管充分考虑到行政决策自身的多重诱发风险的因素,但是这样的尝试性规定实际上既符合常理,也是对具体责任的明确划分。一方面,根据权责一致的基本原则,按照权限大小划分责任,合理界定惩处形式,可以避免下级为上级"背锅"现象的发生,鼓励党员干部干事创业,勇于担当;另一方面,也避免在干事创业的创新试验中采用"一刀切"的方式,因噎废食,矫枉过正,给予在干事创业过程中勇于作为但决策失误的人员一些引导或者告诫的保护性机会。[①] 领导班子对某项重大问题进行集体讨论时,出现不同意见甚至反对意见都是正常的,某位班子成员明确持反对意见,虽然最后并没有影响决策的形成,但出现问题需要追究责任时,明确反对者自然应当被"免责"。

事实上,公务员履行职务免责的特殊情形,即公务员执行了错误的决定和命令,是否受法律保护?是否受法律追究的问题,也就是错误的决定或者命令是上级做出的,公务员只是负责执行时是否承担责任?这是一个非常复杂的理论问题,也是一个十分现实的问题。2006年1月1日起实

[①] 朱德威、李玉俊:《强化问责背景下基层干部"胆识雄心"的重塑之道》,《领导科学》2019年第3期。

施的《公务员法》对责任的减免已有所涉及。2019 年修改后的《公务员法》第 60 条对这个问题作了比较具体的规定。

我们认为，综合现有规定所遵循的责任减免的基本规则，考虑责任减免的因素至少包括以下三个方面：一是程序合法；二是错误决策非本人或者本单位的意志，且错误决策本身没有明显违法；三是行为人主观上没有恶意，客观上没有牟利行为。我们认为，在严格责任追究的同时，为了体现公平原则，应当考虑特定情形下的责任减免。对属于下列情形之一的，可以依法从轻、减轻责任追究：（1）决策出现失误或者造成一定损失，但出于推动改革发展需要，且在决策中勤勉尽责、未谋取私利的；（2）因意外事件、不可抗力或者其他非人为因素导致不良影响或者不良后果发生的；（3）主动采取措施，有效避免或者减少损失和不良社会影响的；（4）决策出现失误行为，情节显著轻微，未发生不良影响或者不良后果的；（5）法律、法规、规章规定的其他情形。有下列情形之一的，可免予责任追究：（1）有会议记录或者其他证据证明决策参与者的意见正确但未被采纳的；（2）由于不可抗力或者情势变更导致重大行政决策难以执行的；（3）行政决策权限和程序完全符合规定的；（4）上级行政机关依法改变或者撤销本级行政机关的决定从而导致决策错误或者失误的。

必须承认，随着经济社会的发展，行政决策环境的不确定性和动态性问题越来越突出，由此造成政府行政决策具有相当的复杂性和不确定性，面临着极大的决策风险。经过几十年的改革，社会的利益已经多元化，政府的行政决策已不像当初那样简单，这使政府决策的内涵与环境变得更为复杂，行政决策本身已经不再是一个和谐的整体概念，可以将所有人的利益纳入其中。因此，看上去同样是出于公众利益的目的，不同的立场观念却会产生强烈的冲突。从行政决策责任减免的实践看，"当前对于干部改革创新的容错也仅仅限于地方层面的实践和中央层面的高度关注"[1]。这也意味着，理论和实践总是存在很大的差距，行政决策失误责任减免制度的实现尚需要进一步研究与尝试。

---

[1] 杜兴洋、陈孝、丁敬：《容错与问责的边界：基于对两类政策文本的比较分析》，《学习与实践》2017 年第 5 期。

第二节　行政决策责任追究的内部规制

当前，全国各地各部门在行政决策责任追究制度的安排方面存在很大的需求。然而，我们不得不正视一个基本的事实，即各级地方关于行政决策责任追究的制度环境存有缺陷。在行政决策责任追究的制度设计规范环节，明确行政决策责任追究的法定主体、明确行政决策责任追究对象的责任、理性界定行政决策的合理范围、科学界定行政决策责任追究的标准是最为基础性的前提工作。

一　明确行政决策责任追究的法定主体

在行政决策责任追究主体方面，有学者认为行政决策责任追究不力的主要原因就是责任追究主体多源于行政体制内部，而且内部之间又权责不清。甚至认为行政决策责任追究的同体问责就是问责不力的总根源，只有异体责任追究才是解决所有问题的"灵丹妙药"，进而将行政决策异体责任追究视为构建有效行政决策责任追究体系的基础。我们认为，一概否定行政系统内部的监督和责任追究的做法过于武断，并不足取。殊不知，"中国有着与西方国家不同的体制背景，科层体制和上级支持常被认为是问责机制在中国得以有效实施的关键因素"[1]。行政决策责任追究的同体执行才是责任政府进程的内生动力。换言之，如果没有行政决策责任的同体追究，责任政府将会一纸空文，政府责任无法真正实现。而且，行政决策责任的系统外追究也会遇到难以克服的弊端，比如"经常无法到达行政机关的内部、行政职权的细节、行政行为的末端、行政执法者的内心，如果外部行政法对行政权力施加的外部压力不能通过内部行政法转化为行政主体主动的自我克制和约束行为，控制行政权力的效果仍然不可能良好"[2]。

因此，目前无论是在学术界还是在实务界，存在一个普遍认同的观点，即行政决策责任追究不仅有同体追究，亦应包括异体追究。同体追究主体主要包括上级行政组织、行政审计等。上级行政组织对行政决策失误

---

[1] 阎波:《问责的理论阐释、现状与前沿》,《国外理论动态》2015年第2期。
[2] 于立深:《现代行政法的行政自制理论——以内部行政法为视角》,《当代法学》2009年第6期。

的监督和追究是基于隶属关系、从属关系的层级监督。它可以涉及行政决策失误追究工作的方方面面,几乎没有范围限制。国家审计机关作为行政决策责任追究的主体,主要是对国务院各部门和地方各级政府及其工作部门在行政决策活动中的财政收支行为进行监督。当然,最为便捷的方式还是必须尽快完善我国的首长负责制。选民直接选举或者人大选举产生的行政首长,必须直接对选民负责,在其辖区内出现重大行政决策失误之后,行政首长必须第一时间向民众说明事实真相,并且承担必要的政治责任。

异体追究主要包括人民代表大会及其常委会、国家党政机关、国家监察机关以及国家司法机关等。在各类行政决策责任追究主体中,由于执政党是中国特色社会主义事业的领导核心,并对推进"四个全面"战略部署和国家经济社会建设负有根本性领导责任,这决定了在行政决策责任追究的过程中,党的各级领导机构和监督机构须发挥主导性作用,通过巡视、巡查等具体方式启动推进行政决策责任追究的法定程序。[①]"基于党的领导权与执政权本身的性质,执政党不宜过多地涉入到具体个案问责之中,而应当做宏观面的方向性指引。"[②] 因此,政党责任追究的基本原则应当明确,就是执政党对于行政决策责任追究更多代表示范性和引领性,而不应在于处理个案的多寡与责任处分的轻重。

人大是最重要的追究主体。各级人大及其常委会有权根据《宪法》《中华人民共和国各级人民代表大会常务委员会监督法》的规定,通过行使监督权、撤销权、罢免权、质询权等间接形式实施监督决策失误的责任追究。各级人大代表有权依照《全国人民代表大会和地方各级人民代表大会代表法》的规定,通过行使询问权、质询权、罢免权和特定问题调查权等间接形式实施监督和责任追究。与行政系统内的上下级之间的监督和追究相比,人大监督和追究的优势在于它有更高的法理权威和外在于行政体制的超然地位,权威性可以使它居高临下地审视和督察政府的工作,超然性则可以使它摆脱部门利益关系的纠葛而能更好地监督政府的工作,追究政府官员的责任。[③] 不过,鉴于人大法定地位与实际责任追究的效果反差,也必须对人大责任追究的职能进行改造和强化。

首先,优化各级人大代表结构,各级人大代表中的官员构成比例不宜过多。我国宪法规定,人大常委会组成人员不得担任国家行政机关、审判

---

① 胡洪彬:《廉政问责制新政:从程序设计到模型建构》,《探索》2016年第1期。
② 周叶中:《论重大行政决策问责机制的构建》,《广东社会科学》2015年第2期。
③ 张贤明:《官员问责的政治逻辑、制度建构与路径选择》,《学习与探索》2005年第2期。

机关和检察机关的职务，以便行使人大的监督权力。如果我国人大代表中官员过多，而且各省各部门的负责官员还常常成为代表团的团长，首先有一个问题就是自己监督自己，或者地方各级官员多，下面监督上面的，从利益关系来讲，很难达到公正地履行代表职责。为此，优化人大代表的结构是至关重要的，人大代表本来是代表人民，是国家权力机关的组成成员，人大代表的结构优化是最根本的。此外，各级人大代表本身就负有监督政府权力包括行政决策权力的运行，对政府行政决策提出批评、建议和意见的权力和职能。如果各级人大代表中官员过多，由于官员的身份地位和利益倾向，很难提出针对行政决策失误的批评、意见和建议，也很难保障行政决策责任追究的客观性和正当性，这是一个比较关键的问题。

其次，尽管2006年开始施行的《中华人民共和国各级人民代表大会常务委员会监督法》规定，各级人民代表大会常务委员会对本级人民政府、人民法院和人民检察院的工作实施监督，促进依法行政、公正司法。但是这种规定比较粗疏而不具有可操作性，人大代表对行政决策失误及其责任追究监督权的运用很难落到实处。实践中，各级人大的监督方式最常使用的依然是听取审议专项工作报告、执法检查、调查、视察等比较温和的监督方式，而对于诸如询问和质询、特定问题调查、撤职、罢免等"刚性"监督手段基本上长期处于"休眠"状态。在具体工作中，也一般按部就班进行，表扬肯定成绩多，批评建议少；对意见落实与否重视不够，并没有真正解决政府部门的实际问题。因此，必须要整合资源，转变机制和方式，颁行人大监督方面的程序法律规范或者由各省区市特别制定颁布实施监督法办法，对监督法的规定作细化，切实解决好"主动监督意识不强、有效监督手段运用不够、监督程序不规范"等问题，保障人大监督问责权的实现。

最后，在全国性统一立法成熟之前，可以考虑由各省级人大常委会自主性立法，明确县级以上人民代表大会常务委员会依法对同级重大行政决策的责任追究过程与结果情况实施监督；常务委员会主任会议依法处理重大行政决策责任追究中的重要事项；县级以上人民代表大会内务司法委员会负责监督重大行政决策责任追究工作的组织实施；常务委员会内务司法工作委员会承办监督重大行政决策责任追究工作的具体事务。凡是代表议案、建议和人大常委会会议作出的对重大行政决策责任追究的建议、决定或审议意见，都应在及时综合整理之后形成具体监督意见，以常委会的名义转交政府及有关部门处理；对常委会的重大决策责任追究审议意见，除一般问题转政府及有关部门落实外，对一些事关重大、群众反映强烈的行政决策责任追究问题，人大常委会要进行重点检查，督促落实；对涉及面广、落实难度大的责任追究事项，人大常委会要跟踪检查，直至问题解决。必要时，可以考虑成立专门的责任追究委员会，专事重大决策责任追究的具体监督工作。

各民主党派、政协委员有权依据宪法惯例、党中央和国务院有关文件精神以及《中国人民政治协商会议章程》的规定，以提案形式对行政决策失误的决策责任对象提出责任追究的建议。

开始于 2016 年 11 月的国家监察体制改革，其最大的变化就是实现违纪、职务违法与职务犯罪监督职权的监督、调查与处置职权三权统一，建立起新型、独立的反腐败专责机关——监察委员会。这一颇具中国特色的反腐机构，既是以习近平同志为核心的党中央作出的事关全局的重大政治体制改革，也是强化党和国家自我监督的重大决策部署。这一全面从严治党的创新举措，"将我国反腐败的力量进行了重新整合，完成了从行政监察向国家监察的结构性转变，实现了对公职人员监察的全覆盖"①，"解决了原先监察范围窄、反腐力量散、处置方式乱等诸多问题"②。既体现出监督权的重新配置，也实现了党内监督和国家机关监督、党的纪律检查和国家监察有机统一。强调对人监察而非对事监督，实现了对参与重大行政决策所有公职人员的监察全覆盖，极大地推进了行政决策权以及责任追究制度的法治化，消除了权力监督的"真空地带"，压缩了责任追究过程中权力行使的任性空间。

此外，司法机关也是行政决策责任追究的一种重要力量。甚至可以认为，司法机关的责任追究是对责任追究对象最基本的追究，是最基础的底线追究。司法追究是依法决策的保障，依法行政要求一切行政行为都必须合法，对于不合法的行政决策行为就应当通过司法程序来追究其责任。司法机关认定和追究行政决策失误的法律责任主要是通过行政诉讼和刑事诉讼进行的。人民法院通过依法审判诉讼案件，尤其是通过审判行政诉讼案件，以及对行政机关强制执行的申请进行审查这两种方式来实现对行政决策行为的责任追究。

同时，在我国，对行政决策失误的党内追究是行政机关内部追究的必要补充。按照权力监督与制约的原理，行政决策失误的责任追究也需要政

---

① 陈瑞华：《论国家监察权的性质》，《比较法研究》2019 年第 1 期。
② 常保国、刘思涵：《〈监察法〉中监察对象范围的认定标准》，《人民论坛》2019 年第 7 期。

党力量的介入，甚至从广义上来说，由于我国实行的是党管干部原则，对行政决策失误责任追究正是坚持党管干部原则的重要内容之一。

责任追究工作综合性强、涉及面广，必须依靠齐抓共管形成合力。可以说，从现实各国的行政决策责任追究的主体来看，从单一走向多元，从同体追究到异体追究并最终实现二者的有机结合与有效协同，是行政决策责任追究主体发展的必然趋势，也是我国构建行政决策责任追究主体及其运作机制的核心问题。行政决策的同体和异体追究实际上相辅相成，"虽然这两种性质迥异的谴责和制裁的客体在特定情况下可能重合，但作为两种内在机理截然不同的责任追究机制，两者在任何情况下均应彼此独立，互不影响，并不存在所谓竞合或者吸收的问题"。① 二者都是建设责任政府的重要途径，也共同服务于建设法治政府和责任政府的制度使命。

二 严格界分行政决策的责任追究对象

建立行政决策责任追究制度，本质上是要强化行政决策的制度安排，因此它必须是体系性的。从整个行政决策运行系统来看，严格界分行政决策的责任追究对象与有效界定政府及其部门职能密不可分。只有明确了行政机构的具体责任权限，有效区分领导职务决策人员和非领导职务决策人员，才能够保证将责任落实到个人，责任追究才更有说服力。因此，必须逐步规范经常用到的"有关责任人"等模棱两可的提法，尽可能地把责任追究对象予以具体化，使责任落到实处。对由领导班子集体作出的用人决定，按照主要领导、分管领导及其他成员明确相应的责任，避免领导班子成员责任不明。

第一，集体行政决策的责任追究对象。党政机关重大事项的决定多是集体决策，是按照法定要求和程序作出集体决策而签发的，根据现有实践情况来看，决策人员就无承办人、审核人和批准人之分，在这种集体决策的情况下，如何要求承担责任？要求谁来承担责任？长期以来规定并不明确，在实际中也难以操作。无论是只问"一把手"的责，还是要问主管领导的责，都缺乏明确清晰的规则。因此，在实践中，集体决策民主集中制就成为一把"保护伞"，有些领导借此逃避承担责任。这一现象引起了中央高层的高度重视。习近平总书记多次谈到，"历史和现实特别是这次活动都告诉我们，不明确责任，不落实责任，不追究责任，从严治党是做

---

① 曹鎏：《从温州动车事故处理看我国行政问责制的发展》，《行政法学研究》2012年第1期。

不到的"①。必须建立和完善系统严密的责任追究机制，坚持有责必问、问责必严，建立问责机制的问题清单、任务清单和责任清单。"对每一个具体问题都要分清党委负什么责任、有关部门负什么责任、纪委负什么责任，健全责任分解、检查监督、倒查追究的完整链条，有错必究，有责必问。"② 此后，随着《中国共产党问责条例》的颁行，这一窘境才得以较大改观，尤其是在党内的责任追究层面，开启了全面从严治党法治化和规范化的新航程。③《中国共产党问责条例》在概念上厘清党内问责和行政问责基础上，在党内法规体系中整合党内问责制度，实现了党内问责依据从"碎片化"到"系统化"的转变，并首次将各级党委（党组）纳入问责对象，规定了对党组织问责的检查、通报和改组三种方式，有效解决了以往党内问责中长期无法解决的"集体决策，无法问责"的难题。

理论上的清晰并不能完全解决实践操作中的困难，理论与现实的距离会始终存在。行政首长负责制具有事权集中、权责明确、指挥灵敏、行动迅速的优点。它实施十多年来，对克服行政机关中责任不明、人浮于事、互相扯皮和效率低下的状况起到了积极作用，但这一制度在实践中尚存诸多问题。对集体决策正确，而分工负责的某一领导集体成员执行失误或不作为，无疑应追究其责任；对集体决策失误或有重大缺陷、导致产生重大损失时，如何进行责任追究尚无明确规定，重大行政决策失误难以追究个人责任是个普遍存在的客观现实。事实上，对于"集体"是什么？"集体责任"是什么？目前尚未能给出明确定义。④

我们认为，虽然行政机构的规模随着经济社会的发展也不断发生着变化，但行政机构的工作越发需要集体内部之间相互合作、协调一致来完成。所以，作为一种行政行为，行政决策也必然需要集体讨论合作探讨来做出，充分发挥集体的智慧，它绝非仅是某个领导成员的个人成果，重大行政决策更是这样。这不仅是保证维护整体利益的各种方式都能被认真考虑而不被遗忘，也是因为客观情况是多变的以及个人能力是有限的等因素的考虑。为防止行政首长借"集体决策"逃避承担责任，对集体讨论、集体决策也追究责任，避免"法不责众"现象的出现，就要创新决策失

---

① 《十八大以来重要文献选编》（中），中央文献出版社 2016 年版，第 93 页。
② 《习近平关于全面从严治党论述摘编》，中央文献出版社 2016 年版，第 223 页。
③ 郑继汤：《依规治党背景下党内问责精准化研究——以〈中国共产党问责条例〉为视角》，《理论与改革》2016 年第 6 期。
④ 吴新平、黄军喜：《行政问责制度"真的"能顺利实施吗》，《湖北经济学院学报》2015 年第 5 期。

误的责任追究方式。一是要明确决策责任由主持会议的行政首长或党委书记负责。二是要实行重大决策失误的集体辞职制度,使"集体决策"承担"集体责任"。三是要完善决策程序,建立决策讨论、辩论、投票记录与备案制度。在重大行政决策领域,行政首长一般应当按多数人的意见作出决定,同时也可以根据少数人的意见或综合判断作出决定,但应当说明理由。对于记录中显示的在决策会议上对错误决策持赞成态度的要严厉追究责任,对于不表明态度者也要进行追究,对于反对者可以免予追究。

第二,上级干预行政决策责任追究对象。从学理的角度来看,权力意味着责任,拥有多大的权力自然需要承担相应的责任,这充分体现了权力与责任之间关系的平衡。但是,在我国政府部门上下级领导体制的影响下,行政决策的权力向上集中而责任却向下分散,不做事的人享有权力而由做事的人承担责任,即所谓的"工作有成效,得益于上级领导有方,工作犯错误,主要是下级执行不力"。在政府行政决策过程中,上级领导和部门干预下级行政决策的情况时有出现,这时行政决策失误责任追究的对象也就时常会处于两难选择的困局之中。因为在当前进行的责任追究中,其主体通常是由上级机关和上级领导及专门机关来担任,即通常是同一系统内上级对下级的同体责任追究。这种追究的优点在于对自己授予权力的客体进行监督,有利于授权目的实现,但也有弊端。追究下属比较容易,往上追究较难。有时因管理权限的制约不便进行调查,有时由于有些被追究者"后台"较硬,担心进行追究招惹麻烦,产生故意回避心理。尤其是当一些垂直管理单位行政决策出现失误时,进行责任追究困难更大。地方无权插手,上级主管部门则基于部门利益考虑,往往采取"大事化小,小事化了"的做法,使责任追究无果而终。

在普遍缺乏异体追究的情形下,《广西行政过错责任追究办法》或许具有较强的借鉴意义。该《办法》第二十五条规定:"上级行政机关改变下级行政机关的决定,导致行政过错发生的,上级行政机关承担行政过错责任。"照此,结合《公务员法》的有关规定,如果上级干预下级行政决策导致决策失误的,承办人员在依法向该领导提出改正或撤销意见,而上级不改变或要求立即执行的,应以该领导为追究对象,承办人免责;但承办人员执行明显违法命令或决定作出决策行为的,应当依法承担相应的责任。上级机关非依照法定职权而实施干预导致行政决策失误的,具体实施人来承担承办人的责任,除非有充分的证据能证明,上级机关非依法定职权实施干预行为与该决策失误行为有因果关系。同时,如果上级不正当地干预了下级的行政决策而导致行政决策的失误,我们认为也应当一并追究上级的连带责任。当然，对于责任追究的公正性如何从主体上保证尚需进一步研究。

第三，经由行政听证决策责任追究对象。行政决策在结构上走向多元和开放，使行政决策的主体问题从"谁制定行政决策"转移到"谁参与到行政决策制定"①。尽管政府仍然是决策主体，但当社会公众对行政决策的意愿与行政决策的合法性二者之间存在一定关系时，而不只是依靠权力意志对决策是否合法进行自我判定，这就表明了政府的开明和进步，也是政务公开和民主决策逐渐进步的一个重要标志。行政决策听证制度使社会公众"能基于本身之利害，或专门之学识发表意见，使利益表达制度化，冲突纳入理性的沟通渠道，以消除政府与人民之隔阂，缩短政府与人民间之距离"②。社会公众对听证制度关注的侧重点也在不断改变，刚开始只是对行政决策听证制度这一制度本身高度关注，后来逐渐转向对听证制度所带来的实质效果热切渴望，他们希望这一制度能够真正发挥实效，在公共决策制订过程中更多地体现民意。

第四，党政联合行政决策责任追究对象。"新中国成立以来所形成的'党治国体制'构成当代中国政府运作的制度基础。"③ 从中国的特有行政决策实践看，"中国共产党作为执政党，她对整个中国的政治、经济、社会和文化等方面都具有领导权，这不仅是人民的选择、历史的选择，也是保持国家政治整合的现实必然要求。表现在行政决策上，它是整个中国行政决策的中枢结构"④。新的历史条件下，世情、国情、党情正在发生深刻的变化，来自党内外的风险考验前所未有，全面从严治党正处于从治标为主走向标本兼治的重要节点。党要适应改革开放和社会主义现代化建设的要求，就必须在坚持中深化、在深化中坚持，将实践创新固化为制度。

同时，在我国各级政府体系中，党、权力机关以及行政机关之间的关系相对复杂。在重大决策上，现实中存在党政决策权力一明一暗"双轨"并存现象，行政首长常常会受到党委领导的影响，一项重大行政决策的决定首先需经过党委讨论，然后再由行政机关进行讨论，党委书记往往是最终决策者。但是，在对外生效的决策文本中，党委的权力运行的痕迹并不会显示，而只会看到行政机关的署名。党的组织参与政府决策，并且是政

---

① 栗燕杰：《行政决策法治化探究》，中国法制出版社 2011 年版，第 86 页。
② 罗传贤：《行政程序法基础理论》，台湾五南图书出版公司 1993 年版，第 187 页。
③ 陈水生：《从压力型体制到督办责任体制：中国国家现代化导向下政府运作模式的转型与机制创新》，《行政论坛》2017 年第 5 期。
④ 罗峰、王伟萍：《当代中国行政决策的多重要素》，《探索与争鸣》2003 年第 11 期。

策决策过程中最重要的决策者,构成了独具特色的中国公共政策决策模式。

理想主义上,在重大行政决策过程中,中国共产党作为执政党对行政决策的作出,更多是政治方向的把握,而不应过多纠缠于行政决策的具体技术细节;同样,人民代表大会也只能对行政机关决策权力运行过程进行监督,而不能涉及过多决策技术层面问题。但是,"在这种体制模式下,官僚——行政系统通常十分发达。政治与行政享有较高权威,受到人们的尊崇。反映在政治体系中,是行政部门常常处于支配性的地位"。[1] 这种党政一体、以党为主的模式导致了法定结构和非严格意义上的法定结构互存的状况,对行政决策及其决策失误后的责任追究制度产生了深远的影响。党政之间、正副职之间的职责划分目前还不规范,主要领导、分管领导、具体承办人分别应当承担什么责任并不清楚,导致责任追究时责任对象无法界定。譬如,现实中出现的"决策失误""选人失察"等问题,都是"集体讨论""齐抓共管"的产物。

长期以来,尽管"中共中央办公厅和国务院办公厅于2009年联合发布的《关于实行党政领导干部问责的暂行规定》已经体现了将党委领导列为行政决策责任主体的态度"[2]。但是,在我国的行政决策失误责任追究实践中,对于党内和行政权力失范行为的责任追究主体不尽相同,往往对政府部门的行政首长问责,而没有对党委一把手追究责任。[3] 责任到人,是问责的前提;责任清晰,问责才有根据。《中国共产党问责条例》明确规定将各级党委(党组)、党的工作部门及其领导,各级纪委(纪检组)及其领导和五大类主体纳入问责对象,并要求党内问责要秉承权力和责任对等的精神,坚持"分级负责、层层落实责任"的原则,抓住"主要负责人"这一重要主体,区分全面领导责任、主要领导责任和重要领导责任,层层传到压力,严格细化责任。在党内法规上扎紧了制度的笼子,在责任追究落实到具体事项、具体组织和个人迈出了坚实的步伐。[4]

《关于实行党政领导干部问责的暂行规定》第二条规定:"本规定适用中共中央、国务院的工作部门及其内设机构的领导成员;县级以上地方

---

[1] 任晓:《当代各国政治体制:韩国》,兰州大学出版社1998年版,第69页。
[2] 夏金莱:《重大行政决策终身责任追究制度研究——基于行政法学的视角》,《法学评论》2015年第4期。
[3] 姚庆武:《行政问责制的建立和完善》,《行政与法》2001年第5期。
[4] 郑继汤:《依规治党背景下党内问责精准化研究——以〈中国共产党问责条例〉为视角》,《理论与改革》2016年第6期。

各级党委、政府及其工作部门的领导成员，上列工作部门内设机构的领导成员。"这一规定也被写入2011年《北京市实施〈关于实行党政领导干部问责的暂行规定〉办法》，该《办法》将行政决策失误的责任追究对象由政府领导扩大至党政领导干部，首次将北京市党委领导纳入行政决策的责任追究对象范围，即党委和政府作为决策失误的第一责任人。可见，在《暂行规定》中，党政主要领导干部都可以成为行政决策失误的责任追究对象。

但从实际操作层面来看，该规定还是过于笼统，决策责任追究对象依然模糊。甚至于在一些地方也将党委决策和行政决策的责任追究办法合二为一，统称为《重大决策责任追究办法》。如2017年5月，四川省遂宁市委为实现"加快发展、弯道超车"的战略目标，推动市委、市政府确定的重大决策部署进程，避免因不履行、不正确履行职责或者履行职责不到位，造成管理秩序混乱、效率低下、工作不能及时完成等消极影响，给国家利益、公共利益、公民、法人及其他组织合法权益造成一定影响或较大损失的行为，制定出台了《遂宁市落实重大决策部署责任追究办法（试行）》。依据这一规定，遂宁市落实重大决策部署责任追究领导小组可以对包括全市各级党的机关、人大机关、行政机关、政协机关、审判机关、检察机关、人民团体、事业单位、国有企业及其工作人员中的主要领导、重要领导和直接责任人，给予通报、诫勉、组织调整、组织处理、纪律处分以及刑事责任追究等处理。

我们认为，将党委决策与行政决策的责任追究办法合二为一进行规定，尽管有利于节约问责资源，便于统筹考量执行，但是也同时会进一步加剧决策责任追究实践的复杂性和干扰性。应当以各自明确的分工范围为依据来确定正副职之间各自应承担何种责任，行政正职负领导责任，副职就分工范围内的具体事项负直接责任。全力消除部门权力边界模糊、职能交叉、重叠的现象，本着谁主管谁负责、谁负责谁承担责任的原则，划清有责与无责的界限，将行政决策的职责和工作任务、工作目标分解，能够具体到内设机构、各个岗位及承办人员，建立主体明确、层级清晰、具体量化的岗位责任制，使得岗位之间、部门之间无缝衔接，形成责任闭合环路。必须对主要领导之间、正副职之间、上下级之间、部门之间、个人和集体之间的职责进行科学的划分，做到职权法定、决策主体法定。

在这方面，2016年云南省人民政府发布的《云南省重大行政决策程序规定》（云南省人民政府令第200号）或许可以作为各地明晰各方责任的一个样本。该规定明确：县级以上人民政府应当健全重大行政决策责任追究机制，建立重大行政决策终身责任追究制度及责任倒查制度，完善调职、离职、辞职、退休等不影响责任追究的机制。决策机关违反本规定，未履行重大行政决策程序，导致决策失误，造成重大损失或者恶劣影响的；或者依法应当作出决策而未作出决策，或者应当及时作出决策但久拖不决，造成重大损失或者恶劣影响的，依照《行政机关公务员处分条例》等规定，对负有责任的领导人员和直接责任人员给予处分。决策事项承办单位违反本规定，未履行重大行政决策程序，造成重大行政决策严重失误的；或者在履行重大行政决策程序中弄虚作假的，依照《行政机关公务员处分条例》等规定，对负有责任的领导人员和直接责任人员给予处分；决策事项执行单位违反本规定，对政府作出的重大行政决策以及停止执行、暂缓执行或者调整重大行政决策的决定，拒不执行或者故意拖延执行的；或者执行当中发现重大问题故意瞒报、谎报的，依照《行政机关公务员处分条例》等规定，对负有责任的领导人员和直接责任人员给予处分；受委托的专家、专业机构在重大行政决策过程中违反法律、法规、规章，造成严重后果的，有关机关应当依法追究相应的法律责任。这一区分行政决策流程不同阶段不同责任的立法模式在其他地方也有类似规定。如《山西省人民政府健全重大行政决策机制实施细则》《隆尧县人民政府重大决策责任追究制度》。

在共产党依法执政的条件下，加强党内追究极为重要。中国共产党作为一个典型的使命型政党，在推进党的事业中，每名领导干部可能要承担许多种责任，如果给党的事业和人民利益造成严重损失，产生恶劣影响，纳入问责范围。首先，依据《中国共产党党组工作条例》第 41 条规定，"党组重大决策失误的，对参与决策的党组成员实行终身责任追究。党组成员在讨论决定有关事项时，对重大失误决策明确持不赞成态度或者保留意见的，应当免除或者减轻责任"。要严格落实《中国共产党党组工作条例》，夯实党建工作的"四梁八柱"，督促党组履职尽责规范、权力运行有效。"要优化党内民主结构、完善党内决策问责链条，发挥好党代会的作用和党员代表的主体意识，在党内构建起党员通过党代表向党委问责、党委向党的干部问责这样一个完整的问责链条。"[①] 其次，坚持党管干部原则、改进干部管理方式，合理调整选任干部和委任干部之间的比例以及完善干部选拔任用的首提责任制。《关于实行党政领导干部问责的暂行规

[①] 陈国权、谷志军：《非竞选政治中的决策问责：意义、困境与对策》，《经济社会体制比较》2014 年第 2 期。

定》的出台保障了党政领导干部问责制的行使有法可依，但我们不能忽视新制度背景下存在的困境缺陷阻碍其顺利实施。一些党组织和领导干部一直充当"老好人"的角色、不能勇于担责的现象依然存在。在政治运作层面还存在很大的法律漏洞，需要正确认识党政之间在职责承担方面的差异，规范党在政府过程中所发挥的具体作用，并以此为基础合理划分党政之间的职责权限、明确各个机构的职能及其工作人员的职责，以确保党委一把手和政府部门领导都得到责任的追究。

同时，在对党委一把手进行责任追究的过程中，要注意党内处分和行政处分甚至司法处罚相结合，不能用党内处分替代行政处分甚至司法处罚。鉴于党政交叉任职的情况有一定的普遍性，应明确党、政人员的分工与职责，并接受与政府官员同样的责任追究。换言之，对于党政联合决策失误的责任追究不能只局限于政府系统，也应适用党委系统；鉴于行政机关实行首长负责制，又常有工作分工之说，我们认为可以参照新修订的《关于实行党风廉政建设责任制的规定》中责任划分的原则构建重大决策领域各类责任的划分边界，进一步分清行政首长的决定权与党委集体负责制的共享性权力之间的边界；明确决策者个人的责任与集体决策的责任分担规则；上级领导责任与直接责任之间的边界；主要领导责任、重要领导责任、直接责任都需要明确区分。[1]

三 明确行政决策追究对象的责任方式

在行政法领域，行政决策依然是未型式化的行政行为，对于行政决策的规制方式、方法都还在摸索中。尽管行政法学以及公共管理学等研究领域的学者们普遍注意到对行政决策及其责任规制的必要性和重要意义，但是学者们的观点论争依然较为激烈，对于行政决策及其责任追究之间的关系、责任追究的类型、方式远未达成共识。

我们认为，责任追究情形和责任内容虽然不能够完全相互一致，但二者是相呼应的，只要是出现了应当追究责任的情形一定是属于违反了责任内容的规定或者是存在不能够正确履行责任内容规定的行为。应当承担的行政决策失误责任在大小方面存在着不同，原因各种各样，既包括主观因素，也包括客观因素，应当根据具体情况严格区分行政决策失误的不同责任性质，以追究其政治责任、道德责任和法律责任。

对于集体决策失误，除了主要领导应按上述原则追究责任外，其他同

---

[1] 邱曼丽：《构建重大决策终身责任追究制度》，《中国党政干部论坛》2016年第9期。

意该决策的领导成员也应根据其在决策中所起作用大小不同分别追究他们的责任。然而，认真分析我国有关的行政决策责任类型体系，我们不难发现，不仅各地行政决策责任方式的规定详略不一、规定方式各异，而且规定的类型多寡、有无也不同。有的地方采用列举的方式予以明确，有的则以为，行政决策失误的因素具有多样性，决策责任形式也是随着社会的发展不断发展变化，简单采取列举的方式不能穷尽所有的责任形式，难免会出现方式的遗漏和逻辑上的混乱，这样不利于发挥责任追究制度的功能，遂选择以概括式予以规定。就有关行政决策责任追究的相关立法整体来说，存在一个藩镇割据的弊病，立法的统一性不好，不同法律法规之间对行政决策失误的责任追究类型与方式未能做到协调统一。

也正因为如此，有的地方和部门的相关规定才大量地采用了"其他法律、法规对处罚方式另有规定的，从其规定"等转致适用的模式。如四川省《遂宁市重大行政决策失误责任追究办法》第十一条规定："对重大决策失误责任的追究，国家法律、法规和上一级政府制定的规章制度另有规定的，从其规定。"海南省《屯昌县重大行政决策程序和决策责任追究制度》第十八条规定："本制度所涉及的内容，凡法律法规另有规定的，从其规定。"这种转致模式又加剧了立法不统一的现象。

首先，各地行政决策责任追究的规定，在责任追究类型方式上普遍将政治责任、道德责任、法律责任散乱地规定在一起，缺乏层次性和逻辑性，从而体系散乱不一。其次，由于责任性质不同、严厉程度差异，行政决策失误引起的政治责任、道德责任与法律责任具有不同的适用主体和不同的适用程序。然而社会关系和社会生活的复杂性以及法律对权利保护的多重性与周密性，往往使不同规范之间对同一决策失误责任追究方式的规定出现交叉、重叠，进而导致决策失误行为可能承担多重责任，导致政治责任、道德责任与法律责任纠结、缠绕在一起，从而给实践中的决策责任认定与追究方式带来困难。

这一困难在政治责任认定中体现最为明显。我国目前对政治责任的具体承担方式并没有一部专门的法律规定，政治责任的承担方式可以是撤职、引咎辞职、责令辞职等，但是这种散乱不一的规定带来的结果，就是在实践中责任追究随意进行，从而可能出现通过对其他种类责任的承担来代替政治责任的混乱无序。这种实践多发的"救火式"处理，并非从根源上对制度进行反思和修正。最后，普遍没有结合党内法规关于责任追究的规定，考虑行政决策责任追究的类型与方式，往往忽视了党纪约束与相关处理规定。甚至在行政决策责任追究时，也会由于相关规定的不明确或者缺失，导致不同责任追究主体之间没有统一协调，封闭追究，党纪政纪追究与法律责任追究出现顺序的混乱，彼此间推诿扯皮，甚至责任替代。

理论来源于实践，同时理论也具有指导实践的品格。随着各地风起云涌的行政决策责任追究制度的建立与发展，我国的行政决策责任追究的法治化进程也进入了全面规划、整体推进的新阶段。行政决策责任追究制度的严密性、严肃性和权威性亟须尽早确立。鉴于我们最终要制定的是一部统一的行政决策责任追究法律文件，所以从法律文件的完整性、逻辑性出发，行政决策责任追究方式的具体规定应当做好政治责任、道德责任与法律责任之间的有效衔接，而各责任类型与责任具体方式之间的纠结与冲突不可能在某一责任框架内解决，因此，问题的解决需要进入整个责任体系层面进行通盘考虑。"所谓通盘考虑，主要是强调要用系统论的观念，在整体上全面考虑不同责任种类间的界限、各责任种类间的衔接以及各种责任的协调与平衡的问题。"① 对行政决策责任承担方式作出明确、具体的规范设计。

我们认为，行政决策失误千差万别，失误所造成的社会危害轻重不一，决策者的主观过错也各不相同。这样，行政决策责任承担方式也应与行政决策失误的复杂性相适应，带有多样性、层次性，决不能相互混淆、替代。如果在实施责任追究过程中混淆或交互替代责任类型，必然会造成行政决策责任追究执行的障碍，使决策失误的责任追究流于形式。为此，"首先，应当加强公务员的道德立法，对官员道德问题实行'零容忍'，对政府官员的不道德行为进行法律约束，凸显行政官员道德的先进性和强制性。其次，对不同层级的行政官员的政治责任范围、类型和层级进行界定，突出政治责任的优先性和规范性。最后，'从党员干部兼具党员和公职人员双重身份的角度来看，党纪问责与公务追责遵循的是两条相对独立的路线，党员干部在受到纪律处分之后，并不影响其法律责任的追究。'② 要进一步明确党政职责分工和层级责任的界定，避免党纪处分替代法律责任，防止上级领导要下级公务员'背黑锅'"③。

我们认为，在行政决策责任追究的具体方式上，对于决策责任对象所承担的政治责任，按照人民主权以及代议制理论，此类责任的追究主体应该是最能体现民意的权力机关。结合我国的政治实践，同样有两类主体可

---

① 张旭：《民事责任、行政责任和刑事责任——三者关系的梳理与探究》，《吉林大学社会科学学报》2012 年第 2 期。
② 刘艳红：《〈监察法〉与其他规范衔接的基本问题研究》，《法学论坛》2019 年第 1 期。
③ 李国梁：《行政问责制中亟待反思的几个关键问题》，《沈阳大学学报》2011 年第 4 期。

供选择：一是民选的代议机关即各级人大及其常委会。不过，选择此类责任追究主体还需对我国的政治体制进行深入改革，才能改变目前权力机关权威远远低于被监督者的现状。二是同级或上级党委。从严管党治党，各级党组织以及党的领导干部既要率先垂范、以身作则，又要对党员队伍中的问题及时肃清，确保风清气正、党风清明。

对于责任追究对象所承担的道义责任，由于它是一种软约束，追究主体既可以是人大代表、政协委员、上级领导、同事，也可以是平民百姓。对于除道义责任以外的其他责任形式，则只能由法定的官方主体来进行追究，也就是孟德斯鸠所说，只能利用权力来制约权力。行政责任，我国尽管不实行西方的三权分立制，但也遵循权力相对分离的原则。对决策者进行行政责任的追究，有两类主体可供选择：一是决策失误者的上级领导，二是专责于党内监督、国家监察的监察机关，与党的同级纪委合署办公。不管是哪类追究主体，都必须将责任追究的结果连同评估机构的结论向社会公开。民事和刑事责任的追究主体只能是司法机关。①

在具体的行政责任承担方式设计上，《山东省行政程序规定》中的责任方式设计或许具有较强的现实意义。该《规定》第一百三十五条明确："追究行政机关及其工作人员责任的形式包括行政处理和处分。对行政机关行政处理的种类为：责令限期整改、责令道歉、通报批评、取消评比先进的资格等。对行政机关工作人员的行政处理的种类为：告诫、责令道歉、通报批评、离岗培训、调离执法岗位、取消行政执法资格等。处分的种类为：警告、记过、记大过、降级、撤职、开除。行政处理和处分可以合并适用。"事实上，这种责任承担方式也得到了其他地方较为普遍的借鉴、发扬，尤其是对责任追究个人责任的处理方面（参见表4—1）。

表4—1　地方重大决策责任追究办法中的决策责任追究形式样本表

责任形式	武汉市	合肥市	南昌市	宿州市	眉山市	西平县	海盐县
通报批评		√	√	√	√	√	√
责令道歉	√	√	√	√	√	√	√
诫勉谈话	√						√
停职检查	√	√		√		√	
引咎辞职	√				√		

---

① 朱水成、张宝林、张莹：《公共决策失误与体制创新》，《理论导刊》2004年第8期。

续表

责任形式	武汉市	合肥市	南昌市	宿州市	眉山市	西平县	海盐县
责令辞职	√				√		√
免职处理	√				√		√
调离岗位	√	√		√		√	
取消评先		√	√	√			
扣罚奖金			√				

比照此规定，为了使责任追究更具有可操作性，行政决策责任追究的具体方式决不能实行简单的列举，还应当对各种责任方式对应何种责任内容进行明确的界定。行政决策失误责任承担具体方式和追究结果运用上可以作如下规定："追究决策责任应当根据过错情节、损害后果和影响大小以及干部管理权限，按照下列方式追究：对行政机关行政处理的种类为：责令限期整改、责令道歉、通报批评、取消评比先进的资格等。对行政机关工作人员的行政处理的种类为：告诫、责令道歉、通报批评、离岗培训、调离执法岗位、取消行政执法资格等。处分的种类为：警告、记过、记大过、降级、撤职、开除。行政处理和处分可以合并适用。对于负有决策失误责任的共产党员，建议有关党组织，依照《中国共产党纪律处分条例》给予相应的党纪处分。涉嫌违法犯罪的，移送司法机关依法处理。"

在实践操作中，要充分运用组织处理手段，以组织处理为主、法律制裁为辅。对违反规定造成决策失误的领导干部，在追究的方式上既有组织处理，又有纪律处分，在查清事实的基础上，情节较轻的，可采取一种方式单项处理；情节较重的，不仅给予党纪政纪处分，还建议采取相应的组织处理，甚至调整领导班子；触犯刑律的，移交司法机关追究刑事责任。尽管如此，我们始终认为，随着社会的变迁，行政决策失误的责任体系也在不断发展变化，行政决策的责任形式在立法中的规定也应当是灵活的、开放性的，而不是僵硬的、封闭的，这对于行政决策的责任追究制度的发展有着重要意义。

四 理性界定重大行政决策的合理范围

重大行政决策范围的界定问题是实现重大行政决策科学化、民主化和法治化的基础与前提，也是实现重大行政决策法治化的难点和薄弱环节。从利益分析的视角看，"重大行政决策的过程实质是利益分配的过程，决策活动属于公共意志表达的政治性质活动"①。但在我国的政治实践中，由于"重大行政决策事项"的界定并不明晰，大量的行政决策都被异常地划入了非"重大行政决策事项"范围之中。因此，我们必须要努力适应新形势新任务的要求，以改革创新的精神，不断研究解决推进依法行政、建设法治政府进程中遇到的这一新情况、新问题。重大行政决策范围的准确界定不但能够给正确的行政规划提供一个可靠的依据，而且能够决定是否能够有效实施行政管理。因此，必须严肃认真地对待重大决策范围的界定，对如何界定、怎样界定重大行政决策范围深入思考，规范和调整重大决策权力格局，实现重大行政决策的法治化。

第一，明确重大行政决策事项范围的界定方式与思路。如上所述，重大行政决策事项范围并不是固定不变的，而是跟随周围不同情况不断发展变化，具有动态性、区域性和模糊性的特点。因此，科学界定重大行政决策事项范围难以绕开这五大难题，即：表述的规范性、内涵的全面性、各界的认同性、实践的操作性以及变化的适应性。但是，重大行政决策事项范围又必须依赖明确的制度保障，否则很难为重大行政决策权行使的权威性和严肃性提供保障。因此，我们认为，在此过程中必须遵守一些基本的立法规律。在界定"重大行政决策事项"时，必须尊重现有立法实践首先确立界定"重大行政决策事项"范围的原则，然后按原则界定其范围，采用综合方法进行界定，即列举与概括加以结合。基于此，我们应该在中央立法层面制定界定重大事项范围的框架性文件，并授权地方可以依据宪法和有关法律法规的规定，采取概括事项与列举事项相结合，以规范性文件的方式界定本地区重大行政决策事项的范围框架。当前，中央层面的规定比较粗糙和笼统，但大致为重大行政决策程序指明了一个方向：以羁束性程序为原则，以裁量性程序为例外。

在行政决策责任追究事项范围的规定上，我们赞同学者的观点，认为"应当对重大行政决策的事项范围采取'概括+列举+目录+排除'的立法技术，兼顾立法的明确性、灵活性及合理性要求。在当前重大行政决策概念认识较为模糊的背景下，'肯定性列举'的作用是最直接的，且不可或缺。但要及时应对未来的行政决策新变化，'概括性规定'也必不可少。'目录'的方式主要解决地方自主性的问题，'排除'的方式则主要

---

① 王万华：《重大行政决策中的公众参与制度构建》，《中共浙江省委党校学报》2014 年第 5 期。

解决一般法和特别法的关系问题"①。

　　重大行政决策的事项范围立法规定中，部分地方考虑到重大事项范围确定的直观性、明确性和可操作性，也结合本市县的经济社会发展状况列出了非常具体的数据指标。如湖南省郴州市、益阳市、常德市的相关规定。《郴州市人民政府科学民主决策程序暂行规定》对编制财政预决算、国有资产处置、政府投资项目等领域的重大行政决策事项进行了量化，其作出的量化标准分别是 100 万元以上、500 万元以上、200 万元以上；《益阳市人民政府重大行政决策程序规则》分别为 3000 万元以上、2000 万元以上、1 亿元以上；常德市作出的量化标准为编制本级财政预决算和一次性安排超过 500 万元的，本级政府直接投资 1000 万元以上的重大建设项目。

　　我们认为，可以通过政府决策重大事项范围的"目录管理制度"和"年度清单"模式来予以改进，即采用江苏、汕头等省市的经验做法，将重大行政决策的具体事项和量化标准，由县级以上地方人民政府在决策目录规定的范围内确定，并向社会公布。具体而言，由地方政府将纳入年度重大事项的选取原则、具体内容、标准技术、实施程序以及责任追究方式等作出清晰、详细、严格的规范，并将党委认可、人大关心、群众关切、政府有为的事项向社会公开，构建可执行、可考核、可问责的完整、有序运行机制，保障重大行政决策事项的落实。

　　第二，规范重大行政决策事项范围界定中的党政关系。中国共产党是我国最广大人民群众利益的忠实代表，是我们国家事务的管理者和政府机构的领导力量。党委关于行政决策尤其是重大行政决策的认可和判定，在相当大的意义和程度上，对于政府机关的决策具有决定性影响，尤其是在党的十八大以后的政治环境下，党的权威性持续得到强化和重视。党的意志可以坚定地被迅速贯彻落实到政策制定过程当中，并在具体执行中再次得以具体展现。由于党政关系的融合，可能会导致政府试错的勇气和信心受到一定程度的限制。不可否认，党委对国家事务具有绝对的领导权。

　　我们认为，"各级党组织必须在国家宪法和法律的框架内活动，这是建设社会主义法治国家的基本要求"。"党领导人民制定法律，自己必须带头遵守法律，带头维护法律的权威。"② 这要求我们必须以果断的勇气和坚定的决心，通过制度创新和制度变革来不断规范党政关系。党应按照

---

① 韩春晖：《行政决策的多元困局及其立法应对》，《政法论坛》2016 年第 3 期。
② 俞可平：《依法治国必先依法治党》，《学习时报》2010 年 3 月 15 日。

宪法和法律的规定，以及党对国家事务的领导原则，明确自身决策范围，把本来是行政决策的事项让政府来进行决策，把应该是人大及其常委会决策的事项交给人大及其常委会决定，并使之具体化和制度化。

第三，划定人大决定权与政府重大决策权之间的界限。依照法律规定，地方人大及其常委会是地方国家权力机关，同级人民政府是它的执行机关，由它产生，对它负责，受它监督。在管理国家事务和社会事务上，人大具有重大事项的决定权。正如彭真在谈及人大及其常委会决定重大事项时指出的那样："人大和人大常委会是国家权力机关，它的任务是审议、决定国家根本的、长远的、重大的问题。"[1] 这样的"三性原则"的表述也被发展成为判定人大及其常委会决定讨论重大事项权限范围的基本标准。[2] 党的十八届三中全会也特别指出，健全人大讨论、决定重大事项制度。不过，人大所决定的事项是本行政区域内的对全局具有作用，从长远方面看具有利益，对本地区能够起到根本性作用的问题，政府具有执行权和行政管理决定权。虽然政府在行政工作中也进行大量的决策活动，不过这种决策大部分是为了更好更加高效地执行本级人大的决定和上级政府的命令。对于什么事项由人大决定，从全国来看，全国人大至今没有颁布关于行使重大事项决定权的专门的法律法规，宪法和地方组织法对地方人大常委会行使重大事项决定权仅仅作了一般的比较笼统的原则性规定。从各地实际看，重大事项的界定不够具体，对于什么是重大事项、如何行使重大事项决定权，决定的内容难以把握，操作困难。[3] 可以说，对地方人大及其常委会层面来说重大事项的范围不明确也是遇到的普遍性问题。人大决定重大事项的模糊与政府重大决策事项的不明确二者相互交织相互叠加，使政府重大行政决策事项范围的界限更为模糊不清。

尤其是在当前我国正处在一个不断深化改革、不断向前发展的过程中，各种新情况各种新问题不断出现，让人眼花缭乱，不管人大还是政府都不能够准确把握重大事项的界限。我们认为，地方各级人大与政府要根据宪法、地方组织法和其他法律、法规的规定来尽早明确到底何种

---

[1] 彭真：《论新时期的社会主义民主与法制建设》，中央文献出版社1989年版，第329页。
[2] 向立力：《人大讨论、决定重大事项权的规范化》，《法学》2016年第1期。
[3] 实践中，大部分地方人大及其常委会尽管制定了有关行使重大事项决定权的条例，试图对重大事项作出较为明确的规定，但由于重大事项决定权与党委决策权、政府行政管理权界限模糊，各地对重大事项的规定存在普遍性强、特殊性弱等现象，部分规定由于认识不一致等原因，还存在自相矛盾甚至有违法律精神之处。参见方军《地方人大行使重大事项决定权的问题与对策》，《人民代表报》2009年11月21日。

重大事项处于自己的管理范围内,然后各自分别行使自己所管辖重大事项的决定权和决策权。对法律明确规定的重大事项,政府在对其进行处理的过程中,对于该由本级人大及其常委会通过讨论来做出决定的事项应该主动地向本级人大及其常委会提交,做到不越位;人大及其常委会要更加主动的行使决定权,对属于自己决定范围内的重大事项,要对政府进行督促,让其提交审议,积极主动地行使自己的职权。人大与政府应当在各自的范围内独立行使自己的职权,政府的决定权只能由政府自己行使,政府的决定不能和人大作出的决定相矛盾。对法律虽然有规定但是规定的并不具体或者法律根本就没有做出规定的,必须在法定职责范围来筛选,做到既积极进行探索,又不得与宪法和法律相抵触。

第四,防止重大行政决策内部操作的自利倾向。实践中,有人认为对于重大行政决策的"重大"判断属于行政机关的内部行政行为,应当给予其自由裁量的空间范围。① 我们认为,重大行政决策的衡量必然直接或者间接地涉及公民、法人或者其他组织的合法权益,并非完全意义上的内部行政行为,应当接受外部的监督和制约,防止其内部操作的自利倾向。不过,由于重大行政决策过程从本质上来讲就是决策者的行为过程。只有通过有效的监督重大行政决策权力,并对其进行约束,才能建立健全重大行政决策机制,而这也是监督和制约政府重大行政决策所面临的最大的困难。如上所述,试图对重大行政决策事项范围作出明确具体的规定,当前存在着一定的困难,今后也是如此。这种范围界定的模糊与实践监督的困难,为重大行政决策系统内部的暗箱操作以及以权谋私等行为的产生提供了广阔的空间。理论上,政府作出的任何决策都应以最广大人民利益为出发点和落脚点。但是,根据以前的经验,人都不是天使,这一假定在实践中不断得以证实。"如果人都是天使,就不需要政府有任何外来的和内在的控制了。"② 行政决策本身就带有巨大的主观性和非常鲜明的价值取向,在决策过程中,价值观不同对于决策问题的判断也会不同。

政府是行政决策的核心主体,但是政府主体不仅是公共利益的代表,同时也是其组织成员利益的代表,当公共利益与政府主体内个人利益一致时,政府主体会自觉为公共利益的实现而努力,但是当公共利益和政府主体内个人利益不一致时,政府主体的自利性动机可能导致其行为偏离公共

---

① 朱海波:《地方政府重大行政决策程序立法及其完善》,《广东社会科学》2013 年第 4 期。
② [美]汉密尔顿等:《联邦党人文集》,程逢如等译,商务印书馆 1980 年版,第 264 页。

利益，这就是诺斯所言的"政府悖论"①。也正如公共选择理论所强调的那样，人是理性的利己主义者，人都能够合理的利用自己的理性使自己的利益得到最大化的实现。所以，行政决策者和普通人一样，也是理性的"经济人"，他的追求也是使自己能够最大限度地实现自己的利益。因此，在进行行政决策的现实环境中，在这个利益分化的社会里，决定一项事项是否属于重大事项的标准，往往并不是它所涉及的那个真实的具体的利益，而是利益相关方所具备的话语权的大小以及该话语权能够在多大程度上得到运作。

重大行政决策过程中，有时也会出现行政决策系统内部个人独断专权，将政府主体希望自己利益能够最大程度实现的这种倾向进一步得到加强，将本应属于重大行政决策范围事项剔除出重大行政决策事项范围之外，从而避开重大行政决策风险评估、专家咨询论证、合法性审查、听证、公众参与、集体决策、决策后评估以及监督检查制度等一系列规范化程序的情形。所以，必须通过严格的责任追究和健全的监督机制来确保重大行政决策事项范围能够真正地起到它本应具有的作用，防止重大行政决策事项范围被人为操控不能得到明确界定。

五 科学界定行政决策责任追究的标准

作为现代权力监督与政府信用维护制度，行政决策责任追究制度既是对官员正确、科学决策的约束机制，又是一种官员合法权益的保护机制，更是切实保障公众利益的实践机制。近年的实践表明，通过建立和运行行政决策失误的责任追究机制，对于改进行政决策权的运行质量、提高党的执政能力和推进法治政府的构建，均产生了积极影响。但是作为一项重要的事后监督制度，行政决策责任追究制度在实际运行中也表现出诸如监督机制不完备、责任追究不到位而导致行政决策责任追究实践民众满意度偏低、官方公信力降低等问题，值得密切关注。造成这些问题的因素是多方面的，综合了非常复杂的主客观环境等因素。

从行政决策责任追究实践看，尽管行政决策环境的不确定性和动态性是决策失误的客观因素，但是我们也不能由此而推卸决策者的主观因素对决策失误造成的事实影响。尤其是一些领导干部，有的玩忽职守，腐败渎职；有的刚愎自用，压制民主；有的道德沦丧，以权谋私。他们基于种种

---

① [美]道格拉斯·C.诺斯：《经济史中的结构与变迁》，陈郁、罗华平等译，上海三联书店、上海人民出版社1980年版，第46页。

私人目的，不顾行政决策的公共特征和外部环境，独断专行，盲目决策，结果损公肥私，中饱私囊。按理这些决策者应当对决策失误承担全部责任。但是，从现实情况来看，有的决策者并没有由于他们的决策失误而受到应有的处理，相反却依然逍遥法外、平步青云，其中最为根本的原因在于：我们缺乏一套可操作性的、明确的责任追究标准来定性和定量分析行政决策者失误的客观原因和主观原因。① 法律对违法犯罪行为的处罚一般都有比较明确的标准。客观性的标准使司法审判能够大大减少人为因素的干扰。这也是法治精神的一个重要方面。

目前的行政决策责任追究的制度规范一般都缺乏可直接操作的比较明确的标准，替而代之的是一些模糊的原则性的规定。这些规定的弹性非常大，可以因为各种似是而非的理由或者人情因素而随意解释和运用。② 这就带来两种结果：一是将决策失误片面归因于客观原因而放纵了决策者，二是将决策失误片面归因于主观原因而打击了决策者。前者的放任式做法容易让行政决策者更加肆无忌惮，恣意决策；后者则由于忽视了行政决策的内在规律性特征，容易挫伤一些锐意改革、具有卓越领导才能的决策者的魄力与积极性，同样不利于政府管理服务职能的正常发挥和稳定发展。也就是说，无论是将导致决策失误的责任片面归咎于客观还是主观，都会使这种责任追究由于缺乏统一、客观的依据和标准，忽视问题本身的因果关系，责罚失当，既损害了决策者的合法权益，又违背了依法行政的理念，导致行政决策责任追究的随意性和情绪化倾向。

因此，努力构造并科学界定行政决策失误的责任追究标准体系对于行政决策责任追究具有举足轻重的意义，构建制度化、系统化的责任体系，并在此基础上形成相对明晰的责任追究标准，对于行使权力的公职人员和公众对于行使权力履行职责、使用权力不当产生的后果清晰可辨无疑都是有益的。它在一定程度上不但强化了公职人员履行职责、正确使用权力的意识和用权受监督的意识，而且有利于公众对代行自己权力的公职人员和机关进行监督，有利于减少错误使用权力的现象发生。不仅可以使决策责任追究变得有据可依，也会避免对于同类的决策失误案件产生不同的责任追究结果，使决策失误责任追究能够让行政决策责任追究对象以及社会公众信服。

---

① 邓锦琳：《论企业战略决策失误问责标准的确立及其制度保障》，《四川师范大学学报》（社会科学版）2004 年第 3 期。
② 傅小随：《行政问责制软化运行的根源分析》，《学习论坛》2011 年第 2 期。

责任追究的科学性和可操作性,关系到追究的力度和效果。建立健全明晰的行政决策责任追究标准是规范行政决策责任追究工作的必然要求。从现有立法来看,有关行政决策责任追究的各地法规和规章对于决策失误的责任追究标准普遍语焉不详,对于达到什么标准实施决策失误责任追究、严重后果究竟需要达到何种程度、公开道歉和引咎辞职等需要满足哪些条件几乎没有明确表述,致使行政决策失误的责任追究标准过于弹性,而缺乏可操作性。

责任追究的标准是进行责任追究的基本依据之一。明晰的行政决策责任追究标准对组织和决策者来说其实也是一种权力的边界。现有的过于原则化的责任追究规定在实际执行中不仅难以把握,而且可能产生弊端。如果标准不明,责任追究的权力就缺乏了制约的边界,就容易为责任追究主体的感情好恶、个人恩怨、逐利贪欲所扭曲,沦为打击报复下级、敲诈勒索干部的工具。因此,严格清晰的责任追究标准其实也是对行政决策者的一种保护。我们认为,追究标准的明确性是对行政决策责任追究相关立法的一项最起码要求,是指导行政决策责任追究制度的一项基本准则,它要求在制定责任追究法律规范的时候,应当心存敬畏,在用词上须慎之又慎、反复推敲,决不能放过任何细节,务求明白清晰,以保障法律规范的内容和适用范围能为民众和执法人员所理解,真正发挥依据的规范作用。[1]

各地对重大行政决策事项的界定和量化标准可以边制定边完善,"行政责任和法律责任只要满足制度和法律规范预先设定的条件,就可以依据相关规定进行追究;政治责任和道义责任则是依据社会普遍认可和接受程度等多种因素形成的是非标准来判定"[2]。针对行政决策行政与法律责任追究标准不统一、缺乏规范性等实际情况,应当对"模糊"的法律规定进行清理和补充、修订,最大限度地清除盲区,形成刚性有效的体系。可以也应该考虑由国务院在行政法规的层面上制定《重大行政决策失误责任追究条例》,以统一、规范和明确的追究标准指导责任追究实践,避免现行责任追究的混乱无序和畸重畸轻的弊端。

所谓"横看成岭侧成峰,远近高低各不同",行政决策责任追究问题的内在丰富性决定了其量化的责任标准是无穷无尽的,企图整合所有的标准无论在理论还是实践上都是不可能的。我们认为,对行政决策责任追究的

---

[1] 张建军:《明确性:现代刑法的品格》,《光明日报》2013年8月12日。
[2] 张创新、赵蕾:《我国官员问责制的初始建构与效能提升》,《探索》2004年第5期。

标准可以而且应该多样化和类型化，行政决策责任追究标准坐标体系的建立必须综合考虑下列因素：（1）是否存在法定职责。对于决策者来说，履行法定职责是一种义务。（2）责任追究对象是否有不决策或者不正确决策的行为。（3）责任追究对象主观上是否存在过错。故意或过失，是决策者在实施决策行为时的主观心态，是判断其责任有无和大小的主要依据。（4）责任行为与损害事实之间是否存在因果关系。① 甚至还需要将行政决策责任追究的实际效果与改革创新的大背景都纳入综合考虑的因素，谨慎处理好"决策失误问责"与"宽容改革失误"的关系，给予改革者适度的容错空间。因为，"虽然重大行政决策行为因其决策主体、决策本质与决策利益方面的特殊属性而具有可责性，但并不是任何一项重大行政决策行为均可纳入问责范围，问责范围的科学合理界定，关系到整个重大行政决策问责机制的有效与否，也关系到决策效率"，还关系到改革创新的动力和信心。

决策者具有故意或者重大过失的心理状态总要通过一定的滥权失职行为（包括作为和不作为）表现出来，并由该行为造成了重大行政决策失误这一结果的发生，即决策主体的滥权失职行为是因，决策失误是果。因此，无论是故意还是重大过失造成决策失误，其客观要件除决策失误后果发生之外，都必然有作为原因的滥权失职的行为，且该行为与决策失误之间存在因果关系。反过来，违法、失职的行为又是检验和判断行为人是否具有故意或重大过失的依据。因此，对故意或重大过失造成决策失误的予以追责，体现了主观过错、客观行为、危害结果三者的有机统一。② 当然，任何违反相关规定作出行政决策的行为都应当受到相应的处罚，而造成"严重后果"或"恶劣影响"，应当是处罚的加重情节，而不是必要条件。出现和发生决策失误后，属于工作水平问题的，要进行行政处理；属于违反法定程序的，要依法处理；造成重大经济损失或造成恶劣社会影响的，要严肃处理直至追究有关领导和具体负责人的刑事责任。

对于严重后果与特别严重后果或者恶劣影响的认定标准，具有相对性，我们认为，严重后果是指造成直接经济损失 5 万元以上，以及经济损失虽不足 5 万元，但是情节严重，致使政府形象和公信力受到严重损害的。对于行政决策造成特别重大损失或者特别严重后果可以结合《最高人民法院、最高人民检察院关于办理渎职刑事案件适用法律若干问题的解

---

① 陈党：《问责法律制度研究》，知识产权出版社 2008 年版，第 220 页。
② 朱孝清：《错案责任追究与豁免》，《中国法学》2016 年第 2 期。

释（一）》（2013年1月9日起开始实施）的立案标准来认定。依据该司法解释，"经济损失"是指渎职犯罪或者与渎职犯罪相关联的犯罪立案时已经实际造成的财产损失，包括为挽回渎职犯罪所造成损失而支付的各种开支、费用等。立案后至提起公诉前持续发生的经济损失，应一并计入渎职犯罪造成的经济损失。以"集体研究"形式实施的渎职犯罪，应当依照《刑法分则》第九章的规定追究国家机关负有责任的人员的刑事责任。对于具体执行人员，应当综合考虑诸多因素，恰当认定其行为性质、是否提出异议、危害结果大小等情节的基础上决定是否应该追究刑事责任。而且由于行政决策失误及其责任追究本身的复杂性，使划分决策责任追究方式适用标准要素并不是唯一的，各方式的适用标准与决策失误后果之间的匹配规律也不是单一直线型的，而有可能呈现出相对复杂的交叉合并关系。

第三节　行政决策责任追究的外部监督

当改革进入深水区和攻坚期，按照权力制衡的原则，依法对行政决策失误责任追究的过程进行监督，确保责任追究行为合法、程序合法和方式合法，具有极强的实践意义。我国目前对行政决策责任追究权力运行的监督主要分为行政内部监督和行政外部监督两种。行政内部监督是指从国务院到地方各级人民政府组成统一的相对独立的行政系统实行的监督。行政外部监督是指在行政系统以外的国家机关、人民团体、社会公众对行政机关的行政行为实行的监督，主要有权力机关即各级人民代表大会及其常务委员会的监督、司法机关的监督、政党的监督、社会团体的监督和人民群众的监督几种。应该承认，各级各类监督对行政决策责任追究的民主化和法治化的推进都有积极的、不可替代的作用。在包括责任追究的行政决策过程的整个环节中，必须在注重内部监督的基础上，检视与强化行政决策运行机制的外部监督。

一　规范政党权力运行的监督机制

在人类社会发展的历史进程中，政党的出现具有重大意义，在社会政治文明建设过程中有着举足轻重的地位。政党政治是政治文明的核心，政党监督又是政党政治的重要内容。政党监督既是我国政党制度的主要特征，又是我国监督体系的重要组成部分。政党内部的监督，在通常情下，只是该组织内部的事情，监督成效如何，影响的只是本组织的成败而已。对于执政党来说，党内监督就更重要一些，因为在执政的条件下监督的成效就不仅仅关系到党的自身状况，还关系到国家政治生活的稳定与发展。现如今，全球存在着众多政治制度和政党制度，中国共产党领导的多党合作和政治协商制度，是具有鲜明中国特色和中国气派的社会主义新型政党制度。这一制度在促进我国革命、建设和改革事业，全面建设小康社会，实现中华民族伟大复兴的历史进程中发挥了不可替代的作用。

党的十九大报告指出，"历史已经并将继续证明，没有中国共产党的领导，民族复兴必然是空想"。办好中国的事情，关键在党。中国共产党作为国家的领导党、执政党，是中国政治体系中的第一决策力量，党的路线、方针、政策直接关系到政府、人大的决策。正是由于这一点，中国共产党对人大、政府的监督的最大意义就是监督党的路线、方针、政策是否正确，是否得到了实施。在具体监督过程中，就是通过党管干部的组织原则来实现的。除党委部门外，在中国各级公共权力行使者80%以上都是共产党员，并在党的各级领导班子中担任一定的职务。因此，办好中国的事情，进一步说关键在于党的各级组织的作为，关键在于党员干部的担当。具体到中国特色的行政权力运作机制的健全，实现行政权力内容、对象、事项、主体、程序、方式的制度化、程序化，很大程度上也是构建与完善对党组织及其党员的权力运作机制问题。

在行政决策过程中，党是重大问题的决策者，决策成败对于整个大局来说都有重要的影响，甚至影响到一个地区、一个行业的兴衰，和众多人民群众的利益有着直接的联系。"中国的党政制度性结构是中国社会运作的基本框架，政府行为无不在其框架下进行。这是中国政府决策的制度基础。"[1] 行政首长固然应当为其分管的决策失误承担主要责任，但在党内各级党组织拥有着重大事项的决定权，其所在领导班子与行政首长一样担负着相同的重要责任。从党的历史上看，虽有领导班子集体受处分甚至被解散的先例，但因决策失误而被追究责任却很罕见，这是导致权力没有边界而责任有限的原因之一，也是导致政绩工程形象工程难以遏制的原因之一。[2] 尽管在干部选拔任用问题上，党建立了追究用人失察、失误的责任制。但在实践中，还存在着一些腐败分子，一边做着腐败的勾当，另一边还在升迁，这表明这一责任制度还没能够健全。在这种意义上，对于中国

---

[1] 景怀斌：《政府决策的制度——心理机制》，中国社会科学出版社2016年版，第99页。
[2] 高新民：《执政党的权力与责任——从引咎辞职说起》，《学习时报》2004年5月17日。

共产党这样的执政党，必须得规范健全重大决策的政党权力运行监督机制。

规范和改善重大决策的政党权力运行监督机制既具有现实重要意义，也源于从严治党的法定依据。"文化大革命"中，林彪、江青反革命集团肆意践踏宪法和法律，整个社会处于没有法制的混乱状态，给全国人民带来了一场巨大的灾难。历史的硝烟虽已散去，但苦难留给人们的记忆仍刻骨铭心。痛定思痛，1982年召开的党的十二大，通过反思"文化大革命"，中国共产党提出了"党必须在宪法和法律的范围内活动"的重要原则，并通过党章规定和法律规定成为制度化的成果。1982年《宪法》序言中也作了同样的规定。这个原则一直延续下来，在党的十八大修改后的党章中仍然清楚地写明："党必须在宪法和法律的范围内活动。党必须保证国家的立法、司法、行政机关，经济、文化组织和人民团体积极主动地、独立负责地、协调一致地工作。"

新形势下，党要履行好执政兴国的重大职责，必须依据党章从严治党，把改进作风作为从严治党的突破口，把严明党的政治纪律和政治规矩作为重要任务，依据宪法治国理政，党必须在宪法和法律的范围内活动，就是要求全党从中央到基层、一切党的组织及其全体党员，都必须提高法治素养，带头遵守宪法和法律，学会善于运用法治思维凝聚共识、规范行为，严格依法办事。没有哪一级的党组织和个人，能够凌驾于宪法和法律之上，决不允许以权代法、以言代法，任何人都没有理由能够违背甚至破坏宪法和法律。这不仅符合国家和人民的利益，而且和我们党的"立党为公、执政为民"的理念也是相一致的。

依法执政就必须健全政党权力运行制约监督体系。要通过完善制度设计和政党监督体系，加快从传统监督向科学、全程、全面监督转变，切实增强监督合力和实效，让各级党员领导干部养成"有权必有责，用权受监督，失职要问责，违法要追究"的现代意识，从而发挥中国特色社会主义政党权力运行监督体制的综合优势和整体效应。具体而言：

第一，中国共产党作为我国的执政党，具有完整、系统的管理体制，使我国客观上存在两个公共管理系统，一是国家公共管理系统，主要由人大、政府和司法机关组成；二是执政党公共管理系统。两个公共管理系统的并存，具有客观必然性。但是，不应回避党委和政府联合作出决策的情况。行政决策及其责任追究制度的健全与完善，要通过改革和完善党政运作机制，调整党政关系，区分党与政府、人大的决策范围，在党组织无法承担责任的事项面前，不能滥用权力，应明确党的权力是有边界的，党可以通过非权力的方式在党不能行使权力的领域发挥引导作用。

第二,实践中"党委领导,政府负责"体制明显地权责不一致。在历史上的很长一段时间,党委领导说明党委有权,但是党委却不负责任,责任是由政府来负的;而政府是负责任的,但政府却没有权力,政府受命于同级党委。这就出现了"权大于责"甚至"有权无责"的权责不一致情况。在"四个全面"战略部署深入推进的新形势下,落实党要管党、从严治党的任务十分紧迫,超越了以往各个时期。为更好解决党内责任追究体系规定较为零散、内容不够聚焦、顶层设计的不足等突出问题,新一届党中央在党的十八大之后即将现代法治的因素注入党内法规的建设过程,开始了整合问责制度、健全问责机制的路径探索,把全面从严治党的政治承诺转化为制度与行动,开启了权力监督的新篇章。"党纪严于国法"已经成为我们治国理政和规范权力运行的一项基本原则。新常态下的行政决策责任追究制度,对于各级党政干部而言,也从"党纪"的角度对党员领导干部提出了更高的要求,除了要达到规范权力运行的目的,更重要的是要激励党员领导干部自觉的担当精神,自觉履行"全心全意为人民服务"的宗旨意识。尤其是在《中国共产党问责条例》实施之后的执政活动中,"党的问责工作是由党组织按照职责权限,追究领导干部的主体责任、监督责任和领导责任"。党身兼"运动员"和"裁判员"的双重职责,传统人大监督"一府两院"的制度架构被打破,导致的问题是问责中的政治参与在一定程度上得以弱化。"问责官员被责令辞职、引咎辞职时,不是向同级人大,而是向上级行政领导和党委。"[1] 因此,要本着对人民负责的精神,把遵守政治纪律和政治规矩放在第一位,增强政治敏锐性和政治鉴别力,增强主体责任意识,推动责任层层分解,建立"纵向到底、横向到边"的责任体系,摒弃权力无限和权大于法的观念,切实避免靠党治国、由党代政、以党代法的现象,"可以考虑党委委员进入人大常委会任职,建立起现代政党—国家治理结构"[2],切实防止政党意志高于国家法律、政党权力高于其他权力、政党机构包办一切事务的倾向,不能随意扩大管辖事务的范围和处理事务的权限,并要对自己的失信、失当、失误行为承担起相应的法律责任。

第三,任何一个制度,关键在落实。习近平总书记多次强调,治国必

---

[1] 武峥、孟宪平:《建国以来党政领导干部问责制的历史探索与完善方略》,《科学社会主义》2018年第3期。

[2] 何增科:《中国政治监督40年来的变迁、成绩与问题》,《中国人民大学学报》2018年第4期。

先治党，治党务必从严。1700余字的《中国共产党问责条例》充分体现了党的十八大以来管党治党理论和实践创新成果与担当精神。基于全面从严治党的现实要求，制定出台党内问责条例，就是在实践的基础上，通过制度把权力与责任、义务与担当对应起来，用问责倒逼责任落实，就是要唤醒责任意识，规范权力运行，激发担当精神，让领导干部尤其是一把手，真正把管党治党的政治责任扛起来，永葆党的凝聚力和战斗力。没有问责就难有担当，责任追究只有从执政党开始才能落到实处，以问责倒逼责任落实，这是执政党的自觉担当，也是依法治国的必然要求。

二 强化人大为主的异体监督制度

为了有效预防权力寻租和权力腐败，必须以权力来制约权力，建立健全公共决策监督和责任追究机制。我国行政决策的监督系统在经过几十年不断探索与发展之后，现在已经成了一个初具规模的体系，从形式上说，我国行政决策实施流程的监督机构是比较完善的，由人大监督、监察监督、行政监督、司法监督、政党监督、社会团体监督、群众监督以及新闻舆论监督共同构成，它们一并对政府的决策进行监督并且产生了良好的效果。

人大作为国家权力机关对政府决策责任追究工作实行监督，是代表国家和人民进行的具有法律效力的监督，是人民行使治理国家权力的重要体现。行政决策责任追究过程接受人大监督就是接受人民监督，政府对人大负责就是对人民负责。要实现政府决策的科学化、民主化，使政府决策更能够体现人民群众的意志、符合人民群众的利益，必须充分发挥人大及其常委会联系群众渠道广、领域宽、人才济济的优势，广开民主渠道，畅通社情民意，加强责任追究监督，不断改进政府的行政决策工作。实践中，各监督主体的监督功能都没有得到较为充分的发挥，没有能够取得预期的效果。人大调研"浮光掠影"，视察"听听看看"，审议"避重就轻"，多一事不如少一事的"哈哈主义"等不良现象，还在一定程度和范围内比较普遍。因此，有必要持续强化人大为主的行政决策尤其是责任追究环节的异体监督制度，"地方人大不仅需要强化其已有的述职评议、询问等'柔性'问责机制，更需要强化其较少使用的质询、罢免等'刚性'问责机制"①。

---

① 王雄：《地方人大代表的选择性回应偏好及其原因——以 M 市人大为例》，《社会主义研究》2017 年第 1 期。

第一,要理顺人大、党委、监委、政府之间的关系。行政决策责任追究的实践困难之一就是行政决策责任追究范围的模糊性困境,这种困境源于党委、人大与政府彼此之间重大决策范围的交错与纠葛。因此,有必要进一步理顺党委、监委、政府和人大之间的职能关系、职权范围,始终坚持党的领导和政令统一,努力形成党正确领导、政府科学行政、人大有效监督的合理权力与责任关系。党委作为各项事业的领导核心,要按照总揽全局、协调各方的原则,有效地协调人大、监委、政府的关系。不仅仅要带领政府加快推进依法行政,而且对人大依法监督也要进行领导,并支持其工作。尽量减少与政府联合作出决策的情形,重大事项的决策尽量以建议形式交由人大表决,上升为国家意志,再交政府具体实施;对本行政区域内带有根本性、全局性、长远性,应当由人大讨论、决定的重大事项擅作决定,本级人大可依法撤销,这样不仅有利于降低重大决策的失误的发生率,更有利于促进政府依法行政。

第二,要激活创新人大监督方式。实施监督职能是法律赋予人大的职权,推进依法行政也是人大义不容辞的职责。但是,从体制内治理腐败主体的角度看,各级人大及其常委会无疑应是实施监督功能的重要主体,"但在腐败治理领导体制中却未被提及,这与人大的国家最高权力机关地位严重不匹配"。[①] 行政决策责任追究的有效实施,首先要确保责任追究的权力得到充分行使,要解决行政决策责任追究的越位、缺位、错位和乱追究行为的问题。对于公权部门违法滥权,如果人大能够把手中权力用足、用好,其所采取的每一个法律手段,威慑力和影响力要远远超过媒体曝光。在推进行政决策责任追究法治化的过程中,各级人大要不断提高法律监督意识,克服因为怕得罪人而不敢行使监督权的思想障碍、怕造成争权夺利场面而不敢切实履行监督职责的种种顾虑,增强依法监督的积极性、主动性。从行政决策责任追究的实践来看,对于重大决策失误的领导责任追究都是由各级党委建议人大进行罢免的,人大自身从没主动进行过罢免行为。而根据《宪法》《监督法》等法律,各级人大及其常委会有权依照法定的方式和程序提起对相关行政官员的罢免案,决定撤销它任命的相关官员。

此外,要充分利用听取和审议政府工作报告或专题工作报告,开展执法检查、工作评议和述职评议等法律监督形式,并不断地进行创新,更好地发挥人大自身所具备的监督职能,有效地促进行政决策责任追究的规范

---

① 柏维春:《中国治理腐败的体制困境及其应对》,《东北师大学报》2011年第3期。

化、程序化、法治化。具体来说，要加强对行政决策责任追究过程的监督，各级人大对于决策失误责任追究权力的监督必须细化和强化。细化是指要通过法律制度的形式使责任追究监督形式的范围得到明确，能够有清晰的渠道行使它们，并且在实践之中能够操作。比如，必须明确规定人大机构审查权、建议权和否决权的应用方式和运作机制。强化则是指党和国家的领导机构要自觉地尊重和维护人大机构的独立性和权威性，各级人大为实施监督功能所需的资源必须得到保障，增强人大在行使法律监督权力时的独立性和权威性。①

第三，要重点用好人大质询权的监督形式。质询权是宪法和法律赋予人大的一项基本权利，是人大对行政权、审判权和检察权的重要监督方式。1982年版的《宪法》明确提出，全国人大及其常委会对"一府两院"有质询权，受质询的机关必须负责答复。这实际是为人大行使监督权提供了法律依据，是决策民主化的重要一步。质询带有一种问责的性质，是对被监督机关及其工作人员工作失误的一种纠察和责问，它比一般的监督形式更具有针对性和刚性，也更为严厉。质询权运用得当，可以使人大的监督职能得到增强，使人大的权威性得到提高，能够增加质询对象的责任感，对于促使其依法积极行使国家权力，促进国家机关及其工作人员依法行政、公正司法，更有效地履行自己的职责，能够起到非常良好的监督作用。

但是，这样一种宪法性的监督权力，"在实践中，质询权很少得到运用"②，大多数从地方到中央的人大代表，更多的是主动地与政府站在一起，把自己定位在政府的参谋和顾问的角色。这一功能固然重要，但是作为民意代表，人大代表更应该发挥对政府监督和问责的作用。质询没有普及、没有常态化，既有观念问题，也有制度原因。在法律制度上，质询权行使的范围法律还没有作出明确规定。我们认为，行政决策失误责任追究实践中，对于决策失误政府往往既不愿说明原因，也没有公开承担责任，引发猜测无数。是误解还是事实？多数情况下政府可以避而不谈，但人大会议是各种问题的集中审议，必须给民众一个交代。为了更好地行使质询权，应该在人大常委会议事规则里，对与质询有关的事项如质询主体、质询时间、质询对象等作出更加详细全面的规定，使得质询制度能够不断得

---

① 杜文娟：《依据法治理念加快构建政府问责制——与南京大学教授黄健荣谈政府问责与人大监督》，《人民日报》2004年7月7日。
② 张一文：《质询剑指何方》，《人民政坛》2010年第6期。

到完善，推动质询制度实施的常态化和规范化。

三 增强司法监督政府的力度效果

推进依法行政、建设法治政府是一个宏伟的目标，司法监督是依法行政最根本的保障，因为国家的兴盛、经济的发展、人民的幸福，在相当程度上都寄于行政机关。无论依法行政提再多的要求、再多的措施和口号，最终都要落实到谁来监督行政机关。我们现在对司法、对法院独立审判权寄予厚望，我们希望法院独立、强大，起到监督政府机关依法行使职权的作用。司法监督在这方面发挥的作用还很有限，并不理想。事实上大量的行政决策责任追究被行政系统内部过滤掉了，真正进入正式的追究程序的决策失误事件实际上非常有限。由于没有明确的行政决策责任追究标准方面的法律法规规定，又没有责任权力相统一的责任追究监督主体，致使许多行政决策失误案件无法严肃处理，造成行政决策责任对象有恃无恐，行政决策失误责任追究缺位、越位、不作为现象屡禁不止。

比如，在行政决策刑事责任追究实践中，我们发现由于职务犯罪主体的特殊性，所涉官员曾经大权在握，法官受到的干扰也最多。为有效化解社会各界反响强烈的职务犯罪案适用缓刑、免刑偏多难题，2012年最高人民法院、最高人民检察院印发《关于办理职务犯罪案件严格适用缓刑、免予刑事处罚若干问题的意见》（法发〔2012〕17号）的通知，试图进一步规范贪污贿赂、渎职等职务犯罪案件缓刑、免予刑事处罚的适用，保证办理这类案件能够取得预期的法律效果和社会效果，但是在行政决策责任追究领域严格适用这一司法解释，并取得积极成效，仍尚需时日。因为，单从涉及行政决策的职务犯罪领域看，广泛存在的从宽情节的认定，从轻、减轻、免除处罚等情节的区分，从轻、减轻幅度的把握等情况还没有从制度上加以规范。通过司法监督政府的路径和力度还有赖于：

第一，要树立司法监督的权威性。司法权威指的是司法机关在国家政治生活和社会生活中的地位和作用，以及司法机关的司法活动受到社会的尊重与维护程度。"树立和维护司法权威，既是我们党坚持民主执政、科学执政、依法执政的需要，也是依法治国的必然要求。司法权威是确保司法权能够成为社会纠纷最终解决机制的有力保障。"[①] 司法权威的社会基础和根本源泉来自公众的法治信仰和法律信守。在我国，虽然宪法和诉讼法都规定司法机关独立行使司法权，不受任何干涉，但司法机关实际上并

---

① 谭世贵：《如何树立司法权威》，《人民日报》2008年10月17日。

没有完全和政府独立，造成了司法权对行政权具有很强的依赖性，象征着公平正义的司法权，与人民群众的朴素期待还有一些距离。树立社会主义司法制度的权威，建立权威的社会主义司法制度，是中央对司法制度改革提出的总体要求之一，是一项任重道远的长期目标和困难复杂的系统工程。在注重培育尚法理念、提高司法人员素质之外，关键的一点就是要改变司法运作行政化和地方化现象，保证司法权的独立性。维护司法权的国家属性，保证司法权的独立行使，实现司法制度的公正权威。[①] 赋予司法机关对行政决策及其责任追究行为广泛而有力的监督权力，避免监督工作中的形式主义，最大限度地发挥司法机关对于推动依法治国的重大作用，推动和谐社会的尽快建立。

第二，要做好行政追究与刑事司法的有效衔接。行政执法机关与刑事司法机关在打击违法犯罪方面有着相同的责任，将行政执法与刑事执法工作连接起来，能够推动二者之间相互合作、取长补短、信息共享，提高工作质量和打击犯罪的效率，形成打击合力，最终实现依法行政、公正执法。为了建立和完善该机制，国家先后制定一系列规范性文件。2001年7月国务院颁布了《行政执法机关移送涉嫌犯罪案件的规定》；2004年3月，最高人民检察院、全国整顿和规范市场经济秩序领导小组办公室、公安部联合下发了《关于加强行政执法机关与公安机关、人民检察院工作联系的意见》；2006年1月最高人民检察院、全国整顿和规范市场经济秩序领导小组办公室、公安部、监察部联合发出《关于在行政执法中及时移送涉嫌犯罪案件的意见》，完善和规范了行政执法与刑事执法相衔接工作。

虽然，各成员单位都以极大的热忱推动构建行政与刑事责任追究的工作机制，但是一旦进入对失误决策进行追究的过程，行政执法机关与刑事司法机关对案件的定性、证据的收集标准上常常意见不一，很容易发生推诿扯皮、有罪不究、以政纪责任追究代替刑事责任追究的现象，往往造成有的应该移送的案件未能移送、有些案件草率移送的结果。对司法机关提高履职效率，及时、准确地打击犯罪产生了很大的消极影响。因此，必须寻找责任追究的双向沟通渠道，建立信息通报和备案审查制度，消除各责任追究主体之间的信息孤岛现象，推动衔接工作的信息化和科学化。可以考虑"把行政犯罪的移送立案程序作为刑事诉讼程序的起点，以进一步密切行政执法与刑事司法之间的衔接，同时也为检察机关与行政执法机关

[①] 卞建林：《我国司法权威的缺失与树立》，《法学论坛》2010年第1期。

实质性关系的建立创造前提"①。对于行政决策失误达到追刑标准的行政案件，故意不移交司法机关立案的，有关纪检监察部门要依法介入，要追究纪律责任。

四 畅通社会舆论监督的有效渠道

所谓舆论，即多数人的共同意见。所谓监督，《辞海》中的解释是"监察督促"。也就是说，监督包含两层意思：一是监察，二是督促，监察的目的是发现问题，督促的目的是解决问题。因此，舆论监督可以认定是指公众通过舆论这种群体性意见形态，对社会公共事务自由表达意见所产生的一种客观效果。舆论监督就是使公众先了解案件的基本情况，然后通过某种媒介行使法律赋予的监督权力，表达舆论，最终对公共决策产生影响的一种社会现象。

近年来，中国的行政决策责任追究制度正不断规范和完善，一方面出台了关于行政决策责任追究的有关规定，另一方面行政决策责任追究也正逐渐走向实践。但是，如果认真观察行政决策责任追究的启动模式与运行流程，我们看到，行政决策责任追究的启动大多是不得已而为之的无奈之举，被动启动的责任追究路线清晰可见。在这些责任追究的启动并非制度自动驱动的，而是外在的舆论监督驱动的。这种依赖舆论监督启动决策责任追究会导致两个结果：一是行政决策失误引起强烈的舆论关注、激起很大的民愤时，相关部门便启动决策失误的责任追究；二是为了防止公众舆论尤其是媒体的过度渲染，尽快息事宁人，行政决策责任追究往往也通常以先行免职等方式掩人耳目，从而抛弃了更为关键的实质性惩戒内容。

现实决策失误责任追究的启动模式给我们的直观印象就是，一个行政决策失误发生之后是否会进入公众视野成为公共事件，几乎全部仰赖于社会舆论尤其是媒体的介入。否则，行政决策失误及其严重的后果会被迅速掩盖甚至永久雪藏。而且由媒体关注所引发的责任追究过程和结果只是回应媒体的需要，在媒体忽视或无法触及的地带，实质性的追究也难以启动，于是这种形式的决策责任追究，就成为与舆论关注打游击的游戏，而不是实质性的责任追究。这一方面反映了其他监督形式的苍白无力，也反映出社会舆论监督形式有着广泛而深厚的民意基础。而且随着我国民主与法制建设步伐的加快，舆论监督肩负着沟通社会、组织社会的重任，在我

---

① 陈宝福、陈邦达：《行政执法与刑事司法衔接中检察监督的重要性》，《法学》2008年第9期。

国政治经济社会生活中的作用也越来越明显。

与此同时,社会舆论监督犹如出鞘利剑,激浊扬清,鞭笞丑恶,振奋人心。在行政决策责任追究环节,还需要确保社会舆论监督渠道的有效畅通。

一是要善待善用舆论。舆论是社会民主生活的晴雨表,反映了民情民心,对舆论监督承受能力的强弱是衡量民主政治建设程度的标志,也是国家权力机构运行的整体效应的体现,加大舆论监督力度,拓宽舆论监督领域,对促进政府转变工作作风、提高工作效能有重要意义。"在一个社会的治理体系中,必须真正确立公民的主体地位,政府的正当性和合法性要有公民的同意。在一个公民不具有主体性的政府里,公民参与必然是形式主义的。"[1] 中国共产党的治国理念是"以人为本""执政为民",行政决策及其责任追究行为的立足点也是以人民利益为重。因此,面对社会舆论的热点关注,党和政府必须加强新闻发言人制度建设,尊重公众的知情权,对公众的疑问以及质疑作出负责任的回答,及时澄清不实言论,避免谣言的传播,并充分重视舆论呼声中所反映的浩荡民意,畅通公民利益表达渠道,引导公民有序参与责任追究,将此作为"做事情、做决策"的重要参考,从而为建设中国特色社会主义源源不断地注入强大的动力。

二是畅通社会舆论监督渠道,要从党纪和法律上予以保障。舆论监督能得到实现,不能仅靠官员的开明与自觉,更要有一套刚性制度加以约束。在中国,尽管改革开放以来我国的法制建设突飞猛进,保障人民当家作主权利、监督执政党和政府权利的法律法规陆续出台,然而许多没有真正得到执行,在监督实践还存在不让监督、不能监督、不敢监督、不会监督等问题。因此,首先,我国的社会舆论监督都迫切需要立法和构建完整法制框架,以创造良性的舆论监督环境。要严格按照国务院出台的《政府信息公开条例》进行信息公开,并在此基础上推动制定全国统一的《信息公开法》,要求各级党委政府除涉及国家安全、国家机密、商业秘密、个人隐私等必须保密的事项外其他所有政务信息必须予以公开。其次,要切实保障新闻媒体的报道权和调查权,保证新闻宣传的客观性和公正性。最后,努力提高社会公众对行政问责制度的监督与参与,真正构建一个由党内监督、人大监督、行政监督、司法问责和社会监督五方面组成的多元监督体系。

需要强调的是,尽管在本节的论述中,我们着重论及了行政决策责任

---

[1] 党秀云:《论公共管理中的公民参与》,《中国行政管理》2003年第10期。

追究的外部监督，但是这并不意味着我们意在淡化甚至忽视决策责任追究权力的内部监督。"知屋漏者在宇下，知政失者在草野。"① 事实上，即使在最古老的政府中，也存在着上级对下级的权力监督，只不过这些监督大部分都只是存在于政府内部，我们不能否认行政权内部自我控制的重要作用，就如同我们不能否认一个人的自律能有效规范其行为一样。强调外部监督，并非否定和忽略内部监督，而是希望通过外部监督与内部监督的结合，更好地达成规制行政决策责任追究权力、实现法治决策的目标。

人大监督、监察监督、司法监督以及社会监督均属于外部监督，它们的作用固然重要，但是，正如前面述及的，行政决策责任追究的内部监督仍然是监督方式的主流和关键，这一传统与现实并没有根本改变。只是由于传统法制所提供的偏重于对行政决策责任追究权力运行的实体控制解决方案，本身隐含着先天性的缺陷而很难发挥作用。由于监督的架构和内部具体的制度尚未健全及合理化，上级监督鞭长莫及，同级监督独立性难以保证，甚至一些监督的力量相互冲突并被抵消，导致行政决策责任追究制度的内部监督实效不明显。如审计部门的设置大多是与监督客体平行并列的，它受双重领导，一是同级政府机关的领导，二是上级业务主管部门的领导，其负责人或者由党政领导人兼任，或者由党政机关实质性任命。行政监督机制上的这种附属性的隶属关系体制，使行政监督主体在很多方面都受监督对象控制，使得监督主体的独立性受到很大的影响，削弱了监督主体的权威。同时，行政决策责任追究的权力运作过程在执行中会走样变形，甚至受到抵制，所以必须对监督方式与进路进行修正和改变。"在当前，监督体制建设呈现出分类推进的特点。"②

从根本上说，我们需要寻找一种落实监督制度、启用监督技术的持久动力，只有存在这股动力，现行的监督制度才能不虚置。而这股动力的来源，毋庸置疑地将来自监督力量的整合与制度化监督的直接、频繁而系统的介入。只有让责任追究制度能够获得外在的舆论压力和内生动力，让问责具备了文化底蕴，才可以更好地回应"人心是最大的政治"这一时代命题，也才能让中国的决策责任追究体系获得更强的生命力。因此，我们必须整合行政监督资源，把体系内监督与监察、审计监督结合起来，强化监察、审计等专门监督机关的职能作用，要建立和完善行政监督各职能部

---

① 王充：《论衡》，上海人民出版社1974年版，第31页。
② 杨琳：《我国政治体制改革稳步推进，规范政府行为成首要》，《瞭望新闻周刊》2007年8月17日。

门之间的沟通协调机制，共同研究解决监督工作中发现的问题，发挥监督的整体合力。尤其在领导层，应针对"一把手"权力过于集中、容易违纪违法的问题，严格实施民主集中制，坚决反对个人独权擅断；认真落实党内监督条例，切实加强对领导干部特别是主要领导干部行使权力的监督，加强对权力集中部门和资金、资源密集领域的监督；探索加强纪委对同级党委常委会成员进行有效监督的途径，加强纪检监察派驻机构对驻在部门领导班子及其成员的监督；进一步发挥巡视制度的监督作用，增强发现问题的能力等。

党的十九大报告明确提出"健全党和国家监督体系"，旨在建设近距离、常态化、全天候的"监督共同体"，构建好中国特色社会主义"大监督"体系。当前，创新行政决策责任追究的内部层级监督机制还依然是行政决策责任追究监督制度建设的工作重点。在互联网改变世界、大数据方兴未艾之际，行政决策责任追究更是直面新的挑战和机遇。运用现代信息技术手段创新监察和监督工作，把科技革命与监督手段创新深度融合起来，对行政行为进行全程监控。做好行政监督部门信息系统的联网工作，构建信息共享平台，实现监督信息互通。创新行政惩戒手段，运用多层次的惩戒方式，对不同程度、不同阶段的违法或不当行政行为区别处理。强化行政决策责任追究的落实，内部监督和外部监督都存在很大的拓展空间，也仍然需要相配套的行政管理体制、干部人事制度、财政管理体制改革的配合。我们期待行政决策责任追究的监督制度建设和政治体制改革的整体推进。

第五章　行政决策责任追究的程序法治规制

历史地看，通过中立性的程序设计来规范决策责任追究行为，整顿责任追究秩序，这既是过去历史的深刻教训，也是今后行政决策责任追究法治化的主要方向。① 换言之，正当合理的程序是我国行政决策责任追究制度走向制度化、规范化的载体。周密的、可操作的程序安排，在促使行政决策责任追究制度正常运转的同时，更使行政决策责任追究实践过程中可能存在的"人为因素"和"暗箱操作"大大减少，让行政决策责任追究的正当性得以以看得见的方式实现。行政决策责任追究本身体现为一个动态的过程，包含了决策责任追究程序、责任调查、责任认定、追究决定、权利救济等若干环节，各个步骤承前启后，环环相扣，以保证责任追究法律制度的有序进行。行政决策责任追究的法治程序规范，对于决策责任追究的顺畅展开、责任追究制度原始目的的真正实现、责任追究社会效果的充分发挥均具有保驾护航的作用。

第一节　行政决策责任追究程序规制的难题

在行政决策责任追究的全部过程中，责任追究程序的选择与确定同样非常重要。程序问题是当代法治的核心问题。行政法治的渐进过程，不仅需要靠实体公正温暖人心，更需要靠程序公正取信于人。在《重大行政决策程序暂行条例》施行之后，尽管责任追究的刚性得以强化，但是相较于粗疏的法规表达而言，更多的是地方和一些系统单兵突进，没有系统整体谋划，缺乏配套协调，在行政决策责任追究的法律程序规定方面以及具体程序操作过程中，都不可避免地存在着交代式问责、粗放式问责、简

---

① 吴丛环：《试论行政决策体制的现代化》，《探索与争鸣》2003 年第 8 期。

单化问责等各种各样的问题。这些现象的存在，都要求我们强化行政决策责任追究制度的顶层设计和总体规划，确保责任追究的公平性和公信力。从这一意义上来说，行政决策责任追究程序化对于现代行政决策责任追究制度的建立与发展具有至关重要的地位和作用，从某种程度上说，它是行政决策责任追究法治化的重要标志。

一 行政决策责任追究程序理念缺失

法治理念是每一个人以及由此连接成的集合体对法治的理解、解释、观点与信念，是关于法治及其价值的"知""观""信"三者的有机统一体。在当代中国，法治理念作为一个根本性、前导性的问题，对现实法治发展至关重要。而当前存在着不少困扰法治实践的理念困惑与迷失，使法治方略的推进充满挑战与矛盾。[①] 我国历来有重实体法律、轻程序法律的传统，一些行政机关由于尚未牢固树立现代法治理念，加之政府行为本身固有的单方意志性和效力先定性的特征，使政府机关在实施行政管理过程中只注重实体规定、忽视程序法则的现象普遍存在，这一点在行政决策责任追究实践中也比较突出。

程序是指人们为完成某项任务或达到某个目标而预先设定好的方式、时限、步骤和方法。美国法学家庞德曾说："程序保障主要具有指导和监督的功能，它的特色是客观地防止行政官员之无知、反复无常及腐化。"[②] 程序是任何一项完善的法律制度所必须具备的关键因素，正是法定程序将法治与人治从根本上区别开来。而理念是一种思想意识，是指人们对客观事物及其规律的抽象概括和理性认知。在法治意义上，程序意识是尊重规律、尊重群众、尊重法治的综合反映。程序理念是行政决策责任追究正确实施的重要前提，"如果没有正确而牢固的程序观念的支撑，各种程序制度都不过是脆弱的芦苇，风行草偃，不堪摧折。"[③] 行政决策责任追究的效果与力度，不仅在于追究主体的智慧和能力，亦取决于良好的程序规范。

任何实体法律要想得到正确的实施，都离不开相应程序的运行，有关行政决策责任追究的实体法律也不例外。任何完备的行政决策责任追究实体规定只有与程序规定相结合才能产生正义的法律化结果，行政决策的责

[①] 汪习根：《法治理念在当代中国的实践对策》，《理论前沿》2009 年第 4 期。
[②] 罗传贤：《行政程序法基础理论》，台湾五南图书出版公司 1993 年版，第 19 页。
[③] 刘东亮：《还原正当程序的本质——"正当过程"的程序观及其方法论意义》，《浙江社会科学》2017 年第 4 期。

任追究如果没有与之有联系的程序帮助他实施，没有了程序，特别是具有法律意义上的程序，那么整个责任追究制度也就没有了它本该拥有的权威性与严肃性，决策责任追究制度将成为一纸空文，形同虚设，最终也会失去应有的民主法治的时代内涵。相反，只有程序正义才能带来结果正义，而不遵循程序正义想要去得到所谓的"结果正义"，很大程度上相当于"痴人说梦"。事实上，由于对实体正义并没有一个清晰可见而又具有普适性的标准，所以很难对实体正义做一个总体上的判断，程序正义本身就具有使结果正当化的功能。在现代社会，随着个人在国家权力运行中主体地位的确立，程序不再仅是实现党政目标的工具，更是制约党政机关权力滥用的重要保障。"当事人这种参与并对裁决结论的产生施加影响，可使其作为人的尊严和道德主体地位得到维护，并且产生受尊敬的感觉。因为他在这一法律程序中并没有仅仅被视为实现他人或社会利益的工具，而是享有实体性权利并拥有为维护这些权利而抗争的法律主体。"[1] 程序也因此在现代社会具有了双重含义：一方面体现在技术层面；另一方面则体现在权力制约层面。在实施行政决策责任追究过程中，正是程序意识决定着后续实践工作成败的理念先导与价值基石。

行政决策责任追究的"程序化"要求我们，在进行责任追究时不仅要注意责任追究结果的正确性，更要重视责任追究过程的科学性，而且只有关注决策责任追究过程的科学性，才能保证结果的正确性。反观现实，我国行政决策责任追究的相关立法与操作实践中依然缺乏程序正义这一理念。通过对近些年来的行政决策失误责任追究实践的新闻报道与案例分析，我们几乎很难看到决策责任追究程序的运用。"结果好，什么都好的法律实用主义认识，在行政机关层面上还是具有相当普遍性的。"[2] 对于既已发生的行政决策失误的责任追究，从程序启动到决定执行，普遍都以"领导的高度重视"为首要条件和直接动力。"领导高度重视加速了问题的解决，是一种很有效率的工作方式。但是，这种方式本质上是一种具有临时性特征的人治方式。"[3] 行政决策责任追究的程序并没有获得应有的地位和认同，有关部门只是一味地追究快速、严重处理相关的责任人，以显示相关责任追究主体对相应决策失误事件的强烈关注。仔细分析，这样

---

[1] 陈瑞华：《程序正义的理论基础》，《中国法学》2000 年第 3 期。
[2] 章剑生：《从地方到中央：我国行政程序立法的现实与未来》，《行政法学研究》2017 年第 2 期。
[3] 庞明礼：《领导高度重视：一种科层运作的注意力分配方式》，《中国行政管理》2019 年第 4 期。

的责任追究方式实则有着根深蒂固的历史文化根源。

改革开放后,在总结历史经验教训的基础上,邓小平同志在管党治党实践中提出:"要解决思想问题,也要解决制度问题。"① 自此,改革开放和法治建设犹如鸟之两翼、车之两轮,共同引领推动中国特色社会主义事业的发展。40多年来,我国的法治建设取得了显著的成绩,特别在社会主义市场经济建设过程中,我们的立法不断完善,执法水平不断提高,司法权威进一步巩固,法治建设的初期效果是明显的、值得肯定的。但从总体上讲,我国当前法治建设还存在一定的障碍,特别在程序法治建设方面存在的障碍更加严重。② 首先,人的观念表现为重实体轻程序,重权力轻权利,重关系轻法制,没有形成法律至上、依法办事的习惯。相当一部分人认为程序仅仅是实现实体正义的一种手段和工具,认为程序只在保证实体正义实现上具有作用,不承认程序本身所具有的独立于实体的价值。这种意识又在一定程度上导致人们更加注重结果公正即实体正义,不重视甚至忽视程序的重要作用。其次,行政执法和组织处理过程中缺少正当法律程序。在行政决策责任追究领域,由于追责机制不够健全,加之追责部门或有关主体的自由裁量权限过大,很容易出现责任追究错位甚至追责异化现象。部分责任追究主体将责任追究作为打击报复、实现私欲的工具和途径,严重污染了政治生态环境,也破坏了组织内部的和谐人际关系。一些人把程序当作一种摆设、一个累赘,认为履行程序会影响效率等观念较为普遍,由此造成侵害行政决策责任追究对象合法权益的问题时有发生。

二 行政决策责任追究程序规范不足

自20世纪以来,"程序公正与规范是自由不可或缺的内容。苛严的实体法如果公正地、不偏不倚地适用是可以忍受的"。并且"宁可生活在用普通法程序适用的俄国法律之下,也不愿生活在俄国程序法适用的普通法之下"③。人们逐渐意识到,正义不仅要实现,而且要以看得见的方式和步骤去实现。④ 有许多优良的实体规则但无好的程序规则,实体规则即便再好也难以实现;如果有一个好的程序规则,即便没有实体规则,也可以实现行政正义。在这一意义上,行政决策责任追究程序的规范化是有效

---

① 《邓小平文选》第2卷,人民出版社1994年版,第332页。
② 丁寰翔:《论程序法治及其实施》,《社会科学论坛》2007年第10期。
③ [英]威廉·韦德:《行政法》,徐炳等译,中国大百科全书出版社1997年版,第93—94页。
④ [英]丹宁勋爵:《法律的正当程序》,刘庸安等译,法律出版社1999年版,第109页。

实行行政决策责任追究制度化的基本保证,也是行政决策责任追究制度沿着法制轨道持续和健康发展的重要保障。

近年来,"问责风暴"的不断涌现就是责任追究程序不规范的重要体现。纵观我国现有的地方行政决策责任追究的制度文本,不难发现仅有四川、山西、浙江、宁夏等地对重大行政决策终身责任追究机制有所提及,但是又非常粗略。对于重大行政决策责任追究的运行程序普遍没有规定。甚至可以说,行政决策责任追究的实现机制条款,要么缺失,要么就是"摆设",是作为应付政令要求的"配件"存在的。① 总体而言,我国行政决策责任追究程序规范还缺乏系统性、科学性,规范形式上存在着相当程度的分散和零乱。这种分散、零乱状况概括起来,具体有以下三点:

第一,行政决策责任追究程序的统一法典缺失。行政决策责任追究程序,一方面可以保证行政决策责任追究的顺利进行,另一方面也体现出其自身所具有的独特价值,显示出权利保障的功能,是衡量行政决策责任追究制度公正合理程度的一个重要标准。② 按照依法治国、依法行政的要求进行决策失误责任追究,就需要在社会上形成一种统一的价值认同,即法律是一个社会中最权威的行为准则。各级党组织和政府的决策失误责任追究规范,如果不以法律的形式统一展现出来,势必影响决策责任追究实践的权威性,影响责任追究制度的权威性。从历史发展看,中国的行政决策责任追究制度推进速度虽然很迅速,但是采取的是先实体、后程序的思路。

在这种思路的指引下,"当前我国行政问责面临的主要困境是有问责之事,无问责之法,即存在严重的制度资源稀缺。在责任划分上过大的弹性空间和刚性原则缺失,很可能导致问责中有失公正,这样的问责,结果或许可以聊慰民心,但效果却是很不确定的"。③ 在具体实践中,行政决策责任追究制度的实施虽然有了一个良好的开端,但是我国行政决策责任追究依据方面法律规范比较杂、比较乱,层级一般较低的现象依然比较突出,更带有一种"政策性的追责"的色彩,这就使行政决策责任追究的程序与结果让人无法预测,违背了法律的基本功能,导致行政决策责任追究对象无所适从。"这便提醒我们,要对行政决策终身责任追

---

① 谭九生、赵友华:《省级政府重大行政决策程序立法实践及其完善路径》,《求索》2017年第2期。
② 徐加喜:《论行政问责对象的权利保障和救济》,《政治与法律》2009年第10期。
③ 张创新:《从"新政"到"良制":我国行政问责的制度化》,《中国人民大学学报》2005年第1期。

究进行制度设计在目前最可行的路径便是制定一部单一的行政决策程序法,这个相对单一的行政法典中对行政决策的程序做出全面规定。"① 各地方政府实施的行政决策责任追究依靠各个单行法律文本进行约束,责任追究的程序规定并不都是完全一样的,呈现出各自不同的行政决策失误责任追究程序。2008 年之所以被称为"问责风暴年",意在称赞其果敢、迅猛、严厉,同时也潜在体现出责任追究制度尤其是责任追究的具体程序设计的失范与无序,无章可循。

第二,行政决策责任追究程序规范过于原则化。众多的地方规定对于行政决策责任追究的实施程序规定鲜有涉及。"既缺乏责任主体的认定办法,也缺少责任承担比例界定的标准,因而也极易出现程序不公等问题。"② 在理想层面,完美的责任追究链条应当包括前期、中期和后期三个阶段,分别发挥预防、监控和惩处功能。在一般意义上,行政决策责任追究程序应当包括责任追究的启动程序、调查程序、听取意见程序、处理决定告知程序、申诉复查程序、执行监督程序以及救济程序等。现行有关行政决策责任追究制度的相关规定,包括党内外的法律文本,对于行政决策责任追究程序的规定都过于粗略与原则。由此导致的结果就是,不仅事前预防缺乏系统、有效的预警机制,难以抑制决策者的庸懒心态;事中监控也缺乏及时、动态的纠错机制,难以保证决策者认真履职、积极作为;即使有较为粗疏的惩处制度,也没有建立起主动进行责任追究的条款和机制。③ 大部分省市制定的行政决策责任追究规范中都简单罗列了诸如《公务员法》《行政机关公务员处分条例》等作为责任追究的法理依据,但详细分析这些制度的条文不难发现,这些责任规定和法理依据都并非绝对的上位法和下位法关系,在实际运作中这些法理依据更多被作为行政决策责任追究制度不足时的补充。

第三,行政决策责任追究的程序权利与义务普遍没有具体规定。行政决策责任追究程序开始后,代表国家和人民行使追责权的主体一方处于强势地位,更多地享有查问、批评、追究、处分的权力,而违法违纪或责任心不强的责任追究对象一方将受到相应的责任追究,处于不利地位。所以一旦开始行政决策责任追究程序,就应该给予责任追究主体与对象双方充

---

① 关保英:《行政决策终身责任追究研究》,《江海学刊》2016 年第 5 期。
② 葛秀芳:《合理追责与完善领导干部行为规制探析》,《领导科学》2016 年第 12 期(上)。
③ 王静:《基层领导干部作为懈怠现象的生成逻辑及其问责》,《重庆社会科学》2017 年第 12 期。

分、公平的发表意见的机会，尤其要注意保护责任追究对象的权利。现行各地行政决策责任追究制度规定中原则性要求和禁止性规定多，惩戒性规定少，即使违反了规定也不知道怎么处理，难以追究责任。而且关系到行政决策责任追究对象的一些重要权利，如知情权、陈述权、申请回避权和听证权等在很多地方行政决策责任追究实施办法中并没有具体地得以体现。回避制度也只有少量行政决策责任追究制度文件涉及。至于听证程序，目前更是鲜有行政决策责任追究法律文件作出明确规定。

此外，依据一般法理，有权利就有救济。当行政决策责任追究对象对处理决定不服的时候，理应有畅通的权利救济渠道。但我国目前行政决策责任追究的权利救济渠道却仅限于复核和申诉两种行政内救济手段，而且也仅仅存在行政同体责任追究体系之中。这样，由于决策责任追究没有经过必需的提起、受理、调查、决定、执行等环节，公民缺乏知情权，新闻媒体报道存在扭曲事实的现象、没能在群众心中树立起权威性，甚至出现同一事件多个版本的现象，更为重要的是没有经过公开透明的申辩程序、听证程序、复审复核程序，被追究责任的官员的抗辩申诉权利没有得到充分保障，使承办机构操作困难，又给人"暗箱"操作的嫌疑，导致行政决策责任对象一旦被追究也就不是从自己所做的过错行为上找原因，而常常是怪"时运不济"，不小心走到了"风口浪尖"，未被追究的则往往心存侥幸，难以取得预期的效果。不少决策责任追究对象认为组织责任追究程序过于简单，申辩机会少，难以做到让责任追究对象真正心服口服。

三　行政决策责任追究程序操作无序

法律的生命力在于实施，法律的权威也在于实施。责任追究程序是责任追究的实体规范与行政决策失误的具体事实之间不可或缺的桥梁和纽带，它的存在为责任追究实体规范准确地被适用于行政决策失误的具体事实创造了必要的条件。美国法理学家埃德加·博登海默指出："规范性制度的存在以及对规范性制度的严格遵守，乃是一个社会推行法治所不可或缺的前提条件。"[①] 没有程序正义就没有实体正义。有学者提出，中国的立法问题主要不在于所立法律是"良法"还是"恶法"，而在于这种立法是"笨法"，即所制定的法律不具有可操作性，或者是不易操作。[②] 从目

---

① ［美］E．博登海默：《法理学——法律哲学与法律方法》，邓正来译，中国政法大学出版社 1999 年版，第 239 页。
② 张晓龙：《纳税担保制度研究》，参见 http://www.cnt.lcn/show.asp? c_id = 22&a_id = 40。

前行政决策责任追究相关立法的现状来看，现行制度就存在诸多操作上的问题，其中突出表现在"重实体、轻程序"现象严重。这一点可以说是目前整个中国行政决策责任追究制度的普遍缺陷。这一点在现行中国行政管理活动中带有根深蒂固的味道。在日趋复杂的行政活动中，行政程序常常被狭义地理解为行政机关的办事手续，如此一来，人们就会不恰当地将行政程序与官僚主义联系在一起，认为程序越简单越有利于克服官僚主义。[①] 行政管理过程中的非规范化倾向甚浓，行政活动不讲程序，或有程序也可以随意违反的现象较为普遍，其结果反而蔓延了官僚主义和行政腐败。[②]

没有长效的监管，就不会有权力的如坐针毡。综观现行乱象纷呈的行政决策责任追究制度，虽然在一定程度上体现了责任政府、法治政府的现代理念，但由于没有与之相对应的法律制度作为它的支撑，在实践过程中经常有很大的弹性空间和很强的不确定性。在行政决策责任追究的制度实践中，正是由于没有一部统一而具有权威性的行政决策责任追究程序法律规范的束缚，各地方政府自主制定的行政决策责任追究办法中，字里行间浸润着"重实体、轻程序"的普遍观念，责任追究程序各不相同，一些工作事项根本没有如何运行的规定说明，没有一个确定的履行职责的顺序，也没有形成相应的流程图，严重影响了行政决策责任追究的程序化建设。个别地方的法律文件虽然对行政决策责任追究程序作出了一些一般性的原则性的规定，但由于行政决策责任追究主体没有一个较强的程序意识，受惯性思维影响，法律明确规定的程序没有能够得到完全的遵守。

实践中，目前主要还是局限于通过党政机关来启动，仅有个别地方规章规定人大、政协机关、法院、检察院、新闻媒体或公众等其他主体也可以启动。[③] 对部门行政首长决策失误责任追求程序的启动问题，只

---

① 冯军：《略论我国行政程序制度滞后的原因、发展条件与前景》，《法学家》1998年第2期。
② 郑丽清：《程序理念在现代行政中的重塑》，《南华大学学报》2010年第4期。
③ 如《大庆市人民政府行政决策程序暂行规定》第十三条规定："各级监察、人事部门遇有下列情况要及时启动责任追究程序：（一）投诉或举报违反决策程序的问题；（二）新闻媒体曝光的违反决策程序的问题；（三）人大代表或政协委员提出议案或提案要求进行责任追究的；（四）领导机关或领导人员交办的；（五）违反决策程序的事项已开始产生不良影响或造成经济损失的；（六）专项检查中发现决策事项存在不按决策程序规定进行决策的；（七）其他应启动责任追究的事项。"第十四条规定："监察、人事部门启动责任追究后，要按照《大庆市人民政府行政决策程序暂行规定》所确定的决策程序逐项进行调查核实。"

能因循惯例，由市长提请市政府常务会议讨论决定，但是这种程序较为烦琐，也难以操作。甚至某些掌握责任追究启动程序决定权的领导干部，完全可以自由裁量，任意决定责任追究的对象和内容，这也为其利用责任追究的便利进行暗箱操作，进行权力寻租创造了机会。在异体追究体系内，法律虽然对我国人大的责任追究职能作出了一些规定，但是在责任追究程序启动之后，如何执行听取报告、质询、调查、罢免等实施环节上，在法律上仍然没有规定可供具体操作的程序。再比如，在行政决策责任追究的操作过程中，严格的公文呈批制度和档案管理制度是责任追究程序规范运作的要求，也是区分责任的主要证据来源。但在实际工作中，各种请示、汇报、命令通过口头作出是一种常态，一旦出现责任，各方互相推卸责任，"公说公有理婆说婆有理"，又没有其他证据来进行证明，很难界定。这种责任追究规范的无法可依，就是说即使有程序对他们作出规范，行政机关及其官员仍然可以丝毫不受束缚的行使权力，责任追究程序也会成为他们手中的一个工具，"轰轰烈烈"地审查，平平静静地公布，这种没有一个可靠的制度来保障，没有一个能依据的法律来支撑的行政决策责任追究制度，最终可能会使责任追究仅浮于表面。

第二节 行政决策责任追究的程序规制路径

行政决策责任追究程序，就是行政决策责任追究主体依职权在行政决策责任追究过程中所应当遵循的步骤，也可以看作行政决策责任主体为行政决策责任追究行为过程设计的一个系统。在这一个完整的系统中，应当包括责任追究程序的启动移送、调查认定、决定执行、权利救济四个环节。其中的重点和难点是启动移送程序和调查认定程序。我们必须科学借鉴地方推行的正反两方面经验，从个案中提炼共性，从探索中总结规律，进而设计出一套能有效回应实际情况的行政决策失误责任追究程序规范，从而真正将行政决策失误责任落实到人，切实提高整个行政机关工作人员的依法行政能力和水平。

一 行政决策责任追究线索启动程序

考察中国现行行政决策责任追究法律文件，不难发现，这种专门系统对行政决策失误行为进行责任追究的一般性制度规定，其中的一个特色就在于它体现了责任追究的专业化、制度化和规范化。与之前那种分散地针对各项专业工作的责任制度规定相比，更为严密完整，且可以由政党、政府、职能部门和国家监察部门专责运作，从而能够产生更有力的监督效果，展现制度化责任追究的强大力量。然而，行政决策责任追究的制度实践则给出了另外一个侧面，由于绝大多数行政决策行为由行政首长或者领导集体做出，而要追究行政首长及其他决策责任对象的责任，无论基于体制原因抑或长期官本位传统困惑，无疑都是困难的。

首先，行政首长权责不均等的配置会制约其实行。在目前党政联合作出决策，党政职责未能完全分清的情况下，仅仅追究行政首长的决策失误责任，有失公平。其次，党政领导干部任用和管理体制也是实行责任追究制度的障碍。目前，党政领导干部的提拔、任用、调整是统一由组织部门进行人事任免调配的，行政副职的决策失误或者违法决策，却一味追究行政首长的责任，显然有失公允。最后，行政首长决策失误如果碰上官官相护这个顽症，所谓的责任追究制度也会变成一纸空文。所以，良好的制度设计初衷最终能否取得实际效果，关键还要看能否打破官官相护这个桎梏，能否实行真正的责任追究。行政决策责任追究制度从党的十五大开始尝试，至今还仍然处于探索推进的阶段，足见此项制度的实施难度。[①]

行政决策责任追究制度的实施核心之艰，在于责任追究的启动程序。按照行政决策责任追究的理想模型，责任追究的启动程序可以依据追究启动的性质分为三种不同的类型，即依职权启动、依申请启动和依诉讼启动。依职权启动是指行政决策责任追究主体依据分工不同和职责所限，针对行政决策失误责任追究对象启动责任立案追究的方式。依申请启动是指行政决策责任追究的参与主体，向责任追究法定主体主动提交决策失误的相关证据材料，经由有权主体审查后再由责任追究主体启动问责程序的方式。依诉讼启动则是指与行政决策行为有利害关系的第三方或者其他法定主体，在对与影响其合法权益的具体行政行为不服时，提请人民法院就该行政行为所依据的重大行政决策进行附带性审查的处理方式。这三种不同的责任追究启动方式应当是责任追究启动程序的主要内容。

但是，包括党的十八届四中全会以后的很多地方性的责任追究办法等制度文本，对责任追究的启动方式语焉不详，并没有做太多的说明或规定，责任追究程序启动更多靠领导人的意志而不是制度。我们认为，行政

---

① 刘平、陈素萍、张华：《建立行政决策失误责任追究的法律制度研究》，《政府法制研究》2006年第8期。

决策责任追究程序启动的依据仍需要提高法律意义和法治程度，要进一步完善关于责任追究程序的法律法规。只有完善了的启动程序，才能进行有效追究。在这一关键问题上，一方面，要针对行政决策不同的失误类别建立一套可以量化比照着进行操作启动的明确标准，一旦有了这样一个确定而又科学的标准，把任意一个行政决策行为放到这套标准里面，都可以成为其中具体的一个部分；另一方面，重要的还在于明确责任追究的启动方式。现在是个大数据时代，似乎一切皆有可循，可似乎一切都在海底。在这个相互印证的世界，似乎并不缺乏责任追究的线索，而是缺乏发现线索的眼睛。为此，需要有效的监督反应机制来打破社会普遍的缄默。依据部分地方行政决策责任追究规定，行政决策失误的责任追究可以通过公民、法人和其他组织的举报、控告和公益诉讼、上级政府的责令追究、新闻媒体曝光的材料、本级人大、政协提出的问责建议、司法机关或仲裁机构提出的问责建议、监察机关、审计机关提出的问责建议、上级行政首长或本级行政首长提出的要求等来启动。

但是，这种责任追究启动程序的规定，可操作性不强，仍然需要进一步细化和明确。

第一，类似于该启动方式的规定，应当根据责任追究对象的不同确定不同的启动标准。比如对党员领导干部的党内责任追究就必须在同时具备这两个条件时才能被启动。"第一，该项行政决策在政府决策部门作出之前先经过了党委讨论决定，党内相关决策负责人明确；第二，被问责的负责人必须是党员。政党问责在责任性质上表现为政治责任，在承担方式上表现为党内纪律处分。"需要再次强调的是，鉴于党内问责与国家机关之间的责任追究存在诸多的交叉与关联，事实上也"有很多地方的纪委监委把纪法贯通、全面融合作为流程设计的主要着力点"，"突出执纪执法协同推进，既审查违纪问题，又调查违法犯罪问题，既考虑纪的因素，又考虑法的内容"①，党内问责也不能代替国家机关主体对行政决策责任追究对象的启动调查。如行政系统内部追究责任应当确定领导、专门机关和其他人员启动程序的情形。人大启动决策失误责任追究程序应当规定启动责任追究的人大代表人数和公民的人数等。因此，各纪检监察机关、组织（人事）部门、司法机关等要加强沟通协作，及时启动并实施问责程序。对于负有法定追究职责的部门和人员失职、渎职的应当予以追究。

第二，行政决策责任追究的启动是一种程序性规定，在现行的所有党

———————
① 徐炳文：《把制度创新贯穿监察体制改革始终》，《上海人大》2019年第5期。

中央、国务院以及地方相关责任追究的规定中，几乎都没有明确规定责任追究程序的启动时间。我们认为，行政决策责任追究程序的启动和决策失误的调查结果有关，因为调查有了结果，才能确定应当承担责任的人员，启动相应的责任追究程序。因此，责任追究程序的启动应该在行政决策失误责任确定以后尽快启动，比如半个月之内或一个月之内启动。"公共管理人员和管理机构必须对公民的要求做出及时的和负责的反应，不得无故拖延或没有下文。"[1] 当然，基于行政决策失误的复杂性，责任追究程序的启动时间不能一概而论。决策失误发生后，尽快启动责任追究程序无疑是最理想的做法，但行政决策失误发生的原因很复杂，调查的时间长短不一，因此启动的时间也不同。不管何时启动，进行责任追究有一个前提，就是要把初步事实弄清楚，确定责任分担后适时启动、尽快启动。

第三，对于投诉、举报或者新闻媒体曝光的违反决策程序导致决策失误的问题，我们认为并不能一概启动责任追究程序。因为将新闻媒体披露的信息作为办案的线索，反映了新闻媒体监督的重要性。现在媒体揭露行政机关过失或不作为的现象越来越多，而且由于媒体的快捷和传播力度，使一些重大事件和事故能够及时揭露。但是，根据媒体的特点，它对热点事件的报道，很可能与事实有所出入，并不能成为行政决策责任追究所依据的科学证据。媒体报道中，往往看重视听冲击而非说理明辨，情感宣泄大于理性分析，形象塑造胜于规则论证，叙事策略胜于理性诉求。[2] 而且，媒体人本身也可能由于缺乏对责任追究制度和追究机制的充分认知，报道中演绎、修饰、重组出的是"感官正义"，这与行政决策责任追究程序启动的正当性有一定距离。如果行政决策责任追究的程序被媒体报道和公众反应可以直接启动的话，这种责任追究尽管可以尽快平息公众愤怒，却也会导致行政决策责任追究制度良性运作的社会基础。

因此，我们认为，《北京市行政问责办法》第23条"新闻媒体披露有明显行政失当情形且确有证据的"，监察机关可以启动行政问责程序的规定，更具有科学性和借鉴意义。这一规定的意义是，一方面充分肯定了由新闻媒体披露信息具有重要作用；另一方面也防止监察机关把新闻媒体披露的信息当作可以依靠的证据，保持了责任追究程序启动的自主性，从而迫使新闻媒体不得不提供消息来源。也就是说，由新闻媒体披露的信息

---

[1] 俞可平：《治理与善治》，社会科学文献出版社2000年版，第10页。
[2] 陈柏峰：《问责基层需实事求是——以毕节自杀事件的责任追究为例》，《中国法律评论》2016年第1期。

不能作为直接依据来启动行政决策责任追究程序，而只能成为启动行政决策责任追究程序所能够依据的重要线索，纪检监察机关（机构）、组织人事部门等有权机构按照权限和程序对受理的线索进行调查。这样的制度规定可以有效防止责任追究主体无意陷入媒体为行政决策失误设置的议程之中，避免责任追究对象在兢兢业业的工作之后，为决策失误背后的其他系统性问题"埋单"。当然，在确有事实依据和其他证据的情况下，相关部门才可以启动行政决策责任追究程序。对那些应当被追究责任的，按照管理权限向有关责任追究主体提出责任追究建议，同时提供有关事实材料和情况说明，以及需要提供的其他材料；对没有事实依据的，不启动决策失误责任追究调查程序，并向线索提供方报告或告知理由。

一桩行政决策失误事件若想有始有终、全须全尾，不至于沦为"烂尾新闻"，关键还在于尽快完善相关的制度安排，在对决策失误责任官员进行免职的同时，就必须启动刚性的责任追究程序，以约束和规范公权力部门的行为，避免拖延、推诿乃至不了了之的善后做法，真正让免职等处罚性措施成为行政决策责任追究程序的开始。同时，要建立签字背书、限时报备等制度，对各种来源渠道的行政决策失误线索实施备案，谁在上面签字就由谁来负责，"零报告"的也必须签字上报制度，做到对收到的所有立案案件的问责线索都逐个进行审查判断，尽量使得每个线索都不被遗漏不被放过。各审查机构负责人对是否实施责任追究均要签字背书，对线索和处置情况进行扎口管理。如果听任一些地方动辄将行政决策失误的责任追究制度游戏化，"守门员"假装"漏球"，甚至名为追责，实则重新洗牌、易地为官，即便不是有意包庇，至少也是失职，它给公众的观感，对党风形象的损害，都是极为恶劣的，必然会严重损耗决策失误责任追究制度的权威和公信力，使行政决策责任官员更加有恃无恐、肆无忌惮。

二　行政决策责任追究立项调查程序

行政决策责任追究是一项严肃的问责行为，应当设置全面而又严厉的程序实现责任追究；同时作为追究责任结果的责任方式，应当合理适当的配备。但一些地方政府的行政决策责任追究的规范性文件中所体现出的，是各地对于行政决策失误的责任追究基本上都没有对调查认定程序作出具体规定。立项调查程序，即有关部门对行政决策失误进行调查，充分了解事件的真实情况，分清具体存在哪些责任，应该由谁承担，提出具体责任追究建议的过程。它是在行政决策责任追究程序启动后，责任追究机关根据归档资料倒查问题线索，确定责任追究对象，倒查直接责任人员、领导人员责任的过程。立项调查是查清事实的必经程序，调查过程决定着行政决策责任追究程序在启动后是否继续进行，因此，在整个行政决策责任追究程序中的地位十分重要，如果没有这一程序就不可能公正地追究责任。

然而，一些地方的行政决策责任追究规定，只粗略规定了"行政决策责任由任免机关或监察机关按照管理权限予以追究"，如福建省《诏安县行政决策责任追究制度》、安徽省《舒城县重大行政决策责任追究制度》、陕西省《府谷县重大行政决策制度（试行）》、福建省《龙海市行政决策责任追究制度》等，而对调查认定程序没有规定，或者只是笼统地规定"责成有关部门进行调查核实"，既没有规定调查组应当如何构成，行使何种权利，也没有规定调查人员应该承担什么义务及责任。尽管为了保证决策失误责任追究的公正、公平，普遍规定"责任人员在决策责任追究过程中享有陈述权和申辩权，责任追究机关应当听取其陈述和申辩"。

从相关立法的颁布时间看，相当多的地方是将行政决策责任追究制度规定与其他涉及行政决策程序规定的文件一同制定颁行。比如安徽舒城，即是将《舒城县重大行政决策听取意见制度》《舒城县重大行政决策专家咨询论证制度》《舒城县重大行政决策听证制度》《舒城县重大行政决策合法性审查制度》《舒城县重大行政决策集体决定制度》《舒城县行政决策责任追究制度》《舒城县重大行政决策实施情况后评价制度》一同颁布。湖南常德鼎城区也是将《鼎城区重大行政决策程序实施办法》《鼎城区重大行政决策专家咨询制度》《鼎城区重大行政决策事项社会公示和听证制度》《鼎城区重大行政决策责任追究制度》一起下发并要求让下属各乡镇人民政府、区属农林场、区直各单位认真贯彻执行。但是，在回避制度、具体时限等问题上，几乎所有的地方规范性文件都没有作出明确规定。

我们认为，明确的行政决策责任追究的调查程序，应当包括调查机关的确立程序、调查人员的组成、调查的方式和调查结果的提交等。而且随着《监察法》实施以及各地监察委员会的设立，对于行政决策责任追究的调查程序也因此发生了深刻变化，在行政决策责任追究的调查环节，也必须和监察委员会的调查程序做好衔接。如在调查程序环节，应当明确：

第一，确定立项调查程序。行政决策责任追究的立项调查并非仅仅是需要一个责任有无和大小的结果，而更是需要一种能够经受质疑的公信力。立项调查结果的公信力，维系着民众对政府及其官员的信任与认同。责任调查过程中，当事人或者有关人员应当如实回答询问，协助调查或者检查，并应当根据调查工作的需要向有关纪检监察机关或组织人事部门作出书面说明，并提交相关证明材料，不得阻挠。对阻挠或者妨碍调查工作的有关党政领导干部，纪检监察机关或者组织人事部门可以提请本级党委（党组）、政府依照有关规定暂停其执行职务。对应当进行行政决策责任追究的事实或者线索，应由纪检监察机关（机构）、组织人事部门等有权机构按照权限和程序进行初步了解，时限不超过3个工作日。初步了解后，制作行政决策责任追究初步了解报告；对不需要实行责任追究的，经责任追究主体决定后，应当采取适当方式向本人说明调查情况；对于存在应予追究责任的决策失误，予以立项调查。决定立项调查的，可以经由党委、政府办公厅负责协调纪检监察、人事、审计、法制办及有关部门组成调查组进行调查。对线索清晰或情况特殊的行政决策失误事项，可不经初步了解，直接立项调查。

第二，调查机关确立程序。行政决策责任追究立项后，应组成两人以上调查小组，研究制定调查方案，报请有关领导批准后分三个步骤实施：一是于调查前制定《行政决策失误责任调查通知书》，将责任追究立项决定和有关要求通知被调查人所在单位和被调查人。二是进行调查取证，撰写责任调查报告（内容包括决策失误责任追究对象的基本情况、失误事实情况、追究依据为何、所得出的基本结论以及建议采用何种方式进行追究等，同时附相关证据及其他有关材料），明确调查依据及调查的简要情况，调查核实的问题和主要情况，被调查问题的性质、有关人员的责任及态度。三是对调查工作中发现的行政决策失误，事实清楚、证据充分的，可以直接向问责决定机关提出责任追究的具体建议。此外，及时是尽早消除不良影响最重要的一个方面，如果决策失误责任追究都要经过多年以后才能公之于众，藏在下面的真相就会引发人们强烈的好奇心，最终异化成为民间探索故事。考虑到及早消除重大行政决策失误对社会造成的不良影响，及时挽回政府形象和社会公信力，调查时限不宜过长的实际特点，也为了防止调查时间的随意性，调查工作应当在正式启动调查程序后30个工作日内完成。情况复杂的，经问责实施机关主要负责人批准，可以延长30个工作日。

第三，责任人员陈述申辩程序。听取陈述和申辩制度是行政程序法的一项基本制度，是指行政决策责任追究调查程序启动后，调查人员应当给予被调查人员陈述事实和申辩理由的机会，当事人可以对调查人员给予责任追究所认定的事实是否准确，适用法律是否适当，陈述自己对事实的认定以及主观的看法、意见，同时也可以提出自己的主张、要求。当事人也有权对调查人员及第三人提出的不利于当事人事实和问题等进行解释、说明、澄清和辩解。听取陈述、申辩和听证制度源于自然正义原则和正当程序的要求。

第四,责任调查回避、听证制度。回避制度存在的根本目的在于保证行政决策责任追究过程中,可以通过亲属关系、监护关系等法律上的利害关系的原因而干扰程序公正,保障行政决策责任追究过程的毫无偏私,避免先入为主的判断影响后续的决定与执行。我们认为,凡是参与责任追究过程调查、处理以及其他直接人员与当事人有利害关系的,都应当回避。至于听证程序,目前尚未有行政决策责任追究的法律文件作出明确规定。我国的《行政许可法》《行政处罚法》等多部法律法规均规定了行政相对人在面临对自己不利决定时享有听证的权利,这既是保证处理结果公正的需要,也是保障行政相对人合法权益的要求。而我国行政决策责任追究活动关系到责任追究对象的政治生命、个人声誉和工作,属于影响较大的行为,但是却缺乏听证程序的规定,这是很不正常的。① 把听证程序纳入行政决策责任追究过程中去,将推动责任追究对象的权利保障和救济制度的发展。

三 行政决策责任追究决定执行程序

行政决策责任追究的决定程序,是整个行政决策责任追究程序的关键环节,是保障正确施行政决策责任追究的先决条件。然而,差不多每个地方政府的决策责任追究制度中,均未有对责任追究决定程序的具体表述。实际上,行政决策责任追究主体在经过立项调查之后,需要结合查明的事实和掌握的证据、依据作出初步的调查结论并形成书面的调查报告,其"调查结论不外两种:一是事实清楚、证据确凿,该项重大决策行为符合问责情形与决策责任之构成要件,并给出初步的问责建议;二是因事实不符、证据不清,或情节轻微,不符合法定问责之情形或决策责任之构成要件,建议终止问责程序"②。

但是,类似于调查结论以及决定执行程序的规定都不详细,偶尔有一些地方会有诸如厦门市《思明区行政决策责任追究制度》第十三条"对有关责任人员作出的处理决定,应当抄送同级监察机关、公务员主管部门备案"之类的规定。我们认为,各地的相关立法规定决定程序的缺失与

---

① 徐加喜:《论行政问责对象的权利保障和救济》,《政治与法律》2009 年第 10 期。
② 周叶中:《论重大行政决策问责机制的构建》,《广东社会科学》2015 年第 2 期。

粗疏，显然反映出"重实体、轻程序"的传统思维，既有损于责任追究程序的完整性和严肃性，也不利于责任追究对象的合法权益的尊重与保护。

行政决策责任追究是一项政策性、法律性都很强的工作，必须依法积极稳妥地开展，这种责任追究不仅要有政策法规的实体依据，而且要具备完善的决定执行程序，这是我们开展行政决策责任追究工作的前提和基础。我们认为，在行政决策责任追究的决定执行环节至少应当考虑到以下内容：

第一，责任追究决定应当经过集体讨论后作出。由于行政决策责任追究对象多属于党政领导干部，根据中共中央办公厅、国务院办公厅《关于实行党政领导干部问责的暂行规定》的要求，在对行政决策失误调查终结以后，应当将形成的调查报告和拟处理意见，按照干部管理权限和追究程序进行责任追究或向相应的党委（党组）或政府提出追究建议。对经各级人民代表大会及其常务委员会选举或者决定任命的人员实行的责任追究，按照有关法律规定的程序办理。对符合行政决策责任追究的其他责任人员，按照层级管理原则及人员管理权限，分级组织实施。对于情节复杂或者重大违法行为给予较重的处理，上级责任追究决定机关可以在必要时，对应当由下级责任追究决定机关作出责任追究决定的事项，直接作出责任追究的处理决定；或者监督下级决定机关作出处理决定。向党委（党组）或政府提出追究建议时，要同时提供有关事实材料和情况说明，以及需要提供的其他材料。收到追究建议的党委（党组）、政府或作出责任追究决定的机关在作出追究决定前，应听取拟予以追究的单位及其党政领导干部的陈述和申辩，并形成书面记录，由本人签字，对其合理意见应当予以采纳。收到追究建议的党委（党组）政府或作出追究决定的机关发现有未查清事项，应再次进行调查。对于违法违纪事实清楚、证据确实充分、不需要进行调查的，可以直接作出责任追究决定。

第二，责任追究决定应当书面制作并送达责任对象。对行政决策失误作出的责任追究决定，应当由负责调查的纪检监察机关或组织人事等部门联合小组按照分工权限拟定《行政决策责任追究决定书》，在决定作出后的3个工作日内以书面形式送达被追究责任的对象本人及其所在单位，并派专人与被追究的责任人员谈话，做好其思想工作，督促其做好有关工作和需要交接的事项。《行政决策责任追究决定书》应当写明责任追究对象的基本情况、失误事实、追究依据、调查结论、责任方式、批准机关、生效时间、申诉期限及受理机关等。作出责令公开道歉决定的，还应当写明公开道歉的方式、范围等。被追究的责任人员应在责任追究决定书上签署意见，并在送达回执上签名（盖章）、注明收到日期；被追究的责任人员拒不签署意见的，经办人员应在通知书上予以注明。责任追究决定的生效时间从作出责任追究决定之日起计算，被追究的责任人员申辩期间，不停止原行政决策失误责任追究决定的执行。被追究的党政领导干部拒绝执行责任追究处理决定的，可以按照干部管理权限先免去职务，再按照有关规定作出处理。此外，有关机关要求处理或者公民、法人和其他组织实名投诉、控告、检举的，应当书面告知其处理结果。组织人事部门应当及时将被追究决策责任的有关责任人员的有关材料归入其个人档案，并且将执行情况报告责任追究决定机关，回复责任追究建议机关。同时，对于党政领导干部承担决策失误责任的情况应当报上一级组织人事部门备案。

第三，责任追究决定一般应当向社会公开。行政决策责任追究决定公开是落实公民知情权这一重要宪法性权利的一种体现，是推进社会主义民主政治建设、提高政府决策民主化和科学化的重要途径，是增进公民对政府信任、加强政府自身建设的客观要求，是提高政府工作透明度、建立反腐倡廉长效机制的迫切要求，是充分发挥责任追究制度价值、更好地促进经济社会发展的重要基础。行政决策责任追究处理决定应当根据党务和政务信息公开的原则，依据《政府信息公开条例》的规定在一定范围公开，同时确保党的组织、人大机关、司法机关以及社会公众等责任追究主体的意见落到实处；对于造成恶劣社会影响的行政决策失误案件的责任追究处理决定，也应当通过文件、通告等形式在广播影视传媒和新兴网络平台进行公开，以在广泛的社会监督下防止责任追究的最终结果"特殊化处理"或者"变相处理"，实现行政决策责任追究程序运作从"严格制度"到"严厉追究"进而到"严肃查处"的"三严化"。

四 行政决策责任追究涉罪移送程序

从行政决策责任追究的中央立法看，《关于实行党政领导干部问责的暂行规定》第四条规定："党政领导干部受到问责，同时需要追究纪律责任的，依照有关规定给予党纪政纪处分；涉嫌犯罪的，移送司法机关依法处理。"依据国务院《重大行政决策程序暂行条例》第41条规定，行政决策机关、决策承办单位以及决策执行单位的有关工作人员玩忽职守、滥用职权、徇私舞弊，构成犯罪的，依法追究刑事责任。

从行政决策责任追究的相关地方立法实践看，为了完善行政执法与刑事司法相衔接的工作机制，加大对重大行政决策失误的预防与惩戒力度，部分地方根据《中华人民共和国刑事诉讼法》、国务院《行政执法机关移送涉嫌犯罪案件的规定》等有关规定，在行政决策责任追究相关规范性文件中明确规定，行政决策失误"涉嫌犯罪的，移送司法机关处理"。但是，也有大部分地方的行政决策责任追究制度并没有明确规定，如福建省《漳州市行政决策责任追究制度》、吉林省《抚松县人民政府重大行政决策责任追究制度》等。相关规定的模糊与粗略，有可能导致执法实践中的以政治、行政责任代替刑事责任，从而放纵渎职等违法犯罪行为，行政决策责任追究的效果难以实现。

从法治的角度讲，行政机关能不能向司法部门及时移送在其执法过程中发现的决策失误涉嫌犯罪案件，是衡量一个部门能否依法行政的重要标尺。行政决策失误责任追究制度实施以来，部分地方在涉罪移送方面做了大量的工作，总结了一些有益的经验和做法，取得了一定的积极效果。但是，在涉嫌行政决策失误犯罪案件移送工作中仍然存在一些亟待解决的问题。主要表现在以下几个方面：

第一，行政执法与刑事执法相衔接的工作机制未完善。行政决策失误涉嫌严重渎职移送的规范性法律文件仅有原则性规定而未设定移送程序，中共中央、国务院《关于实行党政领导干部问责的暂行规定》、国务院制定的《行政执法机关移送涉嫌犯罪案件的规定》对案件移送作出了原则性规定，但对于何时移送、移送前能否进行其他责任追究等问题没有明确规定；《刑法》中也无相应的法条配套，造成行政决策责任追究机关在实际办案中难以把握。

第二，决策失误责任追究机关未建立完善的涉嫌决策渎职犯罪案件审核制度。如上所述，现行部分法律文件作出了诸如"涉嫌犯罪的，移送司法机关依法处理"之类的规定，有关机关也多有《案件移送审批表》《案件移送书》等法律文书，但是这些却并非必用文书。对于行政决策的重大失误责任追究尽管也会通过集体讨论决定，但是集体讨论中并未将审核是否涉嫌犯罪作为必定议题。甚至相当多的公职人员对于与决策失误相关的罪名及构成要件并不熟悉，更无法准确区分罪与非罪的界限以及数额、后果、情节、损失等构成要素，这种认识和知识上的不足影响了移送工作。

第三，决策失误涉嫌犯罪案件移送监督机制相对缺乏。尽管对于行政决策失误的监督机制在逐步完善，对决策失误责任追究的总体监督效果趋于改善，但是如前所述，行政决策责任追究的监督内容与力度还远未全面和扎实，尤其是对于行政决策失误构成犯罪的案件是否移送，目前还未列为监督内容。在外部监督方面，根据国务院颁布的《行政执法机关移送涉嫌犯罪案件的规定》，行政执法机关与人民检察院之间的移送工作主要靠协调和配合进行，缺少必要的制约，人民检察院对于行政决策失误涉嫌犯罪的移送监督还仅仅停留在表面上，不够深入，不够全面，不够到位，有效的监督约束机制还未真正形成，影响了移送工作的积极有效推进。

除上述原因外，还包括一些责任追究主体存有"以罚代刑"的错误观念，个别人员可能存在腐败问题等。针对以上问题，我们认为，应完善"监察治理领域的追责程序需与行政执法责任追究程序、刑事诉讼程序相衔接，实现案件承办工作机制的无缝对接"[①]；建立行政执法与刑事执法相衔接的法律体系和工作机制；建立健全行政决策失误涉嫌犯罪案件审核机制；进一步强化行政决策失误责任追究的监督力度。具体而言：

一是要完善行政执法与刑事执法相衔接的法律法规体系，明晰案件移送程序。按照《关于实行党政领导干部问责的暂行规定》《行政执法机关移送涉嫌犯罪案件的规定》以及地方关于行政决策责任追究办法等规范性文件的规定，加快推进"两法衔接"信息共享平台建设和应用，明确信息共享范围、录入时限，推动健全实名制信息快速查询协作执法机制。制定行政决策失误涉嫌犯罪案件移送办法，建立起包括案件移送范围、移送标准、移送程序、移送时间以及移送职责在内的各项工作机制，以确保移送工作有章可循、有据可依，促进决策失误涉嫌犯罪案件移送工作的规范化、法治化和科学化。

二是行政决策责任追究主体应当加强与人民检察院的合作与配合，积极探索和完善行政决策失误涉嫌犯罪案件的审核机制。强化行政决策责任追究主体的"移送"意识，拿准了的一定要移，拿不准的也要移送，对于一些情节较严重的决策失误行为，尽量争取人民检察院的提前介入，牢固树立法治追究的正确观念，坚决克服有案不移、有案难移、以罚代刑现象，实现行政处罚和刑事处罚无缝对接；对于行政决策失误，优先从造成的损失后果、情节、数额等是否涉嫌犯罪考虑，及时全面做好有关案卷材料的移交工作。

三是完善决策失误涉嫌犯罪案件移送监督机制。加强理论研究和实践探索，从建立督促起诉制度、完善检察建议工作机制等入手，逐步完善监督的方式、手段和程序。对行政决策失误，责任追究主体要在完善审核机

[①] 任颖：《国家监察治理领域的责任制度设计研究》，《中南民族大学学报》（人文社会科学版）2018年第3期。

制的同时，主动向社会公开，自觉接受各界监督。对于应当向人民检察院移送决策失误涉嫌犯罪案件的，决策失误调查小组在核实情况后报责任追究决定机关负责人批准，责任追究决定机关负责人应当自接到报告之日起3个工作日内作出批准移送或者不批准移送的决定。一旦决定批准移送的，调查小组应当经由责任追究决定机关在24小时内向有管辖权的人民检察院移送，决定不批准的也应当将不予批准的理由记录在案。同时，负有重大决策事项监管职责的工作部门、纪检监察机关、组织（人事）部门对发现依法应当予以追责的情形进行调查而未调查，应当移送的决策失误涉嫌犯罪案件不移送，应当追责而未追责的，要追究有关责任人员的责任。

五 行政决策责任追究权利救济程序

客观而言，对于行政决策责任追究基本程序规范的设定，并不是源于行政决策失误责任追究主体的本意需求。而是源于行政决策责任追究过程中，而是他们在"举重放轻"的实践逻辑下有意无意摸索到的，是在行政决策责任追究实践中，努力寻求问责实效与保护决策者之间平衡点的一个必然结果。① 近几年来，随着重大决策责任追究制度及责任倒查机制的逐步建立和完善，在政治新常态下的决策失误责任追究也逐步走向严厉化。

与此同时，一些地方在落实行政决策失误责任追究过程中也充斥着"粗暴"和"简单"的行为方式，责任追究的情绪化和随意化也比较突出。实际上，在我国规定行政决策失误责任追究的党规、法律规范中，《关于实行党政领导干部问责的暂行规定》《公务员法》和《监察法》是最重要的三部中央层次的法律文本，也是地方各级政府制定行政决策责任追究规范性文件的主要法律依据。也正是在这三部法律文本中，行政决策责任追究对象的合法权利与权利救济程序得以初步展现。

《关于实行党政领导干部问责的暂行规定》第二十二条规定："被问责的党政领导干部对问责决定不服的，可以自接到《党政领导干部问责决定书》之日起15日内，向问责决定机关提出书面申诉。问责决定机关接到书面申诉后，应当在30日内作出申诉处理决定。申诉处理决定应当以书面形式告知申诉人及其所在单位。"据此，在重大行政决策追责程序

---

① 王伦刚、刘思达：《从实体问责到程序之治——中国法院错案追究制运行的实证考察》，《法学家》2016年第2期。

中，因决策失误受到党内责任追究的党政领导干部，若对追责结果不服，可以依照《中国共产党问责条例》《中国共产党纪律处分条例》和《关于实行党政领导干部问责的暂行规定》的相关规定提出申诉。

新修订颁布的《公务员法》依然沿袭了之前规定，授予公务员在执行公务或者行政决策过程中，依法享有抵抗权，或者称为不服从的权利。2008 年中共中央组织部、人社部还印发了专门的《公务员申诉规定（试行）》。被追究责任的公务员对责任追究结果不服的，可以依照这些法律、法规、规范性文件中关于行政申诉的规定寻求救济。作为地方决策失误责任追究制度，不能突破上位法的相应规定。对责任追究对象的救济途径应当与《公务员法》等规定保持一致。

依据《监察法》第 49 条规定，监察对象对监察机关作出的涉及本人的处理决定不服的，可以在收到处理决定之日起一个月内，向作出决定的监察机关申请复审，复审机关应当在一个月内作出复审决定；监察对象对复审决定仍不服的，可以在收到复审决定之日起一个月内，向上一级监察机关申请复核，复核机关应当在两个月内作出复核决定。复审、复核期间，不停止原处理决定的执行。复核机关经审查，认定处理决定有错误的，原处理机关应当及时予以纠正。这也是对原《行政监察法》相关规定的借鉴和延续。

从全国各地的行政决策责任追究制度看，相当多的地方性规定在责任追究对象权利救济程序方面都普遍作出了类似于四川省《通江县重大行政决策责任追究制度》、河南省《卢氏县行政决策责任追究制度》之类的规定，明确："责任人对行政决策责任追究机关处理决定不服的，依照《中华人民共和国公务员法》的有关规定，可以申请复核或申诉。"在湖北，为保障被追责对象的合法权利，解决创新改革的后顾之忧，武汉市十三届人大常委会第 37 次会议表决通过了《武汉市人民代表大会常务委员会关于鼓励创新宽容失败促进全面创新改革试验的决定》，改革容错免责机制正式推行。依据该《决定》第 16 条："监察机关、组织人事部门收到追究责任的线索，按照权限和程序进行调查，认为依照本决定应当免责的，应当向追责决定机关提出免责建议。单位或者个人受到责任追究或者被负面评价，认为依照本决定应当免责的，可以向追责机关、申诉处理机关提出申辩、申请复核或者申诉。有关机关应当受理，认为符合本决定免责规定的，撤销追究责任的决定或负面评价。对根据本决定规定不予追究责任和不作负面评价的案件，在没有新的追责事实、证据、理由的情况下，不重新启动调查、追责、问责程序。依照本决定免责的有关单位和个人，其绩效考核和评先评优不受影响，个人职务晋升和职称评聘不受影响。"总的来说，我国现有行政决策责任追究的法律文件中不管是对责任追究对象权利进行保障还是对其权利进行救济规定都比较少，而且手段也不多，很大一部分是行政机关内部程序，由它们产生的效果值得怀疑。

从理论上讲，作为行政决策责任追究制度的配套机制，对责任追究对象的权利保障和救济程序是不可或缺的一环，这一方面在于维护责任追究对象作为公民的基本权利和彰显现代法治精神，是建构行政决策责任追究法治体系的必然要求和国家治理现代化的重要表征。另一方面，由于责任追究对象利益表达机制的畅通，避免行政决策责任追究过程中出现纰漏和偏差。现实中"媒体一曝光，民意就沸腾，问责就来劲"的情绪化问责模式不仅对责任追究对象显失公平，也是对汹涌民意的无情亵渎。① 对于行政决策责任追究对象的权利救济路径可以包括两个方面。一是结果性救济。"是指针对那些违反法律规定、侵犯公民权利的行为，法律所设置的制裁性后果。"二是过程性救济，"也就是为被侵权者所提供的诉诸司法裁判程序的救济机制"。②

但是，法律文本与法治实践的距离总是超越人们的想象。比照大量行政问责的具体实践，不难发现众多的被问责官员即使颇感委屈或者不服，也很少有诉诸申诉程序进行权利救济的个案发生。这一方面可能是被追究的人群确实"职责匹配""过责相当"，而另一方面，或许也与公职人员惩戒处分活动均严格限制于行政管理序列的内部，并无外向型救济渠道（比如复议、诉讼）有关。

我们认为，行政决策失误而被追究责任的公职人员的权益同样需要保障，申诉渠道更需要畅通并有效，行政序列内部、组织内部不应当也不能够成为法外之地，责任人员的权利救济应该会有更为广阔的空间。一方面，对于行政决策责任追究方式中严厉程度超过行政处分的种类，即应当赋予其复议的救济手段，让其穷尽行政内部救济路径。不过，"涉及基本人权的惩戒处分，如撤职、开除等较为严厉的制裁，必须受到公正的司法救济，否则即违背了法治国家的基本理念"③。如果责任追究对象仍然对复议决定不服，却无法再提起行政诉讼，这样既不利于责任追究对象的权利救济，也违背了司法最终审查的原则。因此，在修改《行政复议法》

---

① 胡洪彬：《廉政问责制新政：从程序设计到模型建构》，《探索》2016年第1期。
② 陈瑞华：《看得见的正义》，北京大学出版社2013年版，第112页。
③ 胡建淼：《领导人行政责任问题研究》，浙江大学出版社2005年版，第128页。

的同时对《行政诉讼法》作适当的修改，把行政决策政务处分行为纳入行政诉讼的受案范围，这也是行政决策责任追究对象权益救济的最重要渠道。

事实上，任何一种理论的产生或移植都与学者们对现实的关怀分不开，任何一种理论都与其所处的具体的历史和文化生态环境密切相关。[①]建立健全行政决策责任追究基本程序，对于继往开来的中国法学而言时间紧、任务重，因而要通过制度化、法治化的规则来保证基本程序的确立与实现，使之成为一个贯穿行政决策全过程的相互配套的责任保障体系。在行政决策责任追究实践中，我们正当程序的联系日益紧密，我们的行为也愈来愈遵循程序正义，正是这样的理想、信念和事实，推动着中国行政决策责任追究程序法治化努力的点滴进程。

第三节 行政决策责任追究的特别程序规制

一般程序与特别程序在哲学上表现为一般与特别之间的对立与统一的关系。一般来讲，特别程序是相对于一般程序或普通程序而言的。在民事诉讼法中，一般程序与特别程序是民事诉讼程序基本的分类。在行政法中，特别程序是指行政机关依法在实施特殊行为时应遵循的步骤、顺序、方式和时间等规范的总称。特别程序不是指某一个具备特定属性的程序，而是对多种属性不同的程序的概称。本书所指特别程序仅指不同于一般行政程序，适用于特定行政活动的特殊程序。当然，程序与效率并不存在必然冲突，但是毫无疑问的是烦琐、僵化的程序，也会切实影响到效率的提升。即便如此，我们在行政决策责任追究程序制度的探求与设计中，必须首先考虑到制度的刚性和灵活性，将情况紧急和特殊性情形纳入其中，并作出制度性安排，以便基本程序与特别规范能够在实际工作中互补共生、相得益彰。

一 行政决策责任追究听证程序

听证制度发源于英国，其基本含义是指："任何参与裁判争端或裁判某人行为的个人或机构，都不应该只听取起诉人一方的说明，而且要听取

---

① [美]周天玮：《法治理想国——苏格拉底与孟子的虚拟对话》，商务印书馆1999年版，第98页。

另一方的陈述；在未听取另一方陈述的情况下，不得对其施行惩罚。"①从法律法规看，其经典条文表述是 1215 年的《自由大宪章》第 39 条和《伦敦威斯敏斯特自由令》第 28 条的规定。但是，这一制度后来却在美国得到发扬光大。美国《联邦宪法》第五和第十四修正案都有"正当法律程序"（due process of law）的规定。1791 年生效的美国第五宪法修正案规定："非经大陪审团提出公诉或告发不得使任何人接受死罪或有辱声名之罪行之控告，惟在陆、海军中或战时或国家危难时刻服现役之民兵中发生的案件，不在此限；不得使任何人因同一罪行处于两次生命或身体之危境；不得在刑事案件中强迫犯人作不利于本人之证词；未经正当法律程序不得剥夺任何人之生命、自由或财产；非有恰当补偿私人财产不得充公。"1868 年颁布的第十四修正案则将正当法律程序适用于各州。

时至今日，"正当程序本身并不是一个确定的法律概念，与其说它是一种规则，倒不如说它是一种法治理念、法律精神"②。一个正当、合法的程序不仅包括了程序性正当程序（procedural due process），而且还包含了实质性正当程序的内容，即权力的行使必须具有正当、合理的目的或者说具有包括听证程序在内的充分发表意见，交换达成共识的理由。③ 随着司法听证的广泛应用和司法审查范围的逐渐扩大，听证也从司法扩大到了立法领域，从而产生立法听证制度。听证运用于行政领域则是行政权不断扩张的结果，目的是促使行政权的行使更为客观公正④，它要求行政机关在做出对相对人不利处分时应当给予相对人陈述自己意见的机会，此即行政听证。在正当法律程序条款的指引下，美国先是由法院通过判例，后由国会通过立法确立了较为完善的正式听证制度，并于 1946 年在《联邦行政程序法》中予以确立。美国联邦宪法及其修正案和行政程序法对听证制度的相关内容作了详尽的规定，是其他许多国家借鉴的典范。

西方国家，特别是英美德等国的听证制度原则明确，包括听证公开原则、职能分离原则和案卷排他性原则等。学界依据其繁简程度与实施方式不同，将听证分为正式听证和非正式听证两种。正式听证是指对于法律明

---

① ［英］戴维·M．沃克：《牛津法律大辞典》，北京社会与科技发展研究所组织翻译，光明日报出版社 1989 年版，第 69 页。
② 章剑生：《从地方到中央：我国行政程序立法的现实与未来》，《行政法学研究》2017 年第 2 期。
③ 刘东亮、房旭：《行政决策的实质性正当程序之规制》，《行政管理改革》2015 年第 1 期。
④ 肖金明：《行政处罚制度研究》，山东大学出版社 2004 年版，第 229 页以

确规定的必须根据听证的记录制定法规或裁决,行政机关必须依法给予听证机会,然后基于听证记录作出决定的程序。非正式听证,是指行政机关制定法规或作出决定时,只须给予当事人口头或书面陈述意见的机会,以供参考,无须基于记录作出决定的程序。正式听证的显著特点是其高度司法化的程序运作,由于正式听证集中体现了行政的公正,使得它成为听证程序的核心内容,也是各国行政程序法立法的重点。非正式听证的特点是具有很强的灵活性、效率性和广泛适用性。但是,就行政听证总体尤其正式听证而言,行政程序公正原则、公开原则和参与原则得到了最充分、最集中的体现。

现在看来,灿若星辰的行政听证程序制度已经发展成为现代民主政治的标志之一,公众提供利益表达的渠道和平台。在当下,作为听取双方意见,推进实体公正实现的一项程序性制度,听证制度一出现就受到各个国家的欢迎,从司法、立法走向行政,由普通法上的权利、特权再到法律上承认的利益,听证所涉及的内容、领域和深度都得到较大的扩展。在中国以同体责任追究为主的行政决策责任追究制度环境中,尊重和保护责任对象的合法权益,使其过罚相当、罚当其过,也仍然是行政决策责任追究程序设置需要关注的重要问题。基于这种认识,有必要将行政听证程序引入行政决策失误责任追究的程序中来。也就是说,中国行政决策责任追究可以依据正当程序、人权保障等理念转向"司法听证、动态纠正与救济模式"。这一过程中最重要的特征就是对责任追究程序进行司法化改造,引入听证方式,使得多种诉讼主体能够参与到这一过程中。

尽管,在传统经济学意义上,行政听证成本的高低是听证实践的首要考量因素,但是,在实践中更为执法人员青睐的是,这种方式对于吸引和鼓动社会公众参与公共行政、检视政府机关的行为方式同样具有更大的作用。行政决策尤其是重大行政决策的责任追究,都是在行政决策失误利益侵害较为严重、公众反应较为强烈、社会矛盾较为突出的时候诱发,这种通过保证程序正义最后到责任追究结果实现实体公正,是对那些被行政决策失误侵害的公众利益的最好的抚慰,这不仅是确立行政决策责任追究正式听证的核心所在,而且责任追究程序的公开、公正对于保证公众知情权,保证社会稳定,重塑一个更具有权威性、更加值得信赖的政府的形象具有重大意义。

同时,值得注意的是,行政决策责任追究过程中的听证还有助于保障责任追究对象的合法权益。因为"在对决策的讨论中,人们常常关注立法机关、利益团体和其他更为重要的参与者而忽视作为个人的公民。"[1]不过，需要指出的是，我国目前有些地方关于行政决策责任追究制度的规定中也涉及听取责任追究对象的陈述和申辩之类的非正式听证内容，但是对于行政决策责任追究应当以正式听证为主、非正式听证为辅。现有这些简单的规定过于笼统，且多为原则内容，正式听证程序并没有确立。严格而言，正式听证应当包括告知、通知、预备听证、正式听证、制作笔录、意见反馈六大步骤，此外，还涉及质辩程序的缺位、听证的延期、听证的中止、听证的终结四大特殊程序。这种正式听证程序规定的缺失导致在听证实践中，责任追究主体与对象之间的权力失衡，更多体现的是单向的管理诘问，责任追究程序完全封闭起来，从程序的过程到结果都模模糊糊、朦朦胧胧，听证无法可依，听证过程不够规范，随意性大，有时甚至陷入混乱局面，最终使听证制度的作用不能充分发挥。当然，对于行政决策责任追究听证程序的范围与制度架构还需要在对责任追究方式梳理整合的基础上结合听证制度的相关立法与既有实践进一步认真研究。

二　行政决策责任追究督察程序

长期以来，全国各地行政决策责任追究主体坚持从严执纪、依法行政的基本方针，始终把查处各级领导干部违纪违法决策作为重要任务来抓，对行政决策的科学性与民主化发展起到了很好的促进作用。实践证明，行政决策责任追究制度的建立与完善是防止行政决策失误、维护公共利益的重要举措。但是，在取得阶段性成效之后，这些改革往往会碰到一层"天花板"。部分地方对于行政决策责任追究，缺乏整体系统的先进理念与法律规范的有力支撑，存在认识偏差、查处不力、追究不严的现象。从现实看，我国对行政决策失误的责任追究仍然主要局限在政府自身的内部进行，这使责任追究的科学性和公正性大打折扣。主要表现是：

一是责任追究的泛滥化与简单化倾向并存。由于"官本位"和权力崇拜是我国数千年封建社会的主流思想，行政文化建设远远落后于其他国家，加之计划经济时期形成的行政思想的影响，"一言堂"现象普遍存在，官场"潜规则"盛行，官员缺乏承担责任的意识，为人民服务的意识十分薄弱。一些权力比较集中的地方，领导意志起了相当大的作用。[2]在行政权力运行过程中，带有人情味十分宽松的情感化责任追究和处罚方

---

[1] [美] 詹姆斯·E. 安德森:《公共决策》，唐亮译，华夏出版社1990年版，第96页。
[2] 乔新生、刘圣中:《问责官员复出的中国式困境》，《决策》2012年第1期。

式比重较大。从立项调查到决定执行,信息基本处于封闭状态,缺乏有效的群众监督和社会监督机制,导致很多应该受到监督的权力缺乏监督。责任追究的泛滥与简单化倾向唯取决于个人的情感好恶和关系远疏。问疏而不问亲,政策标准因人而异。

二是责任追究的程式化与表面化明显。由于缺乏科学职能划分与职位分类,我国党政之间、行政机关上下级之间、正副职之间、不同行政机关之间职能权责不清,相互重合,导致行政人员职责不清,而且由于行政决策尤其是重大行政决策往往涉及多个职能部门的参与,所以当地有关部门在处理这些行政决策失误时,总是尽量"大事化小,小事化了",在认定和追究责任的过程中,权责不一的情况没有办法避免,问小而不问大。即使是较为严厉的方式——引咎辞职,在民怨消失之后,该公务员仍然可以飞速复出,这样就落入了避重就轻、惩而不实的怪圈,致使责任虚置或责任无法追究。这种程式化、表面化的责任追究既不服人心,也不能警示后人。因此,在行政决策责任追究问题上必须建立追究"行政决策终身问责"落实责任制度,对不问责、假问责的行为说"不",真正"杀一儆百"。

第一,坚决纠正"重实体错误追究,轻程序违法追究",只注重对实体错误、定性为决策失误的有关部门和责任人的违纪违法问题的处理,而忽视对程序违法行为的追究的认识偏差。

第二,坚决纠正"重纪律处分,轻批评教育和组织处理",甚至于在认识上就没有把批评教育当作责任追究的处理范围的认识偏差。

第三,坚决纠正"重本部门举报线索的查处,轻其他部门线索的移送",对其他相关部门和其他途径的决策失误线索的移送责任不明确,查处不自觉的认识偏差,从而树立"实体程序并重"意识,将实体没错但程序违法的行为纳入追责范围,开阔追究方式视野,增强线索发现和移送的主动意识。

第四,进一步严肃工作纪律,内化于心、外化于行,切实转变作风,提高行政效能,加强对行政决策责任追究不力的检查监督,建立与完善责任追究督察程序。因为信任不能代替监督,这既是少数失职干部个人防线失守换来的惨痛教训和深刻总结,也是历史经验凝结的智慧结晶。

我们认为,在行政决策责任追究督察程序的设计中,从加强内控机制建设的角度出发,有必要构建细密的制度规范,既可以使责任追究程序的各个环节、各个步骤、各个点位都有规可循,也能提升追责干部自身的免疫力。这一程序至少应当涵盖以下内容:

对行政决策责任追究工作未达到目标进度和时间节点要求，工作进展明显滞后，经预警提示后仍未达到时间节点要求的单位，予以通报批评。对于责任追究工作连续两次未完成计划进度，或半年督察重点工作有两项以上未达到计划进度、时间节点要求的，对单位负责人进行诫勉谈话。无特殊情况影响，年度责任追究工作排名靠后且未完成目标任务的，责令单位主要领导向党委、政府说明情况，并公开道歉，或建议组织部门调整其工作岗位；区别具体情况给予责任单位降低考核等次、取消评先评优资格。因重大决策失误责任追究落实不力，给区域经济社会发展造成损失、带来重大社会影响的，对单位主要负责人予以责令公开道歉、停职检查、引咎辞职、责令辞职、免职责任追究；构成违纪的，同时对相关人员予以纪律处分。

在重大行政决策失误责任追究过程中，对应由几个部门共同协助调查处理的事项，主查单位不主动协调，致使工作延误的，责令立即整改，视情节对主办单位主要领导、分管领导予以警示提醒、诫勉谈话；因此给社会经济社会发展造成损失、重大影响的，视情节对主办单位主要领导及相关责任人予以责令公开道歉、停职检查、引咎辞职、责令辞职、免职责任追究，或建议组织部门调整其工作岗位。构成违纪的，同时对相关人员予以纪律处分。在重大行政决策责任追究过程中，对应由几个部门共同联合调查处理的事项，协办单位对责任明确的协办事项，不作为、慢作为，或自作主张乱作为，造成责任追究工作延误、影响工作落实的，责令立即整改，并视情节对协办单位主要领导、分管领导予以警示提醒、诫勉谈话；因此给社会经济社会发展造成损失、重大影响的，视情节对协办单位主要领导及相关责任人予以责令公开道歉、停职检查、引咎辞职、责令辞职、免职责任追究，或建议组织部门调整其工作岗位。构成违纪的，同时对相关人员予以纪律处分。对应由几个部门共同调查处理的事项，因协办单位不履职而影响责任追究工作进程，主办单位又不报告的，追究主办单位领导的责任。

对在行政决策责任追究工作中，不顾大局，拖延追究；责任追究避重就轻，敷衍塞责，感情用事，责任追究阳奉阴违，瞒上欺下损害公益，利用职权设障掣肘、吃拿卡要假公济私等工作作风不实的行为，要视情节对单位主要领导和直接责任人予以警示提醒、诫勉谈话、停职检查、纪律处分，或建议组织人事部门调整其工作岗位。对公民、法人和其他组织依法提出的责任追究不力投诉，应区分情况及时督察处理。对事实清楚、证据确凿的，应当在15日内调查处理完结，将处理结果告知投诉人，并及时向上级机关上报处理决定。有关纪检监察部门要对行政决策责任追究总体情况与个案进度定期开展监督检查，对监督检查中发现的问题按照规定进行严肃处理。

三 行政决策责任追究简易程序

我们认为，行政决策责任追究简易程序，是指行政决策责任追究主体对于特定的行政决策不作为、未造成重大经济损失或者恶劣社会影响的行政决策失误所依法采用的，较普通程序相对简化的责任追究程序。行政决策责任追究简易程序的设置，是行政决策责任追究制度的一项重要的内容。简易程序的适用是公正与效率博弈的结果，是对两种价值的协调与权衡。其目的是对决策失误责任追究实践中存在的部分事实清楚、情节简单、未造成重大经济损失或者恶劣社会影响以及行政不作为的行政决策失误采取简便方式追究相应责任，这样既可使决策失误责任追究繁简分流，有利于及时惩罚责任人员，维护社会公共利益，又可有针对性地解决行政决策责任追究难、追究质量和效率不高等问题，有利于强化责任追究，确保权责公平，同时也适应现代社会行政决策责任追究的总体趋势。因为责任追究简易程序的适用必将大大提高责任追究的效率，缓解"案多人少"的矛盾，从而使责任追究主体可以将更多精力、更多资源投入到重大、疑难、复杂行政决策失误的责任追究问题上，实现行政决策失误责任追究工作的良性发展。简易程序本身可能更偏重行政效率的追求，但不能以牺牲公正为代价。因此，也必须加强对简易程序适用的规制。

基于此，行政决策责任追究简易程序适用范围主要应限定在简单决策失误或者行政决策失误未造成重大经济损失以及恶劣社会影响的范围之内。这一范围的逻辑限定应当主要考虑以下三方面因素：一是行政决策失误性质的限定，只有行政决策不作为、未造成重大经济损失或者恶劣社会影响的决策失误才可以适用简易程序；二是行政决策失误情节的限定，只有违规违法情节轻微、原因简明的案件才可以适用简易程序；三是事实和证据的限定，只有事实清楚、证据充分的案件才可以适用简易程序。对于行政决策失误造成重大经济损失或者恶劣社会影响，甚至诱发群体性事件的，要排斥责任追究简易程序。在行政决策责任追究过程中，对于不具备简易程序适用条件的追责立项，应当及时作出变更处理。

行政决策责任追究简易程序之所以名为"简易"，当然应当有别于普通程序，简易程序本身可能更偏重行政效率的追求，但绝对不能牺牲公正。到底如何具体简易和运作，需要学界与实务部门在贯彻实施行政决策责任追究的过程中，伴随着责任追究一般程序的立法推动加以进一步明确和细化。比如，上文提到的"不具备简易程序适用条件的追责立项，应当及时作出变更处理"，就属于定性问题，但由于一般程序规范的缺失会导致变更的前提缺乏具体量化的标准，责任追究主体自由裁量的随意性较大。而且简易程序的适用缺乏如同普通程序那样完整的体系，而对普通程序的援引又容易造成两者的混用，不仅使简易程序丧失简易性，而且影响到普通程序功能的发挥。在行政决策责任追究实践中，同一主体往往同时既有适用简易程序追究责任的失误案件，也有适用普通程序追究责任的案件，工作安排的冲突导致责任追究主体会不自觉地造成两种程序的混用，产生"简易程序不简易，普通程序不规范"的现象。

总之，程序是"看得见的正义"，是法治社会的典型特点，是实现公平、正义的重要保障。实现常态化决策责任追究制度是责任落实的重要保障。基于行政决策责任追究工作的复杂性和特殊性，实际工作中，行政决策责任追究的程序设计必须要根据不同的情况，结合党的十九大以来的最新形势和指导精神，与时俱进地做好"升级换代"。同时，行政决策责任追究认识和实践的深化，也必然带来新鲜经验的迸发，要做到边实践边总结，通过经过实践检验的程序设计将程序法治进一步加以明确，对经实践检验行之有效、群众认可、支持和满意的程序安排，要做到边坚持边落实，通过制度将程序设计加以固定，使制度具有可操作性，既明确具体又求实管用，避免决策责任追究制度走向片面化、庸俗化、随意化。行政决策责任追究简易程序的设置与确立是一项系统工程，不仅涵盖了从责任追究的启动、调查、执行与救济等各关键环节，在每个环节下还依然容纳着多种要素。简易程序的设计与运行也并非一个封闭、孤立的系统，必须在制度层面依靠各项改革措施的衔接与配套，使其可以清晰划定不可逾越的"红线"、不可触碰的"底线"。我们只有在理论与实践中不断探索，在制度设计上对行政决策责任追究程序不断完善，才能使该制度真正彰显出其制度价值，从而实现责任追究的程序价值目标，为实现行政决策及其责任追究机制的科学化、规范化提供更加有力的制度保障。

结语　踏在平衡木上的行政决策责任追究

公共政策制定的质量一直是国家治理中最为重要的问题。在现代化进程中，政府所面对的问题纷繁复杂，变化速度非常之快。面对这种局面，掌握着巨大资源的政府，如果不能遵循科学规律在法制轨道行政决策，就会给国家和社会造成难以挽回的巨大损失。相反，有限政府的民主、科学、高效的行政决策直接关系到国家和社会发展的方向，它既可以使经济高速发展，也能导致经济停滞不前，甚至跌入崩溃的深渊。当今世界，建设法治政府已是潮流所在，官员权力与责任对等、利益与风险同在成为制度建设的必然趋势。自2003年"非典"事件后，席卷政坛的问责之风从中央刮到地方，成为中国法治进程中的标志性事件。在16年之后的今天看来，尽管有关问责的法律文本铺天盖地、汗牛充栋，但是，中国的问责实践依然处于一种运动式的阶段，带有明显的不理性因素，其运行模式还经常依赖于无序政治参与和媒体舆论的外在驱动，缺乏走上责任追究制度化的恒久动力，这一变动不居的监督制度也引起了社会公众的普遍关注甚至质疑。

诚然，任何一项改革都可能存在一些不可预期的副作用，这是政府改革历史中常见的现象。[①] 正常意义上讲，在存在诸多不确定因素的社会环境中，行政决策失误是正常的。不管我们的官员如何努力、如何敬业，只要稍有不慎或者错过时机达不到最优，就可能差之毫厘、谬以千里，面临决策失误责任追究的窘境。行政决策失误责任追究制度的设置目的也正是避免这种决策的失误，因此强调对行政决策的责任追究，好处自然不言而喻。"只有决策者心中有责任，政府决策才可能在责任的约束下更加科学

---

① Hood C. Peters G. "The middle aging of new public management: Into the age of paradox? Journal of public administration research and theory", 2004.14（3）：267–282.

化、合理化。"① 但是，"在中国，尽管中央政府对地方政府拥有强势的问责手段，但政策特征、经济利益和领导重视程度的差异也导致了多样化的结果。从研究和实践来看，问责并非如其拥护者所宣称的那样必然能够带来绩效改进，也不是如其反对者所认为的那样会抑制改进"②。通过行政决策责任追究的方式来约束政府的决策行为是否是强化依法行政、民主科学决策的最优路径，尚值得认真探讨，我们无法提供确定的解答。

一段时间以来，责任追究似乎成为现代化治理的"黄金概念"，各地各部门为强调各自的工作落到实处，加之横向学习和竞争压力，普遍认为"抓好责任分解，明确责任分工，是贯彻落实责任制的首要环节，也是进行责任考核和责任追究的有力措施"。由此，责任追究示范效应和扩散效应显著，并逐步演变为"包治百病"的解决方案，各地各部门通过逐级签订责任书，层层传导压力，实现责任追究网络全覆盖，切实做到"人人都有责任区、个个肩上有担子，事事都有责任人"。这样的做法，好像签了责任状就意味着领导重视，责任明确，便于追究。③ 在责任制的重压之下，面对经济社会双重转型的时局，"受成长经历、社会环境、政治生态等多方面因素影响，当前干部队伍也存在种种复杂情况，一个突出问题是部分干部思想困惑增多、积极性不高"④。懒作为、慢作为、不作为，空转、不转等"廉而不为""怠倦化"的现象增多。⑤ 锐意改革还是无所作为，一直挑战着众多官员敏感的神经，"谨慎"和"低调"的为官取向在不少地方官员的圈子里似乎占据了主导地位，"不求有功，但求无过""只要不出事，宁愿不做事"则成了一些官员的处世哲学，"脸热心冷""变态度不变作风"的新衙门作风悄然蔓延。更有甚者，明知下属违法乱纪也视而不见，纵容包庇，任其为非作歹，"基层避责现象的滋生蔓延，给公共治理造成了系统性冲击"⑥。以至于强化督察问责，严厉整肃庸政、懒政、怠政行为已成当下刻不容缓的政治任务。

---

① 梅化南：《行政决策与失误问责在政府管理体制中的相互关系》，《行政科学论坛》2016年第5期。
② 阎波：《问责的理论阐释、现状与前沿》，《国外理论动态》2015年第2期。
③ 左雪文：《"责任状"何其多》，《共产党员》1998年第8期。
④ 习近平：《在省部级主要领导干部学习贯彻党的十八届五中全会精神专题研讨班上的讲话》，《人民日报》2016年5月10日第2版。
⑤ 吴海红：《"廉而有为"：新时代全面从严治党的价值取向》，《中共中央党校学报》2018年第4期。
⑥ 倪星、王锐：《权责分立与基层避责：一种理论解释》，《中国社会科学》2018年第5期。

在2015年的全国"两会"上,治理庸官懒政被首次纳入政府工作报告。同年7月,中共中央办公厅印发了《推进领导干部能上能下若干规定(试行)》,整治干部不作为问题。此后,"治庸问责"的强烈风暴在地方领导的亲自组织、推动下开始区域性尝试,贵州、福州、佛山、南昌等地方也相继出台规定,列举"为官不为"具体情形,为"不为"者划出底线。甚至,河南济源、江苏无锡、山东潍坊还专门出台了《济源市懒政怠政为官不为责任追究办法(试行)》《无锡市关于治理"为官不为"行为的办法(试行)》《潍坊市整治为官不为实施办法(试行)》《资阳市重大项目推进消极作为问责办法》,对事业心、责任感不强,作风疲沓,不思进取、安于现状,工作打不开局面等情形进行专项整治。2017年年初,广东省纪委、省监察厅在盘点2016年问责工作的基础上,抽选出问责"为官不为"的十大案例予以集中公布,意在表明有责必担、失责必问、问责必严的严明执纪态度。此后,在全面从严治党的背景下,为充分调动和激发干部队伍的积极性、主动性和创造性,针对带有一定普遍性的"为官不为"的变相腐败问题,中共中央办公厅于2018年5月印发了《关于进一步激励广大干部新时代新担当新作为的意见》,对建立激励机制、容错纠错机制、关心关爱机制等提出明确要求。实际上,地方官员这种功利主义选择的背后,折射出的是诸多官员的纠结与迷惘。

第一,面对日趋繁重复杂的行政任务,在工作负荷的重压之下,苦于分身乏术,难免会在行政行为过程中出现厚此薄彼、顾此失彼的现象,造成行政失误,导致责任"空位"。第二,这种泛滥的问责规定,会促成看水流舟的不良作风。实践中,对于可能的问责、问责的焦点和先后次序似乎一直都充满了争论。往往人们可能喊着同样的口号,但是到底追究到哪一部分却众说纷纭。第三,泛滥的责任规定也会影响这些官员对行政过错的纠正。目前,问责还没有真正地制度化,还缺乏相应的法律制度做支撑,官员无法预见自己行为的后果,也就无法从被问责者身上吸取教训。实行问责,固然可以促使官员加强业务学习,提高决策水平,但如果"过分追究政府官员责任,导致的结果是政府官员的无所作为,使得政府仅仅成为一个应付事故发生的'灭火器',使得官员变成'靠天吃饭'(在自己的任期内不要出现重大事故的祈祷者),或者是'多一事不如少一事',或者是将自己的精力转向关注不会引起事故发生的领域"[①]。第

---

① 邓峰:《领导责任的法律分析——基于董事注意义务的视角》,《中国社会科学》2006年第3期。

四,类似于湖南郴州"上班喝牛奶被问责"的极端个案,折射出非制度化、非规范化的荒唐问责,不仅对当事官员不公正,对非当事官员也起不到有效的震慑作用,难以使他们在其任职岗位上谨慎从政,甚至还可能导致有权机关的选择性问责,以达到排斥异己、发展亲己势力的政治目的。第五,过多的问责意味着大量的人力、物力、财力的支出,追究责任人的领导层次越高、层面越大,越难以追究到位,使积极的责任追究措施变成消极的抵触情绪。第六,"更重要的是,现在很多事情都是政府'一把手'说了算,如果建立十分严格的而且是终身负责的机制,其结果就会让'一把手'在决策中更加集权,因为责任的集中就是权力的集中"①。权力集中的结果势必带来人事治理结构的集中和治理危机,不仅在技术上无法解决地方官员的问责问题,也会由于决策权力的集中导致行政决策的低效和腐败,有悖于问责制度设计的初衷。

不仅如此,这种官员内心的纠结与困惑,也正从起初的举棋不定、畏首畏尾,努力转变成一种利益的诉求:在弘扬改革创新的趋势与洪流中发生的行政过错,是否可以酌情减轻相应的责任追究?问题的不同回答让人喜忧参半。有人认为,立法的目的就是追求公平,放在目前深化改革时代的大背景中考虑,有的行政机关在作出创新服务模式时难免出现过错,如果以一般行政过错来对待,显失公平,而酌情减轻相应责任的规定更有利于行政机关及其官员发挥积极主动性。也有人担心,这种在"改革"旗帜下的概括式宽容,可能"什么都追究不了",将后患无穷。不容忽视的现实是,有的行政机关现在不是不做,而是做过了头,以"改革"的名义行"概括式宽容"反而会使其极力推脱责任有了更为强势的借口。在一些地方,甚至出现了对无故意而造成实体或程序错误的行政官员进行问责的极端个案。从权力运作的断面观察,如果权力自身的运行逻辑没有改变,问责只是一种不确定的风险,不具备足够的威慑力,也就无法遏制权力的惰性和寻租冲动。官员内心的纠结与行政方式的不同心态,致使问责制度的设计与实践犹如行走在平衡木上,进退维谷,如履薄冰。

全面深化改革,是党的十八届三中全会的主题,也是我们党继往开来的政治宣言。改革是社会发展的动力源泉,是中国的希望所在;法治是社会运行的稳定之基,是改革成果的保证所在。在我国推行行政决策责任追究制度,是中国政治制度的一大创举。这一重要制度的推行与实施,对于推进民主法治、推动公众参与,意义重大。但是,改革从来都是攻坚克

---

① 毛寿龙:《行政问责无法解决根本问题》,《环境教育》2015年第8期。

难,越是深化改革,越要坚持法治方向。尤其是当下改革进入深水区,甚至在一定程度上改革陷入胶着梗阻状态,各领域的改革工作骨头难啃、矛盾多发,各项改革方案落实不力已成为"当前影响全面深化改革工作全局的最突出的矛盾",更需要以法律明晰各利益方的权力边界、行为边界。凡属重大改革都要于法有据,绝非要拘泥现行法律规定而裹足不前。改革要闯出新路,就要善于将立法决策与重大改革决策结合起来,通过及时做好法律的立、改、废扎牢法治"篱笆",使改革得到人民群众的广泛支持和认同,最大限度地降低改革的社会成本。①

当前,广泛存在的碎片化、短期行为、政出多门以及部门主义和地方主义,是我国现行行政决策体制和公共政策中十分致命的弱点,它们使得国家的治理能力遭到严重破坏。有效防治行政决策失误、实现决策科学化、民主化和法治化,必须通过制度建设科学配置权力,确保权力运行公开公正、规范透明。应进一步提高行政决策责任追究制度的科学性和系统性,注重抓好法规制度的系统配套,避免"牛栏关猫"。特别是注意保持制度建设与责任追究政策、法规的相互协调,保持上下位制度和同位阶制度之间的一致性。既重视基本法规制度建设,又重视具体实施细则完善;既重视实体性制度建设,又重视程序性制度配套;既重视中央立法,又重视地方立规;既要完善干部管理激励机制,强化外力推动,也要破除干部自身的懒政思维,增强为官有为的内在动力,做到统筹兼顾、系统推进,不忘初心,砥砺前行。②

"许多制度安排都是紧密相关的。"③ 从某种意义上来说,制度建设永远会是一个不断探索、不断发展、不断制定和执行,在实践中又不断检验和完善的动态过程,有始无终。制度创新不易,制度落实更难。甚至于按照科斯等人的判断:"没有任何一套规则或非正式约束会被完全实施,总存在一个不完全的制度。"④ 行政决策责任追究制度的建立与完善是一个系统工程,是国家治理领域一场广泛而深刻的革命。这一设计的推行不仅要注重问责文化的营造和静态制度的构建,更应注重制度的落实。闯禁区、触红线,是所有从政者都无法规避的现实尴尬。党的

---

① 评论员:《以法治精神推进改革大业》,《经济日报》2015年1月12日。
② 杨绍华:《坚持和完善我国反腐倡廉制度体系》,《中国监察》2011年第13期。
③ [美] R. 科斯、A. 阿尔钦等:《财产权利与制度变迁——产权学派与新制度学派译文集》,刘守英译,上海三联书店、上海人民出版社1994年版,第38页。
④ [美] 科斯、诺思、威廉姆森等:《制度、契约与组织——从新制度经济学角度的透视》,刘刚等译,经济科学出版社2003年版,第15页。

十八大以来，反腐败成效前所未有，但形势依然严峻复杂，全面从严治党、重构政治生态的任务仍相当艰巨。"历史经验表明：问责不力与问责泛滥，都达不到督促责任落实、激发官员担当的目的。"① 面对复杂的国情和繁重的政务，如何将"四个全面"推进到新阶段？习近平总书记在党的十九大报告中指出："坚持严管和厚爱结合、激励和约束并重，建立激励机制和容错纠错机制，旗帜鲜明为那些敢于担当、踏实做事、不谋私利的干部撑腰鼓劲。"② 事事成功是不切实际的期待，只会形成一种逆向的激励，让人裹足不前、不敢创新。相反，生硬的、缺乏人性化的事事问责，则更是会让做事的官员诚惶诚恐，如履薄冰。"从政府制度化管理的视角看，惩罚机制会产生积极有效的作用，而从政府绩效管理的视角看，惩罚机制则会产生相反的作用。"③ 实践中，由于"宽容改革失误"的规范性文件还"缺乏协调的制度关系、缺乏精准的核心内容、缺乏完备的操作程序、缺乏包容的运行环境、缺乏多元的设计视角"④，未能发挥出预期的效能。不少干部"不求有功，但求无过"太平官心态却一路滋生，成为改革路上的绊脚石。更为严重的是，这种官场"庸懒散"综合征有着很强的传染性，极易蔓延传播，像一种病毒侵蚀党和政府的肌体。

行政决策责任追究制度的构建与实施是一个充满张力和矛盾的多面体，这一制度的中国实践体现了责任追究制度多元、交叠且不断发展的复杂特性，而这种复杂的本质在于行政决策的责任追究制度所必须反映的治理系统的规范、价值、偏好的多元和冲突。⑤ 责任追究是手段，督促履职尽责才是最终目的。在这一充满张力和矛盾的视角中，现行"治庸问责"和"容错机制"在设计上还存在价值层面的缺失，尚难以有效建构起各级领导干部对制度本身的价值认同和文化支持，从而在相当程度上减弱了决策主体对制度的认知和遵从。⑥ 因此，为正向激励官员有效作为，应该加强制度价值层面的设计，强化领导干部的责任感和担当精神，完善政绩考核机制，营造"有为才有位，有位就要有为，为官就要为民"的用人

---

① 牛冠恒：《问责偏颇导致什么结果？》，《中国纪检监察》2019年第10期。
② 《党的十九大报告辅导读本》，人民出版社2017年版，第63页。
③ 世界银行专家组：《公共部门的社会问责：理念探讨及模式分析》，宋涛译，中国人民大学出版社2007年版，第23页。
④ 梅立润：《容错机制为何达不到预期效果：一个整体分析框架》，《甘肃行政学院学报》2019年第1期。
⑤ 王柳：《理解问责制度的三个视角及其相互关系》，《经济社会体制比较》2016年第2期。
⑥ 侯赞华：《地方政府深化"治庸问责"的制度路径研究——以武汉市为例》，《湖北社会科学》2017年第1期。

导向，加强对党政干部为官不为的惩处力度，对为官不为、"混吃等死"的干部不仅不予以重用，而且要追究其责任，避免党政干部钻入做"太平官"以明哲保身的"牛角尖"。

同时，改革本身存在风险，试错情有可原，容错并非纵容，保护绝非庇护。要严格把握责任追究与改革创新"容错免责"的适用界限，对于锐意创新、"为官敢为"的官员应该给予相对宽松的环境，"有责必追"与"容错免责"应当并行不悖。既不能让探索改革的先驱人士变成承担改革失误后果的"替罪羊"，也不能让行政过程中假改革之名的乱作为、胡作为，得以责任的减免或宽恕。在党政干部管理上，要按照中央出台的《推进领导干部能上能下若干规定（试行）》的要求，进一步深化干部人事制度改革，不断优化干部队伍结构，及时发现和识别优秀干部、不作为干部，使内部人事变动渠道上下通畅，推进领导干部能上能下机制的落实，持之以恒抓庸懒、治不为，彻底根除"为官不为"的侥幸心理，构建良好的政治生态。做到既利剑高悬、铁面问责，又注意保护和激发党员干部改革创新、攻坚克难的积极性和主动性，给干事者鼓劲，为担当者撑腰。只有宽严相济，方能让真改革者"甩开膀子搞改革"，进一步凝聚起敢担当、善攻坚、有作为的正能量。

必须注意的是，这里对错误的宽容，主要是党的十八届六中全会指出的"干部在工作中特别是改革创新中的失误"。这里的责任减免还必须是在法律框架下的责任减免，是服务于法治国家建设的责任减免，理论上不应包括政治责任和道德责任的减免。换言之，问责过程中的责任减免应当具有制度的刚性穹顶，不能任意突破。那种毫无原则的宽容和免责，无异于是对"瞎折腾"的纵容。要全面贯彻落实党的十九大提出的全面深化改革的各项任务，把做到"两个维护"作为最根本的政治纪律和政治规矩，深入推进"四个全面"战略部署，必须尽快建立、完善并实施《宽容改革失误实施条例》，并在"宽容过错"的同时，要建立相应的调整和纠错机制对重大决策失误予以及时弥补。[①]

[①] 2006 年 3 月，国内首部改革创新立法、"改革失误免责"条例——《深圳经济特区改革创新促进条例》在深圳通过。其中规定了包括"改革创新方案制定和实施程序符合有关规定"等三种情形可以免责。此后的 7 年间，佛山、武汉、上海、杭州等城市也相继出台了"允许改革失败，但不允许不改革"、"宽容改革失误"的框架性指导意见。2013 年党的十八届三中全会通过的《中共中央关于全面深化改革若干重大问题的决定》中也有"宽容改革失误"的权威表述。但是，截至目前，也大都没有实施的具体方案。"宽容改革失误"的呼声虽然接连高涨，但依然落地无声。

切中肯綮方能游刃有余，水深流急更需行稳致远。加强新时代中国行政决策责任追究制度建设既是深入推进依法行政，加快建设高效诚信的法治政府的重要内容，也是推进社会治理体系和治理能力现代化的重要保证。行政决策责任追究既是一个庞大的系统，又是一个复杂的过程，制度构建实践中的问题，只能通过体制改革与制度创新来解决，而这种体制的改革与制度的完善，又注定任重道远，甚至举步维艰，困难重重。在利益多元、羁绊甚多的新时代，在追逐法治中国梦想的过程中，但凡涉及体制改革与制度创新都需要刮骨疗伤，不仅需要从理论上汲取先哲的智慧，进行逻辑推演。在这一意义上，行政决策责任追究制度的研究不单单是一个纯理论的问题，更主要是一个实践问题。行政决策责任追究的制度构建与有效运行，承载着一场政治生态剧烈变革的新时代梦想，更需要在实践中总结经验教训，分析典型案例，只有把理论的种子植入实践的土壤之中，真理的花朵才能够盛开。也许，事物的发展总是需要时间来磨砺，实现梦想也并不需要太多的条件。解决中国行政决策责任追究的问题，尤须上下戮力同心、披荆斩棘。我们期待，本书研究的成果能够从理论层面走下来，落实到实践中，给行政决策失误画上一个句号！

参考文献

一 著作类

蔡定剑：《历史与变革——新中国法制建设的历程》，中国政法大学出版社1999年版。

陈党：《问责法律制度研究》，知识产权出版社2008年版。

陈庆云主编：《公共政策分析》，北京大学出版社2006年版。

陈瑞华：《看得见的正义》，中国法制出版社2000年版。

陈云生：《宪法监督司法化》，北京大学出版社2004年版。

陈振明：《公共政策分析》，中国人民大学出版社2002年版。

陈振明：《公共管理学》，中国人民大学出版社2003年版。

丁煌：《西方行政学说史》，武汉大学出版社1999年版。

费孝通：《乡土中国生育制度》，北京大学出版社1998年版。

何海波：《法治的脚步声——中国行政法大事记（1978—2004）》，中国政法大学出版社2005年版。

贺善侃、黄德良：《现代行政决策》，上海大学出版社2001年版。

黄卫平：《当代中国政治研究报告》（2015年卷），社会科学文献出版社2016年版。

江必新：《行政法制的基本类型》，北京大学出版社2005年版。

姜明安：《行政法与行政诉讼法》，北京大学出版社、高等教育出版社2011年版。

姜明安主编：《行政法与行政诉讼法》，法律出版社2003年版。

焦洪昌：《宪法学教学案例》，中国政法大学出版社1999年版。

荆知仁：《美国宪法与宪政》，台湾三民书局股份有限公司1985年版。

景怀斌：《政府决策的制度——心理机制》，中国社会科学出版社2016年版。

康有为：《康南海官制议》，广智书局1905年版。

李民:《学习和践行干部选拔任用四项监督制度》,中共中央党校出版社 2010 年版。
李忠尚:《现代决策论——软科学与科学决策研究》,中国青年出版社 1995 年版。
栗燕杰:《行政决策法治化探究》,中国法制出版社 2011 年版。
林水波、张世贤:《公共政策》,台湾五南图书出版公司 1984 年版。
刘莘:《法治政府与行政决策、行政立法》,北京大学出版社 2006 年版。
刘新力:《现代化进程中党的领导制度与执政方式新论》,中央编译出版社 2008 年版。
罗传贤:《行政程序法基础理论》,台湾五南图书出版公司 1993 年版。
孟鸿志主编:《行政法学》,北京大学出版社 2002 年版。
汝绪华:《论政府道歉》,中国社会科学出版社 2016 年版。
沈荣华:《现代法治政府论》,华夏出版社 2000 年版。
沈宗灵:《法理学》,北京大学出版社 1999 年版。
孙秀君:《决策法学》,人民法学出版社 2000 年版。
孙正聿:《属人的世界》,吉林人民出版社 2007 年版。
田平安:《程序正义初论》,法律出版社 2003 年版。
汪翔、江南:《公共选择理论导论》,上海人民出版社 1993 年版。
王成栋:《政府责任论》,中国政法大学出版社 1999 年版。
王广辉:《通向宪政之路——宪法监督的理论与实践研究》,法律出版社 2002 年版。
王连昌主编:《行政法学》,中国政法大学出版社 1994 年版。
王名扬:《法国行政法》,中国政法大学出版社 1988 年版。
王名扬:《英国行政法》,中国政法大学出版社 1989 年版。
王名扬:《美国行政法》,中国法制出版社 1995 年版。
王仰文:《中国公共政策冲突实证研究》,中国社会科学出版社 2011 年版。
吴祖明、王凤鹤:《中国行政道德论纲》,华中科技大学出版社 2001 年版。
伍洪杏:《行政问责的伦理研究》,中国社会科学出版社 2016 年版。
肖金明:《行政处罚制度研究》,山东大学出版社 2004 年版。
许文惠、张成福、孙柏英:《行政决策学》,中国人民大学出版社 1997 年版。
许云霄:《公共选择理论》,北京大学出版社 2006 年版。

荀明俐：《从责任的漂浮到责任的重构：哲学视角的责任反思》，中国社会科学出版社 2016 年版。
颜廷锐等：《中国行政体制改革问题报告》，中国发展出版社 2004 年版。
应松年主编：《当代中国行政法》（上卷），中国方正出版社 2005 年版。
尤晓云：《绩效优异评估标准》，中国标准出版社 2002 年版。
于安：《德国行政法》，清华大学出版社 1999 年版。
余凌云：《行政法讲义》，清华大学出版社 2010 年版。
袁曙宏主编：《全国推进依法行政实施纲要读本》，法律出版社 2004 年版。
张国庆：《行政管理学概论》，北京大学出版社 2000 年版。
张文显：《法哲学范畴研究》，中国政法大学出版社 2001 年版。
张晓峰：《中西视域下的领导学要论》，黑龙江人民出版社 2005 年版。
张永桃主编：《行政管理学》，高等教育出版社 2003 年版。
张越、张吕好：《中国市县政府依法行政读本》，中国市场出版社 2008 年版。
周树志：《公共政策学》，西北大学出版社 2000 年版。
周天玮：《法治理想国》，商务印书馆 1999 年版。
朱新力：《法治社会与行政裁量的基本准则研究》，法律出版社 2007 年版。
竺乾威主编：《公共行政学》，复旦大学出版社 2002 年版。
［澳］欧文·M.休斯：《公共管理导论》，彭和平译，中国人民大学出版社 2001 年版。
［德］奥托·迈耶：《德国行政法》，刘飞译，商务印书馆 2002 年版。
［德］哈特穆特·毛雷尔：《行政法学总论》，高家伟译，法律出版社 2000 年版。
［德］黑格尔：《法哲学原理》，范扬、张企泰译，商务印书馆 1961 年版。
［德］柯武钢、史漫飞：《制度经济学》，韩朝华译，商务印书馆 2000 年版。
［法］H．法约尔：《工业管理和一般管理》，周安华等译，中国社会科学出版社 1982 年版。
［法］孟德斯鸠：《波斯人信札》，许明龙译，商务印书馆 2019 年版。
［法］孟德斯鸠：《论法的精神》，张雁深译，商务印书馆 1961 年版。
［法］莫里斯·奥里乌：《行政法与公法精要》，龚觅译，辽海出版社 1999 年版。

［古希腊］亚里士多德：《政治学》，吴寿彭译，商务印书馆1981年版。

［美］E．博登海默：《法理学——法律哲学与法律方法》，邓正来译，中国政法大学出版社1999年版。

［美］Margaret E. Gredler：《学习与教学》，张奇等译，中国轻工业出版社2007年版。

［美］伯尔曼：《法律与宗教》，梁治平译，生活·读书·新知三联书店1991年版。

［美］伯纳德·施瓦茨：《行政法》，徐炳等译，群众出版社1986年版。

［美］道格拉斯·C．诺斯：《经济史中的结构与变迁》，陈郁、罗华平等译，上海三联书店、上海人民出版社1980年版。

［美］盖伊·彼得斯：《政府未来的治理模式》，吴爱明等译，中国人民大学出版社2001年版。

［美］格莱德勒：《学习与教学——从理论到实践》（第五版），张奇等译，中国轻工业出版社2007年版。

［美］哈罗德·孔茨等：《管理学》，马春光译，北京经济科学出版社1998年版。

［美］汉密尔顿等：《联邦党人文集》，程逢如等译，商务印书馆1980年版。

［美］赫伯特·西蒙：《管理行为》，杨砺、韩春立译，北京经济学院出版社1988年版。

［美］理查德·A．波斯纳：《法理学问题》，苏力译，中国政法大学出版社2002年版。

［美］罗伯特·诺齐克：《无政府、国家与乌托邦》，何怀宏等译，中国社会科学出版社1991年版。

［美］罗伯特·帕特南：《使民主运转起来》，王列、赖海榕译，江西人民出版社2001年版。

［美］梅里亚姆：《美国政治学说史》，朱曾汶译，商务印书馆1988年版。

［美］史蒂文·科恩、威廉·埃米克：《新有效公共管理者》，王巧玲译，中国人民大学出版社2001年版。

［美］特里·L．库伯：《行政伦理学——实现行政责任的途径》，张秀琴译，音正权校，中国人民大学出版社2001年版。

［美］威尔逊：《国会政体》，熊希龄、吕德本译，商务印书馆1986年版。

［美］詹姆斯·E．安德森：《公共决策》，唐亮译，华夏出版社1990年版。

［美］詹姆斯·布坎南、戈登·塔洛克：《同意的计算——立宪民主的逻辑基础》，陈光金译，中国社会科学出版社 2000 年版。

［意］贝卡利亚：《论犯罪与刑罚》，黄风译，中国大百科全书出版社 1993 年版。

［英］J. S. 密尔：《代议制政府》，汪瑄译，商务印书馆 1984 年版。

［英］阿克顿：《自由与权力》，侯健、范亚峰译，商务印书馆 2001 年版。

［英］弗里德利希·冯·哈耶克：《自由秩序原理》（上），邓正来译，生活·读书·新知三联书店 1997 年版。

［英］麦考密克：《制度法论》，周叶谦译，中国政法大学出版社 2004 年版。

［英］威廉·韦德：《行政法》，徐炳等译，中国大百科全书出版社 1997 年版。

二　论文类

［美］威尔逊：《行政学研究》，《国外政治学》1987 年第 6 期。

白靖利：《莫让舆论热点成为"断头新闻"》，《新闻世界》2012 年第 10 期。

卞建林：《我国司法权威的缺失与树立》，《法学论坛》2010 年第 1 期。

曹参等：《反渎职侵权亮剑》，《检察风云》2007 年第 12 期。

曹鎏：《美国传统问责机制探析》，《法治社会》2016 年第 4 期。

曹云松：《运用追究问责机制维护政府形象》，《中共南京市委党校学报》2012 年第 5 期。

常保国、刘思涵：《〈监察法〉中监察对象范围的认定标准》，《人民论坛》2019 年第 7 期。

陈柏峰：《问责基层需实事求是——以毕节自杀事件的责任追究为例》，《中国法律评论》2016 年第 1 期。

陈宝福、陈邦达：《行政执法与刑事司法衔接中检察监督的重要性》，《法学》2008 年第 9 期。

陈党：《论构建有效的行政问责法律制度》，《河北法学》2007 年第 2 期。

陈党：《宪法实施中的违宪责任追究问题探讨》，《浙江工商大学学报》2012 年第 11 期。

陈国权、谷志军：《非竞选政治中的决策问责：意义、困境与对策》，《经济社会体制比较》2014 年第 2 期。

陈建科：《重大决策终身责任追究制度研究》，《中共贵州省委党校学报》2014 年第 6 期。

陈力予、苏贞贞：《行政问责制度的解构及其法理性》，《闽江学院学报》2009 年第 6 期。

陈瑞华：《论国家监察权的性质》，《比较法研究》2019 年第 1 期。

陈位志：《习近平构建和完善党内问责制思想探析》，《社会主义研究》2018 年第 4 期。

陈翔、陈国权：《我国地方政府问责制的文本分析》，《浙江社会科学》2007 年第 1 期。

陈咏梅：《行政决策不作为法律责任追究之难题及其解决》，《政治与法律》2017 年第 4 期。

陈云良：《法律的模糊问题研究》，《法学家》2006 年第 6 期。

成思危：《虚拟经济探微》，《南开学报》2003 年第 2 期。

邓锦琳：《论企业战略决策失误问责标准的确立及其制度保障》，《四川师范大学学报》（社会科学版）2004 年第 3 期。

丁寰翔：《论程序法治及其实施》，《社会科学论坛》2007 年第 10 期。

范静：《环境敏感期：政府决策不能偏离"公共性"伦理精神》，《探索与争鸣》2012 年第 10 期。

方世荣、葛伟：《论重大行政决策法定程序的构建》，《政策》2014 年第 12 期。

房保国：《我国行政诉讼面临的困境与解析》，《华东政法学院学报》2000 年第 5 期。

冯军：《略论我国行政程序制度滞后的原因、发展条件与前景》，《法学家》1998 年第 2 期。

冯之东：《纠纷解决机制外在制度环境的优化——以行政调解制度为例》，《甘肃行政学院学报》2012 年第 1 期。

冯志峰：《问责如何避免不问不责》，《中国改革》2012 年第 12 期。

傅小随：《20 年来发达国家和地区的绩效化政府运动评析》，《行政与法》2002 年第 4 期。

傅小随：《行政问责制软化运行的制度根源分析》，《学习论坛》2011 年第 2 期。

高恩新：《特大生产安全事故行政问责"分水岭"效应：基于问责立方的分析》，《南京社会科学》2016 年第 3 期。

高志宏：《困境与根源：我国行政问责制的现实考察》，《政治与法律》

2009 年第 10 期。

龚向和：《人权保障：民主与宪政理论的灵魂》，《甘肃政法学院学报》2003 年第 4 期。

谷茵：《公民问责的理论逻辑与实践价值》，《人民论坛》2012 年第 23 期。

谷志军：《西方问责领域的定量研究及理论发展》，《国外社会科学》2015 年第 4 期。

谷志军、王柳：《中西不同政治生态中的问责研究述评》，《甘肃行政学院学报》2013 年第 2 期。

顾銮斋：《论雅典奴隶制民主政治的形成》，《历史研究》1996 年第 4 期。

关保英：《论行政连带责任》，《河南政法管理干部学院学报》2005 年第 3 期。

关保英：《行政决策不作为问题及其法治对策》，《中州学刊》2015 年第 11 期。

关保英：《行政决策终身责任追究研究》，《江海学刊》2016 年第 5 期。

郭道晖：《宪政简论》，《中国法学》2003 年第 3 期。

郭蕾：《法治视野下的政府决策权制约研究》，《河北法学》2009 年第 8 期。

韩春晖：《行政决策的多元困局及其立法应对》，《政法论坛》2016 年第 3 期。

韩振法：《行政决策失误责任追究机制研究》，《沈阳干部学刊》2010 年第 1 期。

何增科：《中国政治监督 40 年来的变迁、成绩与问题》，《中国人民大学学报》2018 年第 4 期。

贺译葶：《行政决策失误法律责任的缺失及强化》，《天府新论》2014 年第 2 期。

侯赞华：《地方政府深化"治庸问责"的制度路径研究——以武汉市为例》，《湖北社会科学》2017 年第 1 期。

胡彩娟：《对引咎辞职制度化的思考》，《党政论坛》2005 年第 10 期。

胡传：《决策性浪费比贪污受贿更严重》，《支部生活》2002 年第 2 期。

胡春艳：《论西方公共行政改革背景下"问责"的转向与趋势》，《东北大学学报》2016 年第 2 期。

胡春艳、刘碧华：《国外社会问责研究综述：影响因素的考察》，《行政论坛》2016 年第 4 期。

胡春艳、刘丽蓉：《环境污染事件中官员问责的结果差异研究》，《东北大学学报》2019 年第 3 期。

胡洪彬：《国内问责制研究的定量定性分析与评价》，《湖北社会科学》2016 年第 2 期。

胡洪彬：《廉政问责制新政：从程序设计到模型建构》，《探索》2016 年第 1 期。

胡洪彬：《廉政问责制新政：从程序设计到模型建构》，《探索》2016 年第 1 期。

黄冬娅：《城市公共参与和社会问责——以 G 市恩宁路改造为例》，《武汉大学学报》2013 年第 1 期。

黄学贤：《行政法视野下的行政决策治理研究——以对〈重大节假日免收小型客车通行费实施方案〉的检视为例》，《政治与法律》2014 年第 3 期。

季卫东：《法律程序的意义——对中国法制建设的另一种思考》，《民事程序法论文选萃》，中国法制出版社 2004 年版。

江国华：《行政转型与行政法学的回应性变迁》，《中国社会科学》2016 年第 11 期。

江国华、梅扬：《重大行政决策公众参与制度的构建和完善——基于文本考察与个案分析的视角》，《学习与实践》2017 年第 1 期。

江时学：《从拉美和东亚的发展模式看政治与经济的关系》，《世界经济与政治》2000 年第 11 期。

姜明安：《行政的"疆域"与行政法的功能》，《求是学刊》2002 年第 2 期。

姜明安：《论行政裁量权及其法律规制》，《湖南社会科学》2009 年第 5 期。

姜明安：《推进行政决策民主化是法治政府建设的首要任务》，《中国党政干部论坛》2016 年第 2 期。

姜雅婷、柴国荣：《安全生产问责制度的发展脉络与演进逻辑——基于 169 份政策文本的内容分析 2001—2015》，《中国行政管理》2017 年第 5 期。

姜裕富：《风险社会中的问责机制研究》，《四川行政学院学报》2015 年第 6 期。

蒋清华：《完善党委决策制度的法学思考》，《当代世界与社会主义》2017 年第 1 期。

金东日:《中国政府过程的体制症结探析:以政策过程为中心》,《学海》2008年第2期。

孔祥稳:《重大行政决策终身问责制度的困境与出路——以地方立法样本为素材的分析》,《行政论坛》2018年第1期。

李国梁:《行政问责制中亟待反思的几个关键问题》,《沈阳大学学报》2011年第4期。

李江发、鞠成伟:《论党委决策法制化》,《学术交流》2015年第6期。

李军鹏:《当前政府问责存在的问题及对策》,《中国党政干部论坛》2015年第1期。

李少文:《国家监察体制改革的宪法控制》,《当代法学》2019年第3期。

李松林:《问责情形设定的规范化:基于政策文本的分析》,《广东行政学院学报》2018年第4期。

李燕青:《行政问责面临的主要问题及其对策》,《党政论坛》2012年第2期。

李迎春:《行政法视角下的行政决策》,《行政法学研究》2008年第5期。

李勇军:《当代中国政治决策模式初探:构成、优势与不足》,《云南行政学院学报》2009年第4期。

李友民:《论建立和实行书记问责制的意义和依据》,《成都行政学院学报》2008年第1期。

李兆友、师容:《公务员行政决策伦理思考的嬗变——从行政责任到公共利益》,《兰州大学学报》2014年第4期。

梁忠:《从问责政府到党政同责——中国环境问责的演变与反思》,《中国矿业大学学报》2018年第1期。

林泓潮:《公共危机管理问责制中的归责原则》,《中国法学》2014年第4期。

刘昌雄:《公共政策:涵义、特征和功能》,《探索》2003年第4期。

刘东亮:《还原正当程序的本质——"正当过程"的程序观及其方法论意义》,《浙江社会科学》2017年第4期。

刘东亮、房旭:《行政决策的实质性正当程序之规制》,《行政管理改革》2015年第1期。

刘峰:《建立重大决策终身责任追究制度及责任倒查机制》,《理论视野》2015年第1期。

刘峰:《重大决策的速度要"慢"下来》,《行政管理改革》2015年第4期。

刘峰、张国玉：《把决策权先关进制度的笼子里——如何以决策责任终身制推动政府治理现代化》，《人民论坛》2014年第12期（下）。

刘根生：《"反对"意见的价值》，《瞭望》1999年第1期。

刘平、陈素萍、张华：《建立行政决策失误责任追究的法律制度研究》，《政府法制研究》2006年第8期。

刘平等：《上海市重大行政决策程序研究报告》，《政府法制研究》2009年第3期。

刘淑妍、朱德米：《当前中国公共决策中公民参与的制度建设与评价研究》，《中国行政管理》2015年第6期。

刘铁民：《从问责调查到问题调查——基于系统论和系统安全理论的思考与建议》，《中国安全生产科学技术》2016年第9期。

刘文静：《论行政法学与行政管理学的互动关系》，《北京大学学报》2002年第3期。

刘新圣：《容错纠错要靠党内法规引领》，《人民论坛》2019年第3期（上）。

刘艳红：《〈监察法〉与其他规范衔接的基本问题研究》，《法学论坛》2019年第1期。

刘英团：《决策终身追究制，给权力套上"缰绳"》，《政协天地》2012年第7期。

楼国康：《亟待规范四种执纪问责方式》，《人民论坛》2015年第11期（上）。

卢建华：《我国重大行政决策制度存在的问题及其完善》，《时代法学》2016年第4期。

吕桂玲：《行政问责制面临的主要问题及其对策》，《党政论坛》2012年第2期。

罗峰、王伟萍：《当代中国行政决策的多重要素》，《探索与争鸣》2003年第11期。

马迅、杨海坤：《行政约谈实效性的保障机制建构——兼论约谈法治化进阶》，《山东大学学报》2017年第1期。

马志娟：《自然资源资产离任审计及责任追究研究》，《财政监督》2014年第8期。

毛寿龙：《行政问责无法解决根本问题》，《环境教育》2015年第8期。

茅铭晨：《"行政决策"概念的证立及行为的刻画》，《政治与法律》2017年第6期。

梅化南：《行政决策与失误问责在政府管理体制中的相互关系》，《行政科学论坛》2016 年第 5 期。

宁晓玲、朱水成：《建立决策失误责任追究制：实现决策科学》，《内蒙古社会科学》2004 年第 4 期。

牛冠恒：《问责偏颇导致什么结果？》，《中国纪检监察》2019 年第 10 期。

欧阳坚：《关于深化行政管理体制改革的几点思考》，《行政管理改革》2010 年第 4 期。

潘照新：《国家治理现代化中的政府责任：基本结构与保障机制》，《上海行政学院学报》2018 年第 3 期。

庞明礼：《领导高度重视：一种科层运作的注意力分配方式》，《中国行政管理》2019 年第 4 期。

彭玉伟：《办案质量终身负责制的功能反思与发展路径》，《中国刑事法杂志》2017 年第 2 期。

钱振明：《促进政府决策机制优化的制度安排》，《江苏社会科学》2007 年第 6 期。

乔新生、刘圣中：《问责官员复出的中国式困境》，《决策》2012 年第 1 期。

邱曼丽：《构建重大决策终身责任追究制度》，《中国党政干部论坛》2016 年第 9 期。

任德胜、郭凤仙：《公共决策失误的界定及表现》，《北京邮电大学学报》2005 年第 3 期。

石磊：《党内问责法治化初探》，《中共贵州省委党校学报》2015 年第 5 期。

石维平：《莫拿"责任追究制"作秀》，《瞭望新闻周刊》2002 年第 38 期。

史献芝：《形式法治化与实质法治化：行政问责法治化的二维分析框架》，《中国行政管理》2016 年第 3 期。

司林波、金裕景、孟卫东：《韩国行政问责制的实践及启示》，《行政科学论坛》2016 年第 1 期。

司林波、李雪婷、乔花云：《国内"问责制"研究的知识图谱分析——基于 CNKI 数据库 2003—2015 年收录文献关键词共现的计量和可视化》，《四川理工学院学报》2016 年第 5 期。

宋涛：《中国官员问责发展实证研究》，《中国行政管理》2008 年第 1 期。

隋映辉：《新型智库建设与决策科学化》，《福建论坛》2017 年第 1 期。

孙发锋:《绩效问责:行政效能建设的重要抓手》,《领导科学》2011年第8期。

孙菊等:《美国与加拿大行政问责主体比较研究》,《燕山大学学报》2016年第1期。

覃慧:《行政决策责任追究制建构的逻辑——基于行政过程论的考察》,《青海社会科学》2015年第4期。

谭达宗:《重大行政决策终身责任制的法律责任定位》,《中国行政管理》2016年第8期。

谭九生、赵友华:《省级政府重大行政决策程序立法实践及其完善路径》,《求索》2017年第2期。

唐丽萍:《论我国行政决策的法律责任追究》,《探索与争鸣》2006年第9期。

唐明良:《新行政程序观的形成及其法理——多元社会中行政程序功能与基本建制之再认识》,《行政法学研究》2012年第4期。

田思源:《论政府责任法制化》,《清华大学学报》2006年第2期。

田卫军:《关于部署单位建立健全决策监督和责任追究制度的探讨》,《交通运输部管理干部学院学报》2010年第2期。

汪大海、郑延瑾:《行政问责的触发机理——基于20例公共突发事件的模糊集定性比较分析》,《兰州大学学报》2018年第2期。

汪洁、黄登攀:《我国党政关系对公共政策决策的影响和对策》,《兰州学刊》2004年第2期。

汪仕凯:《民主化的制度基础:一个文献理解与逻辑重构》,《浙江社会科学》2011年第8期。

汪伟全:《公民参与:推进行政问责制的重要途径?》,《探索与争鸣》2007年第7期。

汪习根:《法治理念在当代中国的实践对策》,《理论前沿》2009年第4期。

王惠岩:《马克思主义认识论与科学决策》,《社会科学战线》1997年第4期。

王军:《健全我国行政决策机制的若干问题》,《中共中央党校学报》2006年第1期。

王立峰、潘博:《党的政治建设中的问责机制嵌入研究——基于问责承诺的理论视角》,《河南社会科学》2019年第3期。

王柳:《绩效问责的制度逻辑及实现路径》,《中国行政管理》2016年第

7 期。

王柳：《理解问责制度的三个视角及其相互关系》，《经济社会体制比较》2016 年第 2 期。

王伦刚、刘思达：《从实体问责到程序之治——中国法院错案追究制运行的实证考察》，《法学家》2016 年第 2 期。

王巧棒：《和谐社会离不开舆论监督》，《廉政瞭望》2007 年第 9 期。

王若磊：《党内法规制度实践兴起的政治逻辑》，《吉林大学社会科学学报》2019 年第 3 期。

王若磊：《论重大事故中的政治问责》，《法学》2015 年第 10 期。

王若磊：《美国的政治问责制》，《理论视野》2015 年第 10 期。

王万华、宋烁：《地方重大行政决策程序立法之规范分析》，《行政法学研究》2016 年第 5 期。

王逸帅：《政治问责的内涵及其实现——一项基于最新研究进展的述评》，《天府新论》2013 年第 1 期。

蔚超：《有限理性：公共决策的一个事实前提》，《中国集体经济》2008 年第 7 期。

魏建新：《民主抑或利益：行政决策中的参与》，《理论月刊》2014 年第 7 期。

魏建新：《行政决策参与的法律规范分析——以省级地方规章为对象》，《理论月刊》2015 年第 5 期。

吴丛环：《试论行政决策体制的现代化》，《探索与争鸣》2003 年第 8 期。

吴新平、黄军喜：《行政问责制度"真的"能顺利实施吗》，《湖北经济学院学报》2015 年第 5 期。

吴永生：《公共政策主体的合法性——一种基于个人基础的规范性分析》，《云南行政学院学报》2004 年第 6 期。

吴忠民：《社会矛盾倒逼型改革的来临及去向》，《中国党政干部论坛》2012 年第 4 期。

伍洪杏：《行政问责的困境及其伦理超越》，《中国行政管理》2011 年第 7 期。

伍洪杏、陆小成：《英国问责无缝隙的实践与启示》，《理论探索》2015 年第 5 期。

夏金莱：《行政决策中的公众参与类型研究》，《广州大学学报》2015 年第 8 期。

夏金莱：《重大行政决策终身责任追究制度研究——基于行政法学的视

角》,《法学评论》2015 年第 4 期。

萧鸣政：《被问责官员复出有何规律与特点》,《人民论坛》2016 年第 7 期（上）。

肖北庚：《行政决策法治化的范围与立法技术》,《河北法学》2013 年第 6 期。

肖俊奇：《民评官：以横向问责强化纵向问责》,《中国行政管理》2015 年第 1 期。

谢惠媛：《"为了行善而作恶"的道德问责》,《伦理学研究》2017 年第 4 期。

谢文钧：《中国古代决策过失责任论析》,《学术交流》2010 年第 3 期。

辛向阳：《决策的新制度建设》,《社会经济问题研究》2003 年第 3 期。

熊樟林：《重大行政决策概念证伪及其补正》,《中国法学》2015 年第 3 期。

徐炳文：《把制度创新贯穿监察体制改革始终》,《上海人大月刊》2019 年第 5 期。

徐国利：《论官员道德责任法治化及其限度——以"道德问责"为分析视角》,《伦理学研究》2016 年第 5 期。

徐国利：《论行政问责的责任与归责原则》,《上海行政学院学报》2017 年第 1 期。

徐加喜：《论行政问责对象的权利保障和救济》,《政治与法律》2009 年第 10 期。

徐元善、楚德江：《绩效问责：行政问责制的新发展》,《中国行政管理》2007 年第 11 期。

许耀桐：《当前我国民主政治建设的四个着力点》,《中华英才》2008 年第 3 期。

薛澜、陈玲：《中国公共政策过程的研究：西方学者的视角及其启示》,《中国行政管理》2005 年第 7 期。

闫仓：《关键在人，担当为本——从邢台问责看理解问责条例需要注意的几个问题》,《中国纪检监察》2016 年第 15 期。

闫帅：《中国复合型问责的制度基础与行为模式研究》,《东北大学学报》2016 年第 2 期。

阎波：《问责的理论阐释、现状与前沿》,《国外理论动态》2015 年第 2 期。

阎波、吴建南：《非正式问责、组织学习与政策执行：J 市政府职能转变综合改革的案例研究》,《中国行政管理》2018 年第 2 期。

杨海坤、李兵:《建立健全科学民主行政决策的法律机制》,《政治与法律》2006 年第 3 期。

杨敏:《官员复出的制度漏洞》,《决策》2009 年第 4 期。

杨小军、宋心然:《试论行政问责制的完善》,《理论与改革》2012 年第 2 期。

杨雪冬:《改革开放 40 年中国政府责任体制变革:一个总体性评估》,《中共福建省委党校学报》2018 年第 1 期。

杨寅、狄馨萍:《我国重大行政决策程序立法实践分析》,《法学杂志》2011 年第 7 期。

杨自度:《实现"让人民来监督政府"的伟大理想》,《廉政文化研究》2011 年第 1 期。

姚庆武:《行政问责制的建立和完善》,《行政与法》2001 年第 5 期。

叶必丰:《行政决策的法律表达》,《法商研究》2016 年第 2 期。

攸笛:《对我国官员问责制度若干问题的探究》,《行政与法》2008 年第 12 期。

于君博、童辉:《走向程序正义——对我国重大行政决策程序规定的文本分析》,《长白学刊》2017 年第 3 期。

于立深:《行政决策变更的正当性及合理性审查》,《政法论丛》2016 年第 1 期。

余礼信:《让党组运转:保障重大决策的科学化、民主化与合法化》,《中共天津市委党校学报》2016 年第 4 期。

余凌云:《对行政问责的省思》,《法商研究》2013 年第 3 期。

俞德鹏:《政治法律责任:政治责任与法律责任的交叉域》,《宁夏社会科学》2017 年第 1 期。

俞可平:《中国公民社会成长的制度空间与发展方向》,《中国社会科学》2006 年第 1 期。

喻少如:《论决策终身负责制的合理构造——基于行政法学视角的观察与思考》,《人民论坛》2014 年第 12 期（下）。

曾向荣:《官员免职:轰隆隆问责,静悄悄上岗》,《决策探索》（上半月）2012 年第 3 期。

张成福:《责任政府论》,《中国人民大学学报》2000 年第 2 期。

张创新:《从"新政"到"良制":我国行政问责的制度化》,《中国人民大学学报》2005 年第 1 期。

张创新、刘威:《当前我国行政问责制存在的问题及对策》,《吉林省行政管理学会"行政问责理论与实践"研讨会论文集》(《吉林政报》2007·理论专刊)。

张创新、赵蕾:《我国官员问责制的初始建构与效能提升》,《探索》2004年第5期。

张国平:《法治视野下行政决策问题研究》,《武陵学刊》2010年第3期。

张国平:《论法治视野下行政决策的界定》,《河南政法管理干部学院学报》2010年第4期。

张华民:《我国行政问责法治化的困境与路径》,《行政与法》2013年第1期。

张紧跟:《公民参与地方治理的制度优化》,《政治学研究》2017年第6期。

张康之:《论公共行政的道德责任》,《行政论坛》2001年第1期。

张力伟:《通向责任政治之路：我国责任建设的发展与演变——基于国务院政府工作报告（1979—2018）的语料分析》,《求实》2019年第2期。

张墨宁:《官员"断崖式降级"问责或将常态化》,《南风窗》2016年第5期。

张倩:《重大行政决策法治化路径探究》,《湖北社会科学》2016年第1期。

张倩:《重大行政决策追责的相关法律问题探析》,《中州学刊》2016年第8期。

张书林:《地方党委书记与人大主任应兼职还是分设》,《中国党政干部论坛》2013年第6期。

张维迎、邓峰:《信息、激励与连带责任——对中国古代连坐、保甲制度的法和经济学解释》,《中国社会科学》2003年第3期。

张喜红:《完善我国行政问责制的几点思考》,《中国行政管理》2009年第10期。

张贤明:《官员问责的政治逻辑、制度建构与路径选择》,《学习与探索》2005年第2期。

张贤明:《当代中国问责制度建设及实践的问题与对策》,《政治学研究》2012年第1期。

张贤明、文宏:《中国官员责任追究制度建设的回顾、反思与展望》,《吉林大学社会科学学报》2008年第3期。

张贤明、张力伟:《论责任政治》,《政治学研究》2018 年第 2 期。

张修玉等:《加强责任追究推进制度保障——试论〈党政领导干部生态环境损害责任追究办法〉》,《中国环境管理》2016 年第 1 期。

张旭:《民事责任、行政责任和刑事责任——三者关系的梳理与探究》,《吉林大学社会科学学报》2012 年第 2 期。

张一文:《质询剑指何方》,《人民政坛》2010 年第 6 期。

张勇:《改革开放以来中央顶层设计的结构体系与内在逻辑》,《东南学术》2019 年第 3 期。

张再欣:《探析公共行政决策失误的根源与防范对策》,《龙岩学院学报》2009 年第 4 期。

张子良:《从火线问责到制度问责》,《中国人才》2008 年第 15 期。

章剑生:《从地方到中央:我国行政程序立法的现实与未来》,《行政法学研究》2017 年第 2 期。

赵蕾、张创新:《关于高管问责的制度要素分析》,《中共四川省委省直机关党校学报》2012 年第 3 期。

赵娜、方卫华:《重大行政决策的集体讨论决定制度研究》,《北京航空航天大学学报》2014 年第 1 期。

郑继汤:《依规治党背景下党内问责精准化研究——以〈中国共产党问责条例〉为视角》,《理论与改革》2016 年第 6 期。

郑丽清:《程序理念在现代行政中的重塑》,《南华大学学报》2010 年第 4 期。

郑泰安、黄泽勇:《行政决策问责规制研究》,《理论与改革》2012 年第 5 期。

郑振宇:《行政道德责任——建立责任政府的关键》,《理论与改革》2002 年第 6 期。

钟岷源:《福建长乐机场决策失误调查》,《南风窗》2004 年第 1 期。

周海源:《行政问责对象范围的界定——从行政义务角度切入》,《广西大学学报》2015 年第 1 期。

周实、马野:《行政决策法律责任追究机制研究》,《国家行政学院学报》2011 年第 1 期。

周亚越:《论公共管理危机中的问责制》,《北京航空航天大学学报》2010 年第 6 期。

周亚越:《论我国行政问责制的法律缺失及其重构》,《行政法学研究》2005 年第 2 期。

周亚越：《我国的问责客体范围：制度比较与制度改进》，《江汉论坛》2014年第6期。

周业柱：《公共决策监控：特点、问题与对策》，《中国行政管理》2010年第7期。

周叶中：《论重大行政决策问责机制的构建》，《广东社会科学》2015年第2期。

朱波：《行政问责主体制度的法律思考》，《中共福建省委党校学报》2012年第5期。

朱崇坤：《重视司法责任追究中的错案问题》，《人民法治》2016年第6期。

朱德威、李玉俊：《强化问责背景下基层干部"胆识雄心"的重塑之道》，《领导科学》2019年第3期。

朱光喜、金东日、陶友宾：《被问责官员复出：制度安排、现实状况与争议焦点》，《江苏行政学院学报》2016年第1期。

朱广忠：《公共决策失误责任论析》，《理论探讨》2004年第6期。

朱海波、汪婷婷：《重大行政决策程序类型化法律问题》，《岭南学刊》2019年第2期。

朱基钗等：《"利剑"向何方"板子"怎么打——聚焦〈中国共产党问责条例〉四大看点》，《共产党员》2016年第8期。

朱建新：《我国重大行政决策方式的调研报告——基于全国十二个省、市公务员的统计数据》，《决策与信息》（下）2010年第5期。

朱孟才：《试论政府制度创新成效的价值性标准》，《行政与法》2010年第3期。

朱水成、张宝林、张莹：《公共决策失误与体制创新》，《理论导刊》2004年第8期。

朱维平、周国栋：《政府投资责任制和责任追究体系探索》，《宏观经济管理》2010年第3期。

朱孝清：《错案责任追究与豁免》，《中国法学》2016年第2期。

竹立家：《问责与容错》，《中国党政干部论坛》2016年第8期。

竺乾威：《从理性到有限理性——决策理论的一种发展》，《决策探索》1994年第6期。

邹爱华、余昊：《行政决策有良方》，《决策与信息》2016年第1期。

邹健：《刍议问责制中行政首长连带责任之有限性》，《四川行政学院学报》2006年第4期。

左雪文：《"责任状"何其多》，《共产党员》1998年第8期。

三 报纸类

蔡方华：《问责官员复出不仅仅要满足程序正当》，《中国青年报》2010年7月19日。

蔡永顺：《政府官员的问责逻辑》，《中国社会报》2016年8月11日。

曹建文：《岳阳干部问责：无为就是过》，《光明日报》2006年2月26日。

陈方：《不能让"热回应冷处理"成为惯例》，《光明日报》2013年1月23日。

陈晓英：《行政问责渐行渐深呼唤专门法律面世》，《法制日报》2008年10月8日。

程少华：《辽宁葫芦岛十年三个汽车站，重复建设为哪般？》，《人民日报》2007年4月10日。

杜文娟：《依据法治理念加快构建政府问责制——与南京大学教授黄健荣谈政府问责与人大监督》，《人民日报》2004年7月7日。

方军：《地方人大行使重大事项决定权的问题与对策》，《人民代表报》2009年11月21日。

高新民：《执政党的权力与责任——从引咎辞职说起》，《学习时报》2004年5月17日。

何民捷：《法学要为推进国家治理现代化做贡献》，《人民日报》2014年6月20日。

何清平：《探索"行政首长问责制"，渝为国家制度提供经验》，《重庆日报》2009年7月14日。

姜洁：《推动全面从严治党迈向标本兼治——二〇一六年党内监督全覆盖和国家监察体制改革综述》，《人民日报》2017年1月3日。

李公明：《六问建委黑漆路》，《新快报》2012年8月21日。

刘召：《重大公共决策责任追究中的"多只手难题"》，《学习时报》2014年11月24日。

柳絮：《4920万当"学费"，"黑漆路"岂能无问责》，《新快报》2012年8月13日。

罗豪才：《重大行政决策应入法》，《中国社会科学报》2011年3月3日。

莫小松：《集体决策失误该由谁负责》，《法制日报》2006年9月26日。

邱春艳、郑赫南：《十七大以来政法机关强化司法权监督，树法治权威》，《检察日报》2012年11月12日。

申琳、杨胜利：《南京万余平方绿化带刚建成1年被毁，官方称因规划重复》，《人民日报》2013年5月13日。

时言平：《问责有始无终属烂尾问责》，《法制日报》2013年1月30日。

谭世贵：《如何树立司法权威》，《人民日报》2008年10月17日。

田湘波：《强化问责是建设责任政府的关键》，《检察日报》2012年11月13日。

王汉超、杨宁：《为什么遭遇"零信息"回应》，《人民日报》2012年6月5日。

王岐山：《中国共产党第十八届中央纪律检查委员会第五次全体会议工作报告》，《人民日报》2015年1月30日。

王石川：《G承认黑漆路试验失败，5000万财政打水漂》，《京华时报》2012年8月19日。

谢文英：《启动人大特定问题调查，离我们还有多远》，《检察日报》2015年8月4日。

殷国安：《"免职"重来不是官员处分类别吗？》，《检察日报》2010年11月3日。

俞可平：《依法治国必先依法治党》，《学习时报》2010年3月15日。

喻中：《制度为何失灵》，《检察日报》2010年10月28日。

岳进：《党委与政府联合发文作决定的一些弊端》，《云南日报》2011年2月10日。

张枫逸：《"热回应冷处理"会让公众再次受伤》，《中国青年报》2013年1月22日。

张沛灏：《建立决策责任追究终身责任制应提上日程》，《西安日报》2012年3月13日。

张玉胜：《"媒体曝光可问责"是善待舆论监督》，《中国社会报》2012年3月12日。

张玉胜：《公务行为终身负责需要"顶层设计"》，《人民法院报》2012年3月22日。

赵红旗：《改变传统民俗不宜匆匆"一刀切"》，《法制日报》2017年1月18日。

郑永年：《中国的民主化及其限度》，（新加坡）《联合早报》2011年3月22日。

周继坚：《公务行为问责别等到"人走茶凉"》，《光明日报》2012年3月22日。

四 外文类

Acostam, Joshia, Ramshaw G. Democratic Accountability and Service Delivery. IDS Working Paper, 2010.

Al Gore. Serving the American Public: Best Practices in Performance Measurement. http://govinfo.library.unt.edu/npr/library/review.html. 1997.

Alan McKinlay Alistair. Mutch. Accountable creatures: Scottish, Press by terianism, accountability and managerial capitalism, Business History, 2015.

Bovens, M., Two Concepts of Accountability: Accountability as a Virtue and as a Mechanism. West European Politics, 2010, 33 (5).

B. R. Fry, Herbert A. Simon, "A Decision – making Perspective", in B. R. Fry (ed.), Mastering Pbulic Administration: From Max Weber to Dwoight Woldo, Chatham, NJ: Chatham House Publishers, 1989.

B. Schwartz and H. W. R. Wade, *Legal Control of Government: Administrative Law in Britain and the United Sates*, Oxford: Clarendon Press, 1972.

Christopher Hood, "The' New Public Management in the 1980s: Variations on a Theme", *Accounting Organizations and Society*, 1995, 20 (2/3).

Cornwall A. Lucas H. and Pasteur K. Introduction: Accountability through Participation: Developing Workable Partnership Models in the Health Sector. IDS Bulletin, 2000 (31).

C. B. Mac Pherson, *The Political Theory of Possessive Individualism: Hobbes to Locke*, Oxford: Oxford University Press, 1962.

Ellen Taylor – Powell. The Logic Model: Program Performance Framework. Http://www.raguide.org, 2001.

Hood C. Peters G., The middle aging of new public management: Into the age of Paradox? *Journal of Public Administration Research and Theory*, 2004, 14 (3).

H. W. R. Wade, *Administrative Law*, New York: Oxford University Press, 1988.

James Cutt, Vic Murray, *Accountability and Effectiveness Evaluation in Non – Profit Organizations*, London: Routledge, 2000.

Jame E. Andson, *Public Policy – Making*, Orlando, Florida: Holt, Rinehart and Winston, Inc., 1984.

John Harrison, Substantive Due Process and the Constitutional Text, 83 Va. L. Rev. 494 (1997); John Hart Ely, *Democracy and Distrust*: *A Theory of Judicial Review*, Cambridge: Harvard University Press, 1980.

Justice William O. Douglas's Comment in Joint Anti-Fascist Refugee Comm. v. Mcgrath, see United States Supreme Court Reports (95Law. Ed. Oct. 1950 Term), The Lawyers Cooperative Publishing Company, 1951.

Justice William O. Douglas's Comment in Joint Anti-Fascist Refugee Comm. v. Mcgrath, see United States Supreme Court Reports (95Law. Ed. Oct. 1950 Term), The Lawyers Cooperative Publishing Company, 1951.

J. Bchanan. A Contract ran Paradigm for Applying Economics, *American Economics Review*, No. 5, 1975.

Lawton, Alan and Rose, Aidan, Organisation and Management in the Public sector, London: Pitnlan, 1991.

Malena C, Forster R, and Singh J. Social Accountability: An Introduction to the Concept and Emerging Practice. Washington, D. C.: The World Bank. Social Development Papers: Participation and Civic Engagement, Paper No. 76, December 2004.

Mark Bovens, Public Accountability, in E. Ferlie, et al. (eds.), *The Oxford Handbook of Public Management*, New York: Oxford University Press, 2005.

Mark Bovens, "Analysing and Assessing Accountability: A Conceptual Framework", *European Law Journal*, 2007, 13 (4).

Mclachlan, "Democratizing the Administrative Process: Toward increased responsiveness", *Arizona. L. Rev*, 1971.

Michael W. Dowdle, *Public accountability designs, dilemmas and experiences*, New York: Cambridge University Press, 2006.

Public Affairs Centre (PAC) et al. Empowering the Marginalized: Case Studies of Social Accountability Initiatives in Asia. WBI Working Paper. Washington, D. C: The World Bank Institute, 2007.

R. L. Gagne, "Accountability and Public Administration", *Canadian Public Administration*, 1996, 39 (2).

Robert Gregory. Accountability in Modern Government, *Handbook of Public Ad-*

ministration. London: SAGE Publication, 2003.

SeokPol, T. , *State and social Revolution*, Cambridge University Press, 1979.

Whitehead, Laurence, *Democratization*, Oxford University Press, 2002.

Wirth W. , *Control in Public Administration: Plurality, Aelectivity and Redundancy*, Berlin: de Gruyter, 1986.

W. Wilson, The Study of Administration, *Poltical Science Quarterly*, Vol. 2, 1887.

后　　记

　　相信在许多读者的读书经验中，先翻看后记再阅读正文，是翻检书籍的一种常态，甚至已经成为一种习惯。在我看来，后记是读者与作者初步沟通的连接点，它将书内的世界和书外的人生绵延成一片，浓缩着作者专题写作的心路历程，读者由此可以领略作者人生的经历和精神的面影。与正文的理论诠释截然不同的是，在后记娓娓道来的字里行间，读者可以获取更多对研究主题的感性体验，可以感受书稿写作甘苦自知的心得领悟，从而找到心灵沟通的契合之路。基于这种阅读的个人习惯，尽管依旧心怀忐忑，但是依然乐意和大家分享本书写作的另类风景。

　　本书是我所承担的山东省高等学校人文社会科学规划项目和国家社科基金后期资助项目的学术成果。10年前，之所以选择中国行政决策责任追究问题进行专门研究，是因为无论从理论上还是实践上，中国的行政决策责任追究制度都面临严峻的问题和挑战。在理论层面，各种观点鱼龙混杂、是非不清，给决策者和普通民众造成了困惑，甚至产生了误导。在实践层面，各地的区域试验形形色色，明显带有零敲碎打、各行其是的典型特点，行政决策责任追究制度的科学化、法治化程度亟待提高。总的来说，中国行政决策责任追究制度的地方试验取得了一些成就，也存在不少误区，简单粗放的相关立法与不甚规范的操作实践是中国行政决策责任追究制度的普遍现象。行政法治的实践警示我们，行政决策责任追究制度是应当也可以进行制度设计的，从而使预期的结果有效达成，进而规避风险，少走弯路。对于中国的行政决策责任追究而言，当务之急是进行科学的制度设计，制定富有操作性的行政决策失误评判标准，解决中国行政决策责任追究制度目前所面临的矛盾和问题。基于此，在本书的尝试性探讨中，笔者曾经试图给出更多富有实践可行性的思路与标准。这些学术研究的心得体会，也作为课题研究的阶段性学术成果，先后在《求实》《法学论坛》《河北法学》《法治研究》《北方法学》《云南行政学院学报》《天津行政学院学报》《广西社会科学》《理论月刊》以及《北京日报》《海南日报》和《学习时报》等报纸杂志公开发表过,有些也被《人大复印资料》《人民政坛》以及人民网、中国社会科学网等媒介全文转载。但是,在本书写作修改定稿之时,笔者对行政决策责任追究的诸多问题依然感到迷惑与沮丧,这一问题的复杂性远超想象。

因此,书中的纰漏和瑕疵似乎在所难免。比如:一则,本书的讨论实证性研究不够。在本书的讨论中依然没有走出学究式的制度研究之路,仍处于学习和借鉴学者们的成果基础之上,具体的实证研究还缺乏足够的力度与深度。这种缺陷还导致了一个明显的结果:在具体决策失误责任追究的制度回应层面,暗合了学界在不少方面已经达成的共识,缺乏独特、可行性的见解。二则,制度设计层面显得过于宏观。本书只是关注于行政决策责任追究的制度断面,并就此针对性地提出相关问题的化解之道,限于资料准备以及学术视野的限制,只是选择了一种宏观态势下的论述模式,而对某些特定决策责任追究可能应该有其自身的特殊性而应具备不同的责任追究模式分析不足,因此在制度回应上显得不够严谨。三则,现有的结果也折射出作者跨学科知识储备的不足。行政决策及其责任追究具有多样性与复杂性,决定了该领域的研究必须运用政治学、管理学、经济学、社会学、法学、行政学等多学科理论与方法。但由于作者跨学科的知识储备有限,从而在相当程度上导致了研究视角的狭隘,制约了研究的创新性和丰富性。这也是在本书写作过程中一直深感不安和郁闷的心理困扰,我将继续努力。

学术之路,味兼甘苦。本书的研究与写作、修改时断时续地持续了 8 年有余,其间探索的艰辛努力可谓一波三折。8 年间的文字积累,既是一个不断思考完善的学术过程,又是一个不断自我否定的精神升华。从 2009 年获批山东省高等学校人文社会科学规划项目开始,我即面临博士后跨专业研修的压力和未来发展空间的心态纠结,起伏不定的澎湃心潮,经常会摇摆在希望的高山与绝境的深渊之间。尤其 2011 年后的那段岁月,焦灼、迷惘、悲伤甚至苦痛的复杂滋味,让人思无成文、劳心忉忉,至今想起依然可以感觉到疲惫。在最近 5 年间的学习工作中,时常会感觉到一种无奈的沉沦,生活在日复一日的忙碌中苟且延续。偶尔反思自己的人生,恍然觉得距离最初的梦想越来越远。回首课题研究的艰难历程,在尝尽酸甜苦辣的同时,也浓缩了我博士毕业后的 12 年间重要的人生积淀。"处涸辙,以犹欢。"掩卷沉思之际,心中充满无限感慨,有只身思索的艰难,有疑惑迷惘的困扰,有挑灯夜战的辛劳,有学术收获的喜悦,有梦想实现的欢欣,更有绵延不绝的感激。

感谢博学睿智、侠义丹诚的杨海坤教授，他虽已年逾古稀，但依然勤勉、淡定和从容，从古城苏州到泉城济南之后，也一直都在祖国的大江南北穿梭忙碌，倾心于学术的殿堂与俗世的生活之中。每次见他，总能感受到一种如沐春风般的温暖和热诚。我终于明白，一种学术的建立，其实也是一种学术人格的展开。先生洒脱的风度和广阔的学术视野感染着每一位门内的学子。从执意攻读博士学位的时刻开始，我的每一段成长经历的背后都有先生默默关注的目光，离家远行的岁月也总是萦绕着恩师的叮咛。作为桑玉成教授在复旦大学众多的博士后之一，我无缘经常在他身边受教，而只配做一个远远跟随的人，但我的确在默默的观察之中，体会到了一种学术人格对我的影响，甚至在桑老师宽容乐道的期许里，我也能清晰地读出他对我的顾惜之情。感谢我硕士阶段指导老师王周户教授、杨小军教授、董和平教授，一直以来这些来自学术大家的注视、鼓励与期盼同样是我生命中的一份温馨和感动。感谢山东财经大学公共管理学院院长、泰山学者特聘教授、博士生导师张红凤教授，作为我国内访学的指导老师，她超迈前人，兼容百家，在诸多领域都卓有建树，在泉城济南的学习研修期间，她总是用春风化雨的方式，潜移默化地影响和改变着我。

在我心底最柔弱的地方，存满了对家人的感激与愧疚。感谢始终支撑我前行的家人。几乎从未间断的忙乱学习和繁杂工作，父母和妻子女儿都始终给予我最重要的支持。虽然几乎没有受过多少正式的学校教育，但是父母却一直支持我在求学的路上越走越远。感谢妻子路立华女士的充分理解和全力支持，在我无助的时候给予的支持与关怀，在我快乐的时候一同的相伴与分享。感谢我的女儿王馥馨同学和王馥媛小朋友，孩子们在家陪伴的美好时光，给予我许多欢度人生的感悟和共同进步的欢欣。我还要特别感谢一路陪我走来的领导朋友，他们一如既往的期许与包容，鼓舞并激励着我，走上一条感受世界和一心向学的探索之路。

此外，本书顺利出版也得益于中国社会科学出版社编辑孔继萍老师的大力帮助。在本书出版过程中，孔老师先后进行了多次编辑审校，倾注了大量的心血，提出很多有益的完善建议。她科学严谨、实事求是、富有成效、精益求精的工作态度以及平和相待、助人圆满的处事方式都让我感佩。在此，对孔老师一如既往的帮助与鼓励，再次表示衷心的谢意！

最后，特别感谢本书引用、参考过的著作和论文的各位作者，他们的研究成果对本书的完成至关重要，这些作者的洞见为我的学术研究开拓了思路，加深了认识。感恩的心将始终铭记那些为我的成长与进步付出心血与支持的人们！

　　凡是过往，皆为序章。带上所有感恩，我将继续前行！

王仰文
2020 年初夏